민족과 탈민족의 경계를 넘는 코리언

이 책은 2009년 정부(교육과학기술부)의 재원으로 한국연구재단의 지원을 받아 제작되었습니다.(NRF-2009-361-A00008)

민족과 탈민족의 경계를 넘는 코리언

초판 2쇄 발행   2015년 6월 30일

저   자 ㅣ 건국대학교 통일인문학연구단
발행인 ㅣ 윤관백
발행처 ㅣ 도서출판 선인

인   쇄 ㅣ 대덕인쇄
제   본 ㅣ 바다제책

등록 ㅣ 제5-77호(1998.11.4)
주소 ㅣ 서울시 마포구 마포대로 4다길 4(마포동 324-1) 곳마루 B/D 1층
전화 ㅣ 02)718-6252 / 6257   팩스 ㅣ 02)718-6253
E-mail ㅣ sunin72@chol.com
Homepage ㅣ www.suninbook.com

정가   18,000원
ISBN   978-89-5933-715-6 94900
ISBN   978-89-5933-159-8(세트)

· 잘못된 책은 바꿔 드립니다.

민족과 탈민족의 경계를 넘는 코리언

건국대학교 통일인문학연구단

 도서출판 선인

발간사

    분단된 한반도의 현실에서 통일에 대한 새로운 패러다임을 찾겠다는 취지로 '통일인문학' 연구는 시작되었습니다. 기존의 다양한 통일 담론이 체제 문제나 정치 · 경제적 통합을 전제로 진행되는 가운데 시류에 따라 부침을 거듭하는 것이 현실입니다. 통일인문학은 사회과학 차원의 통일 논의가 관념적이면서도 정치적인 한계를 가지고 있다고 진단하고, 사람 중심의 인문정신을 바탕으로 한반도의 통일문제를 진단하고 그 해법을 찾고자 하는 새로운 학문영역입니다.

    사람을 중심에 둔 통일 논의는 기존의 통일 담론에서 크게 확대된 개념으로 이해할 수 있습니다. 즉 지리적으로도 한반도에 국한되지 않고 코리언 디아스포라를 모두 포괄하는 것으로, 남과 북의 주민은 물론이고 전 세계에 산재한 약 800여만 명의 코리언을 아우릅니다. 나아가 '결과로서의 통일'에만 역점을 두고 연구 사업을 진행하는 데 그치지 않고 '과정으로서의 통일'까지도 목표로 삼고 있습니다. 따라서 통일이 이루어지는 시점은 물론 통일 이후의 사회 통합과정에서 반드시 풀어가야 할 사람간의 통합을 지향합니다.

    이에 통일인문학은 '소통 · 치유 · 통합'을 주요 방법론으로 제시합니다. 인문정신에 입각하여 사람 사이는 물론 사회계층 간의 소통을 일차적인 방안으로 삼습니다. 이러한 소통은 상대와 나와의 차이를 인정하면서 그 가운데 내재하는 공통의 요소들을 탐색하고 이를 적극적으로 활용하는 가운데 가능한 것입니다. 그를 위해 분단 이후 지속적이면서 현재까지 거듭 생산되고 있는 분단 트라우마의 실체를 파악하고, 이를 치유하기 위한 방안들을 모색하는 것입니다. 우선 서로에게 정신적·육체적으로 씻을 수 없는 상처를 가한 분단의 역사에서 잠재되어 있는 분단서사를 양지로 끌어 올리고 진단하여 해법으로 향하는 통합서사를 제시함으로써 개개인의 갈등요인이 됨직한 분단 트라우마를 치유하고자 합니다. 그리고 우리 사회 전반에 자리 잡은 체제나 이념의 통합과 우리 실제 삶 속에서 일어나고 가라앉는 사상·정서·생활 속의 공통성과 차이성간의 조율을 통하여 삶으로부터의 통합이 사회통합으로 확산될 수 있기를 기대합니다.

이러한 취지에 따라 통일인문학은 철학을 기반으로 한 사상이념, 문학을 기반으로 한 정서문예, 역사와 문화콘텐츠를 기반으로 한 생활문화 등 세 가지 축을 기준으로 삶으로부터의 통합과 사회통합으로의 확산이라는 문제를 풀어가는 데 연구역량을 기울이고 있습니다. 그리고 이렇게 인문정신을 바탕으로 연구 생산한 성과들은 학계와 대중에게 널리 홍보되어 후속연구로의 발판 마련과 사회적 반향으로 이어지기를 기대합니다. 그와 관련된 노력은 우선 국내외의 통일 관련 석학들과의 만남을 통하여 선행연구의 흐름을 파악하거나, 한반도의 통일문제를 연구 화두로 삼고 있는 학자나 전문가들과의 학술심포지엄을 정기적으로 개최하는 등의 활동에서 이루어지기도 합니다. 그와 함께 분단 트라우마 진단을 위한 구술조사도 지속적으로 행하고 있으며, 통일인문학의 대중화를 위한 시민강좌나 교육프로그램 개발은 물론이고, 통일콘텐츠 연구개발 사업 등 다양한 방면의 모색과 실천을 거듭하고 있습니다.

그리고 이러한 다양한 활동과 사업의 성과들은 출판물로 외현되어 학계와 대중들이 적극 공유할 수 있는 장으로 옮겨집니다. 본 연구단에서 특히 출간기획에 주력한 것은 『통일인문학총서』 시리즈입니다. 현재 『통일인문학총서』 시리즈는 모두 네 개의 영역별로 분류되어 출간중입니다. 첫째, 본 연구단의 학술연구과정의 성과들을 주제별로 묶은 『통일인문학 연구총서』, 둘째, 분단과 통일 관련 구술조사 내용을 구술현장의 묘미를 잘 살려 정리한 『통일인문학 구술총서』, 북한연구 관련 자료와 콘텐츠들을 정리하고 해제·주해한 『통일인문학 아카이브총서』, 남북한 연구에 도움을 줄 수 있는 희귀 자료들을 현대어로 풀어낸 『통일인문학 번역총서』 등이 그것입니다.

통일인문학의 정립과 발전을 사명으로 알고 열의를 다하는 연구단의 교수와 연구교수, 연구원들께 고마움을 전합니다. 아울러 연구 사업에 기꺼이 참여해주시는 통일 관련 국내외 석학·전문가·학자들께도 심심한 감사를 드립니다. 그리고 무엇보다 자신의 소중한 체험과 기억을 구술해주신 분들께도 머리 숙여 고마움을 표합니다. 마지막으로 통일인문학의 취지를 백분 이해하시고 흔쾌히 출판을 맡아주신 출판사 관계자분들께도 감사드립니다.

사람의 통일, 인문정신을 통한 통일을 지향하며
건국대학교 통일인문학연구단장 김성민

민족공통성 두 번째 시리즈를 발간하며

　　건국대학교 통일인문학연구단은 통일인문학의 패러다임으로 제안했던 '차이와 공통성', '분단의 트라우마와 아비투스', '민족공통성' 개념을 실증적으로 검증하고 코리언 디아스포라까지를 포함하는 '통일론'을 정립하고자 2010년 9월 '민족공통성 연구프로젝트'를 시작했습니다. 그리하여 2011년 한국인과 탈북자, 재중 조선족, 재일조선인, 재러 고려인 등 5개 집단, 1,500여 명을 대상으로 민족정체성, 통일의식, 역사적 트라우마, 생활문화를 묻는 설문조사를 실시한 바 있습니다. 그리고 이 설문조사를 분석하여, 2012년 민족공통성 첫 번째 시리즈로 4권의 책,『코리언의 민족정체성』,『코리언의 역사적 트라우마』,『코리언의 생활문화』,『코리언의 분단-통일의식』을 발간하였습니다.

　　민족공통성 첫 번째 시리즈의 특징은 첫째, '민족 대 탈민족', '국가 대 탈국가', '코리언 대 디아스포라', '동질성 대 이질성'이라는 이원적 대립 구도를 벗어나 '민족공통성'이라는 새로운 관점에서 코리언들이 지닌 '국민정체성과 민족정체성', '식민-이산-분단 등 코리언의 역사적 트라우마', '생활문화의 공통성과 차이', 그리고 '분단-통일의식'을 조사, 분석했다는 점입니다. 둘째, 실증적인 조사연구를 통해 차이와 연대, 공명과 접속에 기초한 소통과 역사적 트라우마의 치유, 그리고 가족유사성에 기초한 생활문화의 연구패러다임을 정립했다는 점입니다. 셋째, 관찰자의 관점에서 코리언 디아스포라를 객체화하여 바라보는 것이 아니라, 5개 집단의 내적이고 역사적인 삶의 맥락에서 거주국별 특성과 그들의 주체적 요구를 반영하는 접근방법을 취했다는 점입니다.

그러나 민족공통성 첫 번째 시리즈는 '민족-탈민족'의 이론적 대립구도를 벗어나 실증적 자료에 기반하여 각 지역 조사대상자들의 내적인 삶의 맥락에서 접근했음에도 불구하고, '민족공통성 프로젝트'의 취지를 충분히 살리지 못했습니다. 통일인문학의 패러다임 정립이라는 '민족공통성 프로젝트'의 원래 취지에 비추어 볼 때, 각 지역을 상호비교하는 연구는 반드시 필요한 작업입니다. 애초 설문문항을 작성할 때, 지역별 상호비교가 가능할 수 있도록 5개 지역의 현지 파트너와 협의 아래 '공통설문지'를 기획했던 것도 그러한 이유 때문이었습니다. 하지만 지역별 상호비교 연구를 위해서는 우선 정치경제적·사회문화적·역사지리적 차이를 고려하여 각 지역에 대한 개별적인 분석이 선행되어야 한다는 판단 아래, 지역별 상호비교 연구는 이후의 연구과제로 미루게 되었습니다. 이번에 출간하게 된 『코리언의 생활문화, 낯섦과 익숙함』, 『민족과 탈민족의 경계를 넘는 코리언』, 『식민/이산/분단/전쟁의 역사와 코리언의 트라우마』는 민족공통성 두 번째 시리즈로서, 그동안 후속작업으로 미루어 두었던 지역별 상호비교의 연구성과를 담고 있습니다.

우선, 민족공통성 두 번째 시리즈 제1권인 『코리언의 생활문화, 낯섦과 익숙함』은 지역별 비교분석과 더불어 심층인터뷰를 보강함으로써 한국인과 탈북자, 재중 조선족, 재러 고려인, 재일조선인 생활문화의 차이와 공통성을 해명하고 있습니다. 제1장에서는 코리언 생활문화를 바라보는 패러다임의 전환을 제안하고 있습니다. 곧 코리언 생활문화가 이산, 분단 등으로 필연적으로 변용될 수밖에 없는 현실을 가벼이 여긴

채 특정한 생활문화의 전형을 설정하고 이 전형을 기준으로 코리언의 범주를 정하는 배제 패러다임에서 벗어날 것을 제안하였습니다. 그리고 각 지역 코리언 생활문화의 유사성과 차이를 그 자체로 인정하고, 이를 미래의 코리언 생활문화를 낳는 토대, 코리언 생활문화의 새로운 공통성을 창출하는 출발점으로 바라보는 통합의 패러다임을 주장합니다.

제2장과 제3장에서는 코리언의 언어, 의식주를 비교하는 가운데 코리언 생활문화 통합의 방향을 제시하고자 하였습니다. 제2장에서는 코리언의 민족어 사용 실태와 현실을 분석하는 가운데 코리언의 민족어 통합을 위해서는 민족어를 단일한 하나의 언어로 만든다는 "민족어 통일"이라는 관점을 지양하고, 한국(조선)어의 다양한 풍미를 살려온 민족어의 풍부함과 다양성을 인정하는 가운데, 다양성과 상호공존, 상호학습을 전제로 하는 "민족어 통합"이라는 관점으로 우리의 인식을 전환할 것을 역설하였습니다. 제3장에서는 미술전시 기획에서 사용되고 있는 '네크라스' 개념을 차용하여 코리언의 의식주에 대한 문화적 분석을 시도하였습니다. 목걸이의 장식물 하나하나가 독립적이면서도 연결되어 있듯이 코리언의 생활문화는 일정 정도의 독립성을 유지하면서도 연결되어 있고, 그 연결의 고리가 문화적 속성이라는 것입니다. 코리언의 생활문화는 독자적이면서 서로 연결되어 있는 '네크라스'이므로 코리언의 생활문화를 보는 시각도 원형에 대한 집착에서 벗어나 코리언의 문화적 적용과 변용에 대한 관점으로 변화해야 한다고 주장하였습니다.

한편 제4장, 제5장, 제6장에서는 한국인과 재일조선인, 한국인과 재중조선족, 남북한 주민의 통과의례, 가족생활문화, 교육문화의 구체적인 양상을 비교 분석하였습니다. 그 결과 제4장에서는 일본문화와의 접촉으로 인해 재일조선인의 통과의례에 혼성성과 변용성이 나타나지만, 그 변용이 전통과 멀어지는 것이 아니라 전통과의 교집합이 계속 확대되는 방향으로 나아가고 있음을 밝혔습니다. 제5장에서는 한국인과 재중 조선족이 가족을 강조하는 유교문화를 공유하고 있고 부계가족의 특성을 가지고 있지만, 부계가족의 특징은 사회경제적 조건과 현대적 생활방식에 따라 점차 변용되어가고 있음을 규명하였습니다. 그리고 제6장에서는 공적 혹은 사적자본 투입과 같은 제도적 차이로 인해 남북한 교육의 공공성과 개방성에서는 차이를 보였지만, 남북한 주민들 모두 보다 나은 사회계급 획득을 위한 방편으로 교육을 인식하는 도구성에서는 공통점을 보이고 있음을 해명하였습니다.

민족공통성 두 번째 시리즈 제2권『민족과 탈민족의 경계를 넘는 코리언』은 코리언들의 민족정체성과 분단-통일의식을 다루고 있습니다. 제1장은 ① '민족공통성'이라는 프레임 위에서 한국인, 탈북자, 재중-재일-재러 코리언들이 가지고 있는 민족정체성을 비교 연구하여 ② 각 집단이 가지고 있는 민족정체성이 그들의 분단-통일의식에 어떤 영향을 미치고 있는지를 밝힘으로써 ③ 우리가 해외 거주 코리언들과 어떤 방향에서 관계를 맺고 통일정책을 추진해가야 할지를 모색하는 연구목적을 서술하였습니다. 제2장은 코리언들의 민족정체성이 각자 처한 국내적-국제적 환경 및 본국과의 상호작용 속에서 형성된 '인지-정서-신체적 정체성'의 중층적 결정구조를 가지고 있으며, 따라서 단일한 하나의 정체성으로 귀결되지 않음에도 불구하고 '민족적 유대의 끈, 흔적들'을 가지고 있다는 내용을 지역별 상호비교를 통해 해명하고 있습니다.

제3장은 한국인의 '대한민국 중심주의'가 해외 거주 코리언의 민족정체성을 다루는 데 있어 오류를 낳기 때문에, '해체-성찰적 읽기'가 필요하며 해외 거주 코리언들에게 나타나는 민족과 국가의 균열을 우리 자신의 균열로 받아들이는 자세가 요구된다는 내용을 서술하고 있습니다. 제4장은 이런 대한민국 중심주의가 해외 거주 코리언 및 탈북자들과의 관계에

서도 '충돌'을 낳고 있기 때문에, 민족적 합력을 창출하기 위해서는 코리언들의 민족정체성을 민족≠국가라는 이중적 어긋남이 아니라, "'이산'이 만들어내는 민족≠국가라는 어긋남과 분단으로 인한 한(조선)민족≠한국, 한(조선)민족≠조선이라는 어긋남"이라는 삼중적 어긋남으로 재규정할 필요가 있다는 주장을 펴고 있습니다. 또한, 동북아 주변에 거주하는 코리언들의 고통이 한반도의 분단과 직접적으로 관련되어 있기 때문에 코리언의 공동체를 창출하는 방향으로 통일정책을 추진해야 가야 할 필요성을 밝히고 있습니다.

제5장은 해외 거주 코리언들이 통일의 '역사적 중요성'이나 '민족적 중요성' 및 '국제적 중요성'에 대한 인식의 측면에서 한국인에 비해 결코 떨어지지 않으며 어떤 측면에서 보다 중요하게 인식하고 있다는 점을 해명하고 있습니다. 그리고 국내적-국제적 환경과 남/북의 분단환경 속에서 이러한 인식이 그대로 표현되지 못하거나 왜곡되기 때문에 문제는 겉으로 드러나는 답변 수치가 아니라 그 저변에서 흐르는 통일에 대한 욕망을 포착하고 그것이 어긋나는 지점을 포착하여 한반도의 통일 정책 방향을 만들어가는 것이 중요함을 역설하고 있습니다. 제6장은 해외 거주 코리언들을 통일의 일주체로 삼고 그들의 민족정체성이 남과 북이라는 분단 속에서 왜곡되거나 착종되는 방식이 아니라, 민족적 리비도가 흐르는 방향에서 '차이와 접속의 공간'으로 만들어가는 한반도의 통일정책이 필요하다는 주장을 펼치고 있습니다. 민족이라는 '동일화의 욕망'을 타자에 대한 폭력이 되지 않고, 오히려 코리언 공통의 민족적 합력을 창출하는 방향으로 만들어가면서 이를 해외 거주 코리언들에 대한 정책과 연결시키는 작업이 필요하다는 것입니다.

민족공통성 두 번째 시리즈 제3권에 해당하는 『식민/이산/분단/전쟁의 역사와 코리언의 트라우마』는 한국인, 탈북자, 재중조선족, 재러고려인,

재일조선인의 역사적 트라우마를 비교 분석하고 있습니다. 일제 강점으로 촉발된 한반도와 주변국에 거주하는 코리언의 역사적 트라우마를 거주국 단위로 분석하는 것이 아니라, 역사적 트라우마의 유형에 따라 상호비교하는 연구성과를 담고 있습니다. 남북 및 주변 코리언디아스포라가 간직한 역사적 트리우마의 유형을 식민 트라우마, 이산 트라우마, 분단 트라우마로 크게 분류하여 각 지역의 코리언들의 실태를 비교하고, 그 특징적인 차이가 어디에서 비롯되는가를 진단하고 있습니다.

제1부에서는 빅 트라우마라고 할 수 있는 식민, 이산, 분단 트라우마의 비교 분석을 총론 격으로 다루고 있지만, 각 트라우마의 특징에 따라 비교분석의 범위를 달리 하고 있습니다. 식민 트라우마는 전체 코리언이 비교 분석의 대상이 되지만, 이산 트라우마는 중국, 러시아, 일본 지역의 코리언 디아스포라 중심으로 비교 분석이 진행되고 있습니다. 또 분단 트라우마는 해외 거주 코리언보다는 남북 주민에게서 발현되는 경향이 월등히 우세하므로 한반도 권역에 거주하는 주민의 트라우마를 주요 분석 대상으로 삼고 있습니다.

이러한 빅 트라우마가 구체적으로 분화되는 양상도 더불어 진단할 필요가 있으므로 제2부에서는 한국인들의 분단 트라우마 중 세분화되는 사건들을 각론으로 다루고 있습니다. 다시 말해 분단이 이루어지는 과정에서 이데올로기 갈등의 극점에 선 제주 4·3사건과 한국전쟁을 거치는 과정에서 심각하게 대두된 빨치산 투쟁과 토벌사건, 분단 체제가 고착화되는 과정에서 자행된 납북어부들의 간첩단사건 등을 주요 분석 대상으로 삼고 있습니다. 때문에 제2부는 분단체제를 공고히 하기 위해 국가가 공권력을 동원하여 주민들에게 폭력을 행사한 국가폭력에서 비롯된 상처를 각론적으로 살펴봄으로써, 분단 트라우마와 결부된 다양한 트라우마 양상들과 그 치유방안을 구체적으로 해명하고 있다고 볼 수 있습니다.

'민족공통성'이란 민족공동체에 본질적으로 내재된 불변하는 '민족동질성'을 의미하는 것이 아니라, 코리언들의 접촉과 교류를 통해서 미래적으로 생성되어야 할 '공통의 가치, 정서, 생활문화'를 의미합니다. 민족공통성 첫 번째 시리즈가 코리언들의 정치경제적, 사회문화적 차이에 주목한 지역별 조사연구였다면, 이번에 출간하게 된 민족공통성 두 번째 시리즈는 각 지역별 상호비교를 통한 코리언의 차이와 공통성을 해명하는 연구라고 할 수 있습니다. 통일인문학연구단은 이제까지 두 차례에 걸친 민족공통성 시리즈의 연구 성과를 기반으로 하여 앞으로 민족공통성 세 번째 시리즈를 발간할 예정입니다. 민족공통성 세 번째 시리즈에서는 남과 북이 연대할 수 있는 방향과 소통의 지점을 드러냄으로써, 코리언 디아스포라를 포함한 한민족의 민족공통성을 가치-정서-생활문화적 측면에서 창출할 수 있는 실질적인 방안과 통일한반도의 인문적 비전을 구체화할 수 있는 대안을 제시하고자 합니다.

이 책이 발간되기까지 함께 작업에 참가하신 통일인문학연구단 김성민 단장님 이하 연구단의 모든 선생님들께 깊은 감사를 드립니다.

건국대학교 통일인문학연구단 학술연구부장 이병수

민족과 탈민족의 경계를 넘는 코리언

발간사 _ 5

민족공통성 두 번째 시리즈를 발간하며 _ 8

■ **제1장 프레임의 전복과 해체: 코리언&디아스포라**

  1. 전복과 해체: 코리언 vs 디아스포라 ··· 17

  2. 패러다임의 전환: '코리언&디아스포라' ·· 32

■ **제2장 해외 거주 코리언의 민족정체성: 중층 결정적 정체성**

  1. 중층적 정체성: 인지-정서-신체적 정체성 ······································ 43

  2. 해외 거주 코리언의 인지-정서-신체적 정체성 ······························ 46

  3. 해외 거주 코리언의 중층결정으로서 민족정체성: 민족적 유대의 끈 ······ 68

■ **제3장 민족정체성과 국민정체성의 경계에 선 한국-한국인**

  1. 해체-성찰적인 기획과 읽기: 삶의 독특성이라는 내적 맥락 ············· 73

  2. 한국-한국인의 민족정체성과 국민정체성 ······································ 86

  3. 한국인의 국민개념 및 민족개념의 변화 ··· 108

■ 제4장 한국-한국인의 아비투스와 분단체제

　1. 한국-한국인이 생산하는 불통의 아비투스 ·························· 115

　2. 민족정체성의 해체적 재구성: 삼중적 어긋남과 민족공통성 ············ 132

　3. 코리언의 민족정체성과 분단-통일의식 비교 연구의 필요성 ············ 148

■ 제5장 분단국가의 균열과 코리언의 역사-민족-국제적 통일의식

　1. 코리언의 분단-통일 연구의 방향 ····························· 161

　2. 코리언의 분단과 통일의식: 역사적-민족적-국제적 중요성 ·············· 171

　3. 분단-통일의식의 심층과 한국인의 통일 욕망 ····················· 206

■ 제6장 욕망의 어긋남과 민족적 합력 창출로서의 통일

　1. 코리언의 분단 인식과 냉전적 국제 질서 ························· 213

　2. 남과 북의 아비투스와 상호 극복의 방향 ························· 225

　3. 분단극복을 위한 상호 소통적 가치:
　　새로운 통일론의 가능성으로서 '민족의 화해와 공생' ··················· 243

참고문헌 _ 269

찾아보기 _ 273

제1장 프레임의 전복과 해체

코리언&디아스포라

1. 전복과 해체: 코리언 vs 디아스포라

1) 코리언 디아스포라를 보는 세 가지 관점

코리언 디아스포라는 한(조선)민족이면서 다른 민족들이 주류인 한(조선)반도 밖의 다른 나라에서 살고 있는 존재들이다. 이는 '중국 조선족', '일본 조선인', '러시아 고려인', '미국 한인(Korean American)'이라는 용어 자체에서도 드러난다. 코리언 디아스포라가 자신을 '중국 조선족'이나 '러시아 고려인' 등으로 칭할 때, 그것은 민족적으로 한(조선)민족이지만, 동시에 거주국의 국민적 소속이라는 점을 드러내고 있다. 따라서 민족과 국가라는 두 개의 축을 넘나드는 코리언 디아스포라의 이러한 존재론적 특성은 한(조선)반도적 배경과 거주국의 정치-문화적이고 사회경제적 상황이 낳은 동적인 상호작용의 산물이라고 할 수 있다.

하지만 오늘날 코리언 디아스포라를 다루는 많은 연구들은 코리언 디아스포라가 가지고 있는 이런 존재론적 특성을 고려하지 않는다. 민족주의적 관점은 코리언 디아스포라의 거주국 국민정체성과 관계없이 그들을 한(조선)민족 정체성으로 단일하게 포섭한다면, 탈민족주의적 관점은 국민정체성과 민족정체성 어느 한 쪽에 동질화되지 않고 양자가 교차되고 중첩되는 디아스포라의 혼종적 정체성, 또는 정체성의 해체에만 주목하기 때문이다.

게다가 이러한 관점들은 '코리언 vs 디아스포라'라는 양자택일을 강요하는 결과를 낳을 수밖에 없다. 왜냐하면 '코리언의 민족적 동질성'을 강조하는 입장은 한(조선)민족 소속이지만 거주국 국민으로 살아가는 데 익숙한 디아스포라의 이중정체성을 간과하는 반면, '디아스포라의 탈민족적 의의'를 강조하는 입장은 디아스포라의 유동적, 복합적 정체성에만 주목함으로써 코리언들이 경험한 식민과 분단 그리고 이산이라는 역사적 트라우마를 간과하고 있기 때문이다.[1]

이에 최근 '민족주의'와 '탈민족주의'의 대립을 벗어나 코리언 디아스포라의 이중정체성을 '제3의 정체성'으로 이해하려는 시각이 등장하고 있다. 이들은 "한민족이라는 민족정체성과 중화인민공화국의 국민이라는 국민정체성은 결코 우왕좌왕하거나 서로 모순되는 것이 아니며, 60여 년 동안 중국에서 생활하는 과정에서 한민족의 전통문화와 중국 땅의 다양한 문화를 결합시킨 중국 조선족만의 독특한 독립정체성을 형성"[2]했다는 식의 주장을 전개하고 있다. 그러나 중국문화나 한(조선)민족 문화와 차별화된 중국 조선족만의 '제3의 정체성'은 민족정체성과 다른 독립정체성이 아니다.

원래 코리언 디아스포라는 그 "이중문화 신분 때문에" 한(조선)반도에

---

1) 이병수 · 김종군, 「코리언 정체성 연구의 방법론」, 건국대학교 통일인문학연구단 편, 『코리언의 민족정체성』, 선인, 2012, 27-28쪽.
2) 박정군, 「중국조선족 정체성이 한국과 중국에 대한 태도에 미치는 영향」, 경희대학교 대학원 박사학위 논문, 2011, 99쪽.

서 기원한 민족정체성의 독특한 변용을 겪을 수밖에 없는 존재다. 예를 들어 중국 조선족은 '조선문화'적인 요소로 말미암아 중국의 한족이나 기타 소수민족과 구별되며, 또 '중국문화'적 요소로 말미암아 남한이나 북한 또는 세계 각국에 흩어져 살고 있는 해외 거주 동포와도 구별된 다.[3] 즉, 재중 조선족의 정체성은 한(조선)민족 정체성과 구분되는 독립 정체성이나 제3의 정체성이라기보다 역사적으로 "한(조선)반도에서 기 원한 민족정체성"이 거주국의 환경에 따라 독특하게 변용된 것이다. 재 중 조선족을 포함한 코리언 디아스포라는 한(조선)반도에서 기원한 문 화와 역사를 자신들의 집단 정체성의 기초로 하고 있기 때문에 정체성 의 존재양태는 한(조선)민족 정체성과 별개의 독립된 정체성이라고 볼 수 없다.[4]

특히, 동북아에 거주하는 코리언의 이중정체성을 이해하는 핵심은 식 민지 시대와 분단시대를 거치면서 민족과 정치공동체가 일치하지 않는 20세기 한(조선)반도의 역사적 조건이다. 근대민족국가 형성에 실패한 후, 남북주민에게 국가는 분단 상황에서 새롭게 만들어지는 것으로 경 험되었고, 해외에 거주하는 코리언에게 국가는 자신이 살고 있는 거주 지역에 따라 결정되었다. 따라서 "근대의 한 세기를 통해 식민 지배를 당하고 남북이 분단되어 대립하고 국내외로 이산되는 경험을 거듭하면 서 오늘날에 이른 우리 조선 민족은 한 국가의 국민(정치적 주권자)으로

---

3) 김호웅, 「중국조선족과 디아스포라」, 『한중인문학 연구』 29집, 2010, 11쪽.
4) 이런 점에서 우즈베키스탄의 재러 고려인 지식인, 한 발레리의 다음과 같은 "메타-네이션" 개념은 참고할 만하다. "향후" 남북 그리고 해외 코리언 디아스 포라를 포함하는 "초국가적 한민족공동체는 코리언 에스니시티의 새로운 진 화단계, 즉 역사적으로는 하나의 '네이션'에 속하는 것과 관련되지만, 문화적 으로 구별되는 '에스닉적인 하부그룹의 집합체'인 메타-네이션을 보여줄 지 도 모른다."(Valeriy, S. Khan, 「Korean Meta-Nation and Problem of Unification」, 『민족공통성 연구 방법론의 모색』(건국대학교 통일인문학연구단 제7회 국제 학술심포지엄 자료집(2011.5.20)), 36쪽.

형성된 적이 없었"5)다.

그러므로 국가와 민족의 불일치에서 오는 이중정체성은 코리언 디아스포라만이 아니라 남과 북의 주민 모두에게 해당되는, 한(조선)민족 정체성의 20세기적 고유한 사태라고 할 수 있다. 하지만 코리언 디아스포라를 다루는 현재의 연구들은 '대한민국 중심주의' 또는 '한국인 중심주의'라는 관점에 갇혀 있다. 이것은 코리언 디아스포라뿐만 아니라 남과 북의 분단 속에서 지속되는 민족≠국가의 어긋남이라는 사태를 보지 못하고 있다. 이에 '제3의 정체성'을 주장하는 담론들은 대한민국 또는 한국의 정체성을 민족정체성의 대표로 간주하고 이와 다른 정체성들을 '제3의 정체성'으로 규정하고 있는 것이다. 바로 이런 점에서 기존 연구의 틀을 생산하고 있는 프레임을 전복하고 새로운 연구 프레임을 형성해갈 필요가 있다.

2) 민족 또는 탈민족의 프레임: 가치중립적 객관성의 신화

가장 먼저 해체되어야 할 프레임은 '민족 대 탈민족'이라는 두 개의 대립적 프레임이다. 그러나 이 대립적 프레임이 의존하고 있는 관념이나 믿음은 여러 가지이다. 그 중에서 가장 대표적인 믿음은 '가치중립적'이라는 객관성의 신화와 '정체성=동일성'이라는 신화이다. 민족주의적 관점에서 보면 코리언 디아스포라는 한(조선)민족이라는 동일성을 공유하는 집단이다. 그러나 탈민족적 관점에서 보면 그들은 한(조선)민족이라는 정체성으로 환원될 수 없으며 오히려 그 경계 밖으로 미끄러져 나가면서 주변화하는 '탈민족'적 존재일 뿐이다.

즉, 민족주의적 연구는 '코리언'이라는 민족정체성을 중심으로 연구를

---

5) 서경식 지음, 임성모 · 이규수 옮김, 『난민과 국민 사이』, 돌베개, 2006, 225쪽.

수행한다면, 탈민족적 연구는 'diaspora', 즉 민족으로부터 분리(dia)되어 흩어지면서(spora) 떠도는 자들을 중심으로 연구를 전개하고 있는 것이다. 여기서 코리언과 디아스포라는 '코리언 혹은 디아스포라'라는 두 개의 관점으로 분열된다. 그런데도 이들은 서로의 주장을 내세울 뿐, 그들의 입장에서 탈락되고 누락되고 있는 '디아스포라'(민족주의)와 '코리언'(탈민족주의)이 있다는 것을 보지 못한다. 왜일까? 그것은 그들 각각이 자신들의 연구가 어떤 특정한 입장에 편향되어 있지 않은 '가치중립적인 제3자적 객관성'에서 출발했으며 그들의 입장을 정당화하는 것은 그들의 관점이 아니라 그들이 조사 결과 얻은 실증적인 '데이터'라고 믿기 때문이다.

양자는 자신의 데이터만이 '참'이라고 주장하면서 상대방의 데이터 자체를 믿을 수 없는 것, 오류로 간주한다. 그러나 이런 대립이 정말 타당한 것이라고 할 수 있을까? 왜냐하면 만일 그들이 자의적으로 데이터 자체를 조작하지 않았다면, 데이터 그 자체는 우리가 경험적으로 확인할 수 있는 '사실들(facts)'이라는 점에서는 변함이 없기 때문이다. 물론 몇몇 연구자들은 데이터를 조작하기도 한다. 그러나 이런 기본적인 진실성을 배반할 정도로 타락한 연구자들이 그리 많지 않다. 대부분의 연구자들은 자신이 믿고 있는 '가치중립성'을 위해 최소한의 객관성을 보증할 수 있는 방식으로 '데이터'를 얻어내고자 한다. 따라서 그들이 제시하는 '데이터'는 최소한의 진실성을 가지고 있는 '사실들'이라고 할 수 있다.

그렇다면 문제는 데이터의 참/거짓을 가지고 양자의 옳고 그름을 판단할 수는 없다는 데 있다. 하지만 이들은 자신의 데이터에 대한 '순수성'을 믿기 때문에 각각 자신들이 수집한 데이터가 의존하고 있는 관점, 인식의 틀, 프레임이 가지고 있는 문제점을 성찰하지 않는다. 즉, '코리언 혹은 디아스포라'라는 양자택일적 선택 또는 '코리언이 빠진 디아스포라', '디아스포라가 빠진 코리언'이라는 대립을 생산하는 것은 '데이터는 어떤 가치로부터도 중립적인 순수한 사실들'이라는 관념인 것이다.

문제는 우리가 연구를 진행할 때, 백지 상태에서 시작하지 않는다는 점에 있다. 백지 상태에서는 어떤 데이터도 수집할 수 없다. 데이터를 수집하기 위해서는 그 데이터를 얻고자 하는 '문제의식', 그에 따른 '표본의 선택'과 '관찰과 실험' 등의 가설들을 가지고 있어야 한다. 여기에 우리 자신의 개입이 존재한다. 따라서 '관찰은 이론에 의존적'이며 그렇게 획득된 데이터는 '가치중립적으로 순수한 것'이 아니라 그 데이터를 수집하는 과정에서 개입되는 가설, 즉 이론에 의존적인, '오염된 것'일 수밖에 없다.[6]

하지만 민족적 관점이든 탈민족적 관점이든 간에 이 두 개의 상반된 연구는 관찰의 이론 의존성 테제를 사유하지 않는다. 따라서 그들은 동일하게 '실증의 신화'에 빠져든다. 또한, 그렇기에 그들은 자신들이 데이터를 얻고 해석하는 과정에서 그것이 의존하고 있는 '프레임(frame)' 그 자체를 반성적으로 성찰하지 않는다. 그들은 오직 자신이 취득한 데이터의 순수성, 가치중립적인 객관성이라는 신화만을 믿는다. 그리고 그들은 '봐라. 이게 객관적인 사실(fact)이야'라고 하면서 소리를 높일 뿐이다. 하지만 이런 주장 자체는 '자기 도착적' '환상'이며 '독단'일 뿐이다. 왜냐하면 민족주의적 연구도, 탈민족적 연구도 이미 그들이 가진 '민족' 또는 '탈민족'이라는 관점, 더 나아가 그들의 연구 가설을 생산하는 프레임에 의해서 기획된 것이기 때문이다.

민족주의적 연구는 코리언 디아스포라에 관한 데이터를 취득하기 이

---

6) 이에 대한 구체적인 논의는 박영균, 「코리언 디아스포라의 민족공통성 연구 방법론」, 『시대와 철학』 제22집 제2호, 2011 참조.

전에 이미 '코리언'이라는 '민족적 프레임'에 근거하여 그 가설에 부합하는 연구대상과 방법, 기법들을 기획하며 탈민족적 연구도 그들이 '디아스포라'라는 '탈민족적 프레임'에 부합하는 연구대상과 방법, 기법들을 기획하며 그 가설에 따라 데이터를 수집한다. 게다가 프레임은 조사 방식과 설문의 질문 항목들, 그리고 그것의 구성에만 영향을 미치는 것이 아니라 이후 획득된 데이터를 독해하는 데에도 영향을 미친다. 따라서 문제는 데이터가 아니라 그 데이터를 획득하거나 해석하는 데 수반되는 '프레임'이다. '프레임'은 특정한 연구가 수행하는 연구대상과 방법, 기법들 그리고 데이터의 수집과 해석에 지속적으로 영향을 미친다.

예를 들어 민족주의적 프레임은 비록 세대별로 점차 낮아지고 있기는 하지만 민족학교의 경험이 있느냐 없느냐에 따라 우리말이나 한글을 사용하는 비율 및 민족의식이 달라진다는 '데이터'를 근거로 하여 민족학교 교육을 강화해야 한다는 결론을 내린다. 반면 탈민족적 프레임은 동일한 '데이터'를 근거로 하여 '탈민족화 경향'은 피할 수 없는 것이라는 결론을 내린다. 따라서 이 둘은 해외 거주 코리언들이 세대가 진행될수록 우리말이나 한글 사용 비율이 저하하며 민족의식이 약화된다는 사실을 받아들인다. 하지만 그에 대한 해석은 정반대가 되며 여기에 연결되는 데이터들을 서로 다르게 배치된다.

그렇다면 동일한 사실을 받아들이면서 상반된 해석을 가능케 하는 것은 무엇인가? 그것은 바로 '민족주의적 프레임'이 '민족정체성'을 유지하고자 하며 그럴 가치가 있다고 보는 반면, '탈민족적 프레임'은 '민족'이라는 집단적 정체성을 위험한 것으로 보면서 그것을 넘어서는 '탈민족-탈경계-혼종성'을 보다 바람직한 것으로 보는 데 있다. 따라서 '민족주의 vs 탈민족주의'라는 프레임은 그들의 연구가 '가치중립적'이라는 그들의 자부심과 달리 코리언 디아스포라의 '코리언'과 '디아스포라'를 각기

자신들이 가지고 있는 가치(value) 속에서 해석하며 특정 데이터에 초점을 맞춘다.[7]

바로 여기에 '가치중립성' 또는 '실증주의 신화'가 가지고 있는 진정한 위험성이 있다. 왜냐하면 그들이 내세우는 '가치중립적 객관성'은 실제로 그들의 연구를 특정 가치판단과 관련시키면서도 '데이터의 순수성'을 내세워 자신들의 연구에 개입되어 있는 가치 관련성을 은폐하고 자신의 연구를 '가치중립적 객관성'으로 포장하는 효과만을 생산하고 있기 때문이다. 즉, 그들이 실제로 수행하는 것은, 민족이라는 전통적 가치 위에서 '코리언'에 초점을 맞추면서 '디아스포라'를 부차화하거나 탈경계, 혼종성이라는 탈현대적 가치 위에서 '디아스포라'에 초점을 맞추면서 '코리언'을 부차화하는 것이다. 따라서 민족 대 탈민족의 프레임이 생산하는 것은 '코리언 혹은 디아스포라'이며 '코리언&디아스포라'라는 그들의 존재 자체가 아니다.

3) '정체성=동일성' 패러다임: 위치 선점의 오류

둘째로, 코리언의 민족정체성을 연구하는 선행 조사방법론의 가장 근본적인 문제는 민족 대 탈민족이라는 적대적 대립 그 자체가 '정체성=동일성'이라는 프레임에 근거하고 있다는 점이다. 전통적 민족주의는 해외에 거주하는 코리언들이 거주국의 문화나 언어가 타인종과 구별되는 고유한 특징들, 즉 핏줄이나 언어, 문화들을 배타적으로 공유하고 있다는 '정체성=동일성'이라는 전제 하에서 출발한다. 그리고 그렇기 때문에

---

7) 이런 연구경향의 변동 및 문제점에 대한 논의는 이병수·김종군, 「코리언 정체성 연구의 방법론」, 건국대학교 통일인문학연구단 편, 『코리언의 민족정체성』, 선인, 2012, 26-32쪽에 구체적으로 다루어지고 있다.

그들은 이런 특정 잣대들을 중심으로 하여, 특정 집단이 그것을 공유하는 정도에 따라 민족정체성을 지표화하며 그에 대한 정책적 진단이나 대안들을 내놓는다.

반면 탈민족주의자들은 1990년대 세계화 속에서 이산되고 있는 종족들의 다양하고 이질적인 경험과 문화들을 연구하면서 이런 '동일성으로서의 민족정체성'은 해체되어 가고 있으며 오히려 그들은 혼종적인 문화를 가진 '탈민족적 존재'라는 점을 드러내고자 한다. 따라서 겉으로만 본다면 이들의 프레임은 매우 대립적이며 심지어 적대적이기까지 해서 결코 서로 화합할 수 없는 것처럼 여겨진다. 그러나 이런 대립적 프레임은 본질적으로 하나의 뿌리를 공유하고 있다. 그것은 '민족정체성'을 혈연이나 언어, 문화 등, 어떤 하나의 동질적 속성을 공유하고 있는 집단으로 규정한다는 점이다. 여기서 그들이 사용하는 연구의 기법들은 중요하지 않다.

어떤 사람들은 연구의 기법들에서 이들이 내세우는 데이터의 오류를 찾고자 한다. 그러나 그들은 '설문통계'라는 방식을 따르든 '면접-해석'이라는 방식을 따르든 간에 이와 무관하게 어느 하나의 지표나 잣대를 중심으로 하여 민족정체성의 강화 혹은 약화를 진단하며 그렇게 수집된 데이터들을 각각 자신의 관점에서 읽는다. 게다가 양적 조사와 질적 조사가 '민족 대 탈민족'이라는 두 개의 대립적 프레임과 겹치는 것도 아니다. 그들은 어떤 조사 기법을 사용했는가와 무관하게 각기 자신의 프레임에 맞는 데이터를 찾아내고 자신들의 관점에 따라 해석하고 만다.

그럼에도 불구하고 이 문제를 다시 '양적 조사'냐 '질적 조사'냐의 문제로 돌려버리는 것은 문제의 초점을 흐리고 쟁점을 흐리는 '물타기'일 뿐이다. 오히려 이 대립을 생산하는 근원은 조사 기법이나 방식들이 아니라 '프레임' 자체이다. 즉, 전통적 민족주의라는 프레임은 '코리언'이라는 정체성을, 탈민족주의라는 프레임은 '디아스포라'라는 혼종성을 따라 조사를 기획하고 데이터들을 해석하는 것이다. 따라서 이런 대립을 벗어나기 위해서는 양적 조사냐 질적 조사냐의 대립을 통해서 문제의 초점을 흐리는 것이 아니라 양 프레임의 대립에 동일한 자양분을 제공하는 '정체성=동일성'이라는 프레임 자체를 해체해야 한다.

물론 '정체성은 어떤 것을 그것이게 해 주면서 통일성을 유지해주도록 하는 것이 아니냐?'는 반론이 있을 수도 있다. 그러나 이런 식의 반론은 베이컨이 말하는 '시장의 우상'에 빠져 있는 것이라고 할 수 있다. 일반적으로 '정체성(正體性)'에 대한 우리말의 사전적 정의는 '어떤 존재가 본질적으로 가지고 있는 특성 또는 그 특성을 가진 존재'이며 영어나 독일어에서도 정체성은 identity 또는 Identität로, '동일성(同一性)'이라는 의미도 함께 가지고 있다. 여기서 '정체성'과 '동일성'은 상호 중첩되면서 하나의 의미계열을 형성한다. 즉, 일상어법상 정체성은 특정한 존재를 그것이게 하는, '고유성(본질적 특성)'과 그것의 동일성이라는 의미로 사용되는 것이다.

그러나 일상 언어들의 의미와 사용은 성찰적으로 숙고된 것들이 아니라 사람들의 표면적인 경험이나 가치들을 반영하고 있을 뿐이다. 따라서 그런 의미와 용법을 그대로 가져와 학문적 연구에 사용할 때, 그것은 편향된 가치와 선입견을 담고 있을 수밖에 없다. 그런데도 사람들은 쉽게 이런 용법이나 의미들을 그대로 사용하는 경우가 많다. 그것은 그들이 사용하는 언어 자체가 그들에게 너무나 친숙하며 익숙한 것이기 때문이다. 따라서 민족정체성을 연구하는 사람들도 부지불식간에 사람들이 가지고 있는 통념대로 '민족정체성'을 '특정한 집단을 하나의 민족으로 묶어주는 동일성'으로 받아들이게 된다.

그런데 이렇게 되었을 때, 문제가 발생한다. 무엇보다도 먼저 특정한 집단을 하나의 민족으로 묶는 기준 자체가 자신이 속해 있는 사회의 특정한 관념이나 연구전통에 의해 결정되기 때문이다. 연구자 자신 또한 특정한 사회 속에서 살아온 사람으로, 그 사회에서 형성된 특정한 아비투스(habitus)와 사회화된 신체를 가지고 있다. 바로 이런 점에서 '동일성으로서의 정체성'이라는 언어적 정의는 연구자로 하여금 자신도 의식하지 못하는 사이에 자신의 위치에서 타자를 보면서 자기에게 체화된 지표들을 가지고 그들의 동일성을 측정하는 '위치 선점의 오류'에 빠지도록 만든다.

코리언 디아스포라 연구에 나타나는, 이런 대표적 사례가 '한국인 중심주의', 또는 '자문화 중심주의'이다. '한국인'이라는 말이 보여주듯이 그들은 한국에 살고 있는 사람들이다. 한인들에게 '한국'은 곧 '한(조선)반도 남쪽에 존재하는 대한민국이라는 국가'이다. 또한 '한'민족이라는 말이 보여주듯이 한국인들에게 '한'국이라는 국가는 '한'민족이라는 말과 동일하다. 따라서 한국인들은 '한민족=한국'이라는 일상적인 어휘들을 사용하면서 '민족과 국가'를 일치시키는 것을 너무나 당연하게 여긴다. 여기서 '민족정체성(national identity)'은 곧 '국가정체성(states identity)'이 된다. '한국인중심주의'는 바로 이런 일상적인 통념이나 관념들이 연구에 그대로 반영된 것들이라고 할 수 있다.

4) 한국인중심주의: 동질성 대 이질성의 대립

한국인중심주의는 자신들이 거주하는 한(조선)반도 남쪽 사람들이 가지고 있는 정체성을 민족정체성이라고 보면서 한국이라는 국가에 의해 형성된 민족정체성, 즉 국민정체성을 민족정체성으로 간주하는 '대한민국 국가중심주의'를 낳는다.[8] 예를 들어 선행 연구에서 자주 등장하는 민족정체성에 대한 물음 중에 하나가 '조국이 어디라고 생각하는가?', 또는 '모국이 어디라고 생각하는가?'와 같은 질문들이다. 물론 이런 물음을 던지는 것은 중요하다. 그런데 문제는 이런 질문들을 던지고 그에 대한 선택지로 '거주국'과 '한국' 양자를 동시에 제시한다는 점이다. 따라서 답변자는 자신이 거주하는 '거주국'과 '한국' 중 어느 하나만을 선택할 수밖에 없다.

한국인들에게 이런 답변은 매우 중요해 보인다. 거주국은 답변자가 지금 살고 있는 곳이지만 다른 민족들이 주류인 사회이고, 한국은 비록 현재 답변자가 거주하지 않고 있지만 같은 민족이 살고 있는 공간이기 때문이다. 이는 거주국과 한국을 상호 대립적으로 설정해 놓고 둘 중에 어느 하나를 선택하도록 강요하는 결과를 초래한다. 여기서 거주국은 이민족을, 한국은 한(조선)민족을 대표하는 '상징'이며 한국이라는 국가의 정체성과 한(조선)민족이라는 민족정체성은 일치한다. 따라서 민족정체성은 거주국 정체성에 저항적이거나 대립적인 것으로 설정되어 있다. 그리고 이에 따라 한국인들은 한국을 선택하는 수치가 높으면 민족정체성이 높고 거주국을 선택하는 수치가 높으면 민족정체성이 낮다고 평가한다.

그러나 이런 단순화된 양자택일적 선택에 의한 실증적 검증모델은, 조사기획단계에서 미리 가정되어 있는 전제들을 가지고 있다는 점에서 이에 대한 근본적인 검토를 필요로 한다. 우선, 이런 실험 모델의 전제에서 '중국', '일본', '러시아' 등 거주국의 명칭과 '한국'이라는 명칭은 모두 '국가의 명칭'이며 민족을 지칭하는 것은 아니라는 점이다. 그런데도

---

8) "대한민국 국가중심주의는 '민족'과 '국민'을 대립적인 것으로 여기며 대한민국 정체성을 중심으로 민족을 사유하려는 경향"이다. 이병수·김종군, 「코리언 정체성 연구의 방법론」, 건국대학교 통일인문학연구단 편, 『코리언의 민족정체성』, 선인, 2012, 99쪽.

이와 같은 연구들은 국가의 명칭을 선택하는 것을 곧바로 민족정체성 정도를 반영하는 것으로 간주하고 있는데, 이것은 민족정체성과 국민정체성이 동일하다는 가정을 전제로 할 때에만 성립할 수 있다. 물론 민족과 국민의 구별은 매우 모호하다.

영어로 'nation'은 민족, 국민, 심지어 국민국가, 민족국가와 같은 뜻을 가지고 있다. 여기서는 민족과 국민의 구별이 모호할 뿐만 아니라 국가와의 개념 구분도 모호하다. 따라서 사람들은 일반적으로 '국민'과 '민족'을 명료하게 나누지 못하며 국가와 민족도 잘 구분하지 못한다. 게다가 우리와 같이 비교적 단일한 혈족으로 이루어진 나라들의 경우에 더욱더 그러하다. 그러나 미국, 캐나다, 중국, 러시아와 같은 다민족국가에 사는 사람들은 이에 대한 나름의 구분법을 가지고 있다. 미국시민권자로서 미국인이라고 여기는 동양계 사람들은 그들을 '아시안계 미국인'이라고 규정하며 더 세부적으로 나아갈 때에는 한(조선)인의 경우, 코리언이라고 생각하기도 한다. 이것은 곧 '민족'과 '국민'이 명료하지는 않지만 미세한 다른 뉘앙스를 가지고 있다는 것을 의미한다.

그런데도 민족정체성에 대한 기존 연구들은 민족정체성(=한민족)이 거주국의 국민정체성과 서로 대립적일 것이라는 가설을 세우고 조사연구를 기획하고 있는 것이다. 대표적으로 선행조사연구들 중에는 '거주국의 국가와 한국이 축구경기를 한다면 누구를 응원하겠는가?'와 같은 질문을 통해서 민족정체성에 대한 지표를 구성하는 경우들이 있다. 이 경우, 대부분 거주국의 국가를 선택하면 민족정체성보다 국민정체성이 강하다고 결론을 내리고 한국을 선택하면 민족정체성이 국민정체성보다 강하다는 결론을 내린다. 그러나 해외에 거주하는 코리언들에게 국민정체성과 민족정체성은 한국인들과 달리 일치할 수 없으며 정체성을 구성하는 방식 또한 한국인과 다를 수밖에 없다. 그들은 '코리언'이면서도 거주국의 '국민'으로서 살아왔기 때문이다.

그렇다면 그들은 '코리언'이면서 거주국의 '국민'으로서의 정체성을 함께 가지고 있을 수는 없는 것일까? 이전의 선행 연구들은 이런 문제들을 다루지 않고 있다. 민족적 프레임은 국민정체성과 민족정체성을 부(-)의 관계로만 다루며 '탈'민족 프레임은 '탈'민족이라는 관점에서 정체성의 해체 경향으로만 이를 다루어 왔을 뿐이다.[9] 이것은 매우 표피적이면서 사태를 단순화한 관점이다. 민족정체성과 국민정체성이 서로 대립적인 것처럼 동질성과 이질성은 대립적이다. 정체성은 동질적이며 그 이외의 것은 이질적이다. 따라서 동질성과 이질성의 대립도 민족과 '탈'민족이라는 대립이 '동일성'의 프레임 안에 있는 것처럼 '동일성'의 프레임 안에 있다.

동질성을 뜻하는 'homogeneity'와 이질성을 뜻하는 'heterogeneity'는 동일한 뿌리를 공유한다. 동일성은 '같음'을 뜻하는 'homo'가, 이질성은 '다름'을 뜻하는 'hetero'가 서로 대립하고 있지만 이렇게 서로 대립적일 수 있는 것은 모두 다 '타고난, 유전자'인 'gen'이라는 기준을 공유하고 있기 때문이다. 'gen'은 동질성과 이질성 양자가 동일하게 근거하고 있는 대립의 '뿌리'이다. 여기서 'gen'은 그들이 공유하고 있는 핏줄이나 언어, 전통문화 등이다. 따라서 이렇게 포착된 민족성은 속성이나 성질상 '오

---

9) 이런 연구로는 박정군·황승연·김중백, 「중국 조선족 정체성의 결정요인: 사회인구학적 특성을 중심으로」(『동북아연구』 26-1, 조선대학교 동북아연구소, 2011)와 박정군, 「중국조선족 정체성이 한국과 중국에 대한 태도에 미치는 영향」(경희대학교 대학원 박사학위 논문, 2011)이 있다. 그럼에도 불구하고 아쉬운 점은 이들이 재중 조선족에 대한 연구를 통해서 민족정체성과 국민정체성의 관계가 정(+)의 관계를 가지고 있다는 점을 보여줌에도 불구하고 이들의 정체성을 다시 '제3의 정체성'으로 규정하고 있다는 점이다. 그러나 이렇게 되면 정체성은 언제나 '제3의 정체성'일 수밖에 없다. 왜냐하면 모든 정체성은 각기 조금씩 다르기 때문이다. 따라서 이런 식의 규정은 다양한 역사적 환경 속에서 다양하게 구성되는 민족정체성 각각을 그 특징에 따라 각기 다른 '제3의 정체성'으로 규정하는 무한퇴행에 빠질 수밖에 없다.

염되지 않은 순수성'으로서 민족의 징표들로 구성된다.

그러나 그런 민족성은 역사상 그 어디에도 존재하지 않는다. 역사적
으로 각각의 종족은 서로 교류하면서 특정한 사회역사적 공동체들을 만
들어왔다. 따라서 오염되지 않은 핏줄, 문화, 언어는 존재하지 않는다.
우리말에 한자어가 많다는 것은 '중국'과의 오랜 역사적 교류를 보여주
는 것이자 '순수민족성'에 대한 명백한 반증이다. 게다가 인간은 홀로 살
아갈 수 없다. 그들은 특정한 자연환경 속에서 다양한 집단과 교류하면
서 나름의 사회역사적 공동체를 만들어왔으며 문화는 그런 삶이 물질화
된 형식들이다. 심지어 한(조선)반도에 사는 사람들이라도 전라도와 경
상도, 충청도 등 지역에 따라서 제사나 민요, 예법 등이 조금씩 다를 수
밖에 없다.

그런데도 어떤 민족문화의 '원형'이나 '순수성'을 고수한다면 이들 문
화적 변형들은 다 고유문화의 '변질(deterioration)'로, 단죄의 대상이 되
어버릴 것이다. 예를 들어 이제 와서 한자어를 '민족적 순수성'을 고수한
다고 순우리말로 바꾼다면 그것은 몇몇 식자들만이 아는 '죽은' 언어가
되어버릴 것이며 제사나 민요, 예법들을 하나의 형식으로 통일하려고
한다면 필연적으로 특정한 문화를 중심으로 다른 문화를 배제하는 '폭
력'을 수반할 수밖에 없을 것이다. 따라서 동일성으로서 민족정체성이
라는 프레임은 자신들이 생각하는 'gen'이라는 하나의 잣대나 지표로 환
원하는 환원주의나 단순화에 의해서 타자를 배제하는 '제거와 폭력'의
논리일 뿐이다.

게다가 이런 식의 동일성이 내세우는 기준조차 자신들에게 익숙하거
나 자명한 것들로, 이미 자신의 신체에 체현(embodiment)되어 있는 가
치들을 무의식적으로 내세움으로써 자기도 모르는 사이에 빠져드는 자
기중심적인 '위치 선점의 오류'를 성찰할 수 없도록 만들고 있다. 이것

은 이미 앞에서 다룬 '가치중립적인 객관성'이라는 실증주의적 신화에 의해 뒷받침되기 때문이다. 따라서 '코리언 혹은 디아스포라'라는 양자택일적 선택 속에서 생산되는 대립을 극복하기 위해서는 무엇보다도 먼저 '데이터'의 순수성이라는 실증주의적 신화로부터 벗어나야 한다.

2. 패러다임의 전환: '코리언&디아스포라'

1) 가치중립적 신화의 기각과 프레임의 전환

민족 대 탈민족이든, 아니면 제3의 정체성이든 간에, 이런 연구가 수행하는 '데이터'들은, '코리언'과 '디아스포라'라는 코리언 디아스포라가 가지고 있는 실존적 특성에 각각 의존하고 있다. 코리언 디아스포라는 '코리언이면서 디아스포라(코리언&디아스포라)'이다. 따라서 그들이 제시하는 상반된 데이터조차 이런 실존적 특성으로부터 나온다고 할 수 있다. 하지만 민족주의적 프레임은 코리언을 보여주는 데이터에 의존하면서 '디아스포라'를 누락시키고, 탈민족적 프레임은 디아스포라를 보여주는 데이터에 의존하면서 '코리언'을 누락시킨다. 또한, 제3의 정체성은 우리와 다른 그들의 이중정체성을 별개의 정체성으로 규정함으로써 우리 자신의 정체성은 마치 동질적인 동일성을 유지하고 있는 것 같은 환상을 창출한다.

그럼에도 불구하고 이들은 서로에 대해 상대의 데이터를 논박할 수 없는 결핍을 가지고 있기 때문에 이를 가지고 자신의 주장을 정당화하고 있을 뿐이다. 즉, 내가 가진 데이터의 실증성은 다른 입장의 데이터가 가지고 있는 실증성을 반박할 수 있는 증거가 될 뿐, 그들 자신이 가지고 있는 데이터의 한계를 보지 않게 만든다. '탈민족'은 '민족주의'가 결여하고 있는 '디아스포라'를 자기 연구의 우월성으로, '민족주의'는 '탈민족'이 결여하고 있는 '코리언'을 자기 연구의 우월성으로 전화시키면서 상호 적대적인 대립을 생산할 뿐만 아니라 그것을 극복하고자 하는 '제3의 정체성'은 궁색하게도 민족도 탈민족 아닌 별개의 정체성을 주장하고 있는 것이다.

바로 이런 점에서 민족 대 탈민족의 프레임을 넘어서 코리언 디아스포라의 실존적 양상 그 자체를 전체적으로 드러낼 수 있는 연구기획과 방법, 기법들을 고안할 필요가 있다. 그러나 그것은 앞에서 본 바와 같이 기존의 데이터가 거짓 또는 허위라든가 그들의 실존적 상태를 반영하지 않고 있다는 식으로 비판하는 데서 출발하는 것이 아니다. 오히려 그것은 데이터를 수집하는 데 불가피하게 연루 또는 개입되는 프레임 그 자체를 반성적으로 성찰함으로써 연구 기획에서부터 '코리언 디아스포라'의 양 측면을 모두 포함하는 새로운 연구방법을 설계하고자 하는 것이다.

게다가 모든 인간은 자신의 신체가 가지고 있는 인지체계를 통해서만 주어진 세계를 볼 수 있으며 세계 그 자체를 투명하게 인식할 수 없다. 왜냐하면 그런 인지체계로서의 신체는 이미 '사회화된 신체'이기 때문이다. 따라서 우리가 보는 세계는 특정한 시대를 살고 있는 특정한 신체들이 보는 세계이다. 이런 점에서 기획된 연구조사방식으로 얻어진 자료가 '순수하게 가치중립적인 데이터'라는 점을 내세우기 위해 '연구자를 투명인간으로 만드는' 조사방법을 고안할 필요는 없다.

오히려 그와 정반대로, 모든 데이터가 근본적으로 '오염될 수밖에 없다'는 점을 받아들이고 적극적으로 우리가 가지고 있는 연구방법론에 따라 고안된 가설과 방법론을 분명히 하고 그 속에서 획득된 데이터의 오염성이 무엇인지를 보다 정확히 밝히는 것이 중요하다. 이것은 우리가 가진 연구 프레임을 명확히 함으로써 우리가 범할지 모르는 오류를, 이후 연구에서 비판적으로 검토함으로써 향후 보다 생산적인 작업을 이어가길 바라기 때문이다. 따라서 '데이터'를 수집하고 해석하는 데 관여하는 '이론', 더 나아가 '프레임'을 근본적으로 새롭게 하는 방법론을 다시 세우는 데에서 출발할 필요가 있다. 지난 3년 간 건국대학교 통일인문학연구단이 수행한 '민족공통성(national commonality)'에 기초한 기획조사 및 연구방법론은 이런 연구를 위해 고안된 방법론이었다.[10]

2) 가족유사성: 닮음의 중첩성

민족공통성 연구[11]는 특정한 한 집단, 재중 조선족이나 재일 조선인, 재러 고려인들만을 대상으로 연구를 수행하는 것이 아니라 애초부터 이들 집단을 상호 비교하는 연구에서 출발하였다. 제3의 정체성을 주장하는 담론은 민족정체성과 국민정체성이 상호 정(+)의 관계를 보이는 재

---

10) 여기서 말하는 연구방법론은 자료를 수집하거나 분석하기 위해 사용되는 실질적인 기법이나 절차가 아니라 '연구가 어떻게 진행 되는가 또는 진행되어야 하는가에 대한 분석'이다. "연구의 방법들은 어떤 연구 문제나 가설과 관련된 자료를 수집하고 분석하기 위해 사용되는 실질적인 기법이나 절차이다. 사회과학에서 그것들은 사람들을 대화에 참여시키고 질문지에 응답하게 하고 행위를 관찰하고 문서나 인간행위에 관한 다른 기록을 검토하는 것을 포함한다. 반면 방법론은 연구가 어떻게 진행 되는가 또는 진행되어야 하는가에 대한 분석이다." 노먼 블래키(Norman Blaikie), 이기홍·최대용 옮김, 『사회이론과 방법론에 다가서기』, 한울, 2010, 22쪽.

11) 건국대 통일인문학연구단이 발표한 민족공통성 연구방법론은 박영균, 「코리언 디아스포라의 민족공통성 연구방법론」, 『시대와 철학』 제22집 제2호, 2011과 이병수·김종군, 「코리언 정체성 연구의 방법론」, 건국대학교 통일인문학연구단 편, 『코리언의 민족정체성』, 선인, 2012이 있으며 민족공통성 개념에 대한 논의는 이병수, 「민족공통성 개념에 대한 고찰」, 『시대와 철학』 제22집 제3호, 2011이 있다.

중 조선족만을 상대로 데이터를 조사했기 때문에 그들의 정체성을 제3
의 정체성으로 규정할 수 있었다. 그러나 우리의 연구에 의하면 재일 조
선인의 경우는 이와 정반대의 양상을 가지고 있으며 재러 고려인들은
재중 조선족과 유사하게 정(+)의 관계를 보이고 있다. 따라서 이것은 재
중 조선족만의 독특한 정체성도 아닐 뿐만 아니라 재일 조선인의 정체
성이 우리가 가지고 있는 정체성과 동일함을 의미하는 것도 아니다. 비
교 연구는 이런 한계를 극복할 수 있도록 한다.

그러나 이전의 연구에서도 비교 연구가 없었던 것은 아니며 비교 연구
자체가 선행 연구들의 문제점을 극복하도록 만드는 결정적 요인도 아니
다. 예를 들어 민족주의적 관점에서도, 탈민족적 관점에서도 비교 연구는
가능할 뿐만 아니라 실제로 그렇게 주장하는 연구들도 있기 때문이다. 따
라서 여기서 보다 중요한 문제는 비교 연구에 있는 것이 아니라 동질성
대 이질성이라는 대립의 프레임을 벗어난 연구방법론을 만들어가는 것이
다. 우리는 이런 연구방법론으로, '민족공통성(national commonality)'이라
는 새로운 범주 위에서 수행되는 민족공통성 연구방법론을 제출하고 이
에 근거한 기획-조사-연구를 수행해왔다.

일상 어법상 사람들이 생각하는 '공통성'은 두 개 이상의 집단 사이에
서 서로가 동일하게 보유하고 있는 공통 요소, 예를 들어 혈연이나 언
어, 문화 등을 찾는 것이라고 생각하는 경향이 있다. 그러나 민족공통성
연구는 민족정체성을 어떤 민족의 고유한 본질 또는 속성으로 환원하면
서 그 요소가 어느 정도 서로 차이가 나는가를 비교 연구하거나 전통문
화의 변형 정도를 비교함으로써 그들의 이질화가 어느 정도 진행되었는
가를 연구하는 것이 아니다. '공통성'과 '차이'를 이런 식으로 이해하고
조사연구를 기획하게 되면 그것은 애초 의도와 달리 필연적으로 '동질
성 대 이질성'이라는 프레임으로 되돌아가버릴 수밖에 없다. 왜냐하면

여기서 특정한 공통분모나 전통문화는 민족을 묶는 동질성의 지표가 되어버리며 그 이외의 것들은 이질적인 것으로 배제될 수밖에 없기 때문이다.

이와 반대로, 본 연구단이 수행한 민족공통성에 따른 비교 연구는 민족정체성을 하나의 공통분모로 수렴되는 지점을 찾는 것이 아니라 오히려 그들이 처한 각각의 독특한 사회 역사적 환경 속에서 응전해 온 문화적 차이들로 이해하고 그 '차이'들을 해명함과 동시에 그것의 변용과 창조적 변종들의 활성화를 통해서 접속과 공명, 연대의 지점을 찾아가는 것이다. 여기서 민족이라는 정체성을 드러내는 공통성의 지점은 동일한 하나의 끈으로 환원되는 공통분모가 아니다. 그것은 중첩되면서 연결되는 것이다. 일반적으로 사람들은 민족을 '가족'이나 '고향', '집' 등에 비유하며 그들은 서로 닮아 있다고 생각한다.

그러나 이런 '닮음'은 그들 모두가 공유하는 하나의 속성이나 성질을 가지고 있지 않다. 가족은 서로 닮았지만 가족 구성원 모두가 동일하게 닮은 하나의 속성이나 특성을 공유하고 있는 것은 아니다. 예를 들어 아버지와 딸은 코가 닮았지만 어머니나 아들의 코는 이와 다르며 귀가 닮았을 수 있으며, 어머니와 딸은 귀가 닮았지만 아들과 딸의 귀는 이와 달리 오히려 눈이 닮았을 수 있다. 여기서 그들 모두가 공유하고 있는 닮은 것 또는 닮음의 지표는 없다. 비트겐슈타인(Ludwig Wittgenstein)은 이를 '가족유사성(family resemblance)'이라고 명명하면서 다음과 주장하고 있다.

"실의 강도는 어느 하나의 섬유가 전체 길이를 관통한다는 데 있는 것이 아니라 오히려 많은 섬유질들이 중첩된다는 데 있다. 그러나 어떤 사람이 '이런 모든 구조들에는 공통적인 것, 즉 모든 구조들에 공통적인 속성들의 이접(disjunction)이 있다'고 말하고 싶어 한다면 나는 그에게

당신은 단지 말장난을 하고 있을 뿐이라고 대응할 것이다. 마찬가지로 우리는 '어떤 것이 전체 실을 관통하고 있지만, 그것은 다시 말해서 이런 섬유질들의 지속적인 중첩하기를 통해서'라고 말할 것이다."[12]

그러므로 그가 말하는 가족의 공통성은 가족 구성원들이 공유하고 있는 '공통분모'에 있는 것이 아니라 '닮음의 중첩'에 있다. '닮음의 중첩'은 서로 다른 것이 각기 겹쳐지면서 연결되는 것으로, 거기에는 전체를 관통하는 공통된 속성이 존재하지 않는다. 그들은 모두 다 다르다. 하지만 그들은 하나의 가족이다. 물론 어떤 가족의 경우, 모두가 닮은 공통 속성을 공유하고 있을 수도 있다. 가족유사성이 이를 부정하는 것은 아니다. 하지만 모든 가족이 그런 것은 아니다. 또한, 가족들이 서로 공유하고 있는 공통 속성이 없다고 하더라도 그들이 '가족'이 아닌 것은 아니다.

그런데도 공통분모 또는 교집합으로서의 정체성만을 찾고자 한다면 '교집합'을 가지고 있는 가족만을 가족으로 간주하기 때문에 필연적으로 이와 다른 '다름'이나 '차이'를 배제하는 폭력을 낳을 수밖에 없다. 따라서 민족공통성에 따른 비교연구는 민족적 실체나 고유한 특성, 불변의 속성을 찾는 것이 아니라 오히려 가족유사성처럼 서로 각기 다르지만 그 '차이'들을 통해서 연결되는 '닮음'의 구조를 찾는 것이라고 할 수 있다. 즉, 민족공통성의 측면에서 본 민족정체성의 비교 연구는 고정된 공통분모나 교집합, 예를 들어 가족 구성원 모두에게 존재하는 닮음으로서 눈, 코, 귀, 발, 손 중 어느 하나를 찾는 것이 아니라 그들이 서로 다름에도 불구하고 그들을 하나의 가족 구성원으로 묶어주는 닮음의 중첩적 구조이다.

---

12) Ludwig Wittgenstein, *Philosophical Investigations*, Basil Blackwell Oxford, London, 1978, p.32.

그러나 우리의 연구가 닮음의 중첩적 구조를 찾아가는 것은 단순히 민족정체성이 닮음의 중첩적 구조라는 점을 주장하기 위해서만은 아니다. 닮음의 중첩적 구조를 배제하는 동일성의 프레임이 차이를 배제함으로써 민족 내부에 존재하는 차이들의 생성적 힘을 억압하는 반면, 공통성의 프레임은 그런 차이의 중첩적 구조 안에서 상호 공명-접속하면서 오히려 차이들의 연대를 통한 생성의 가능성을 열어놓기 때문이다. 이런 점에서 우리는 민족공통성을, 일반적으로 우리가 쉽게 생각하는 '민족공동체'라는 의미에서 'national community'가 아니며 그것은 서로 만나서 공통의 것을 만들어낸다는 의미에서 'national commonality'로 개념화하였다.

3) 민족공통성: 생성으로서 민족정체성

사람들은 일반적으로 공통성을 'community'와 같은 의미로 이해하지만, 민족정체성의 비교연구방법론으로서 민족공통성이라는 개념화가 가지고 있는 독특함은 바로 이 'community'와 'commonality'가 내포하는 의미의 차이에 있다. 'commonality'는 '공통의, 함께'라는 뜻을 가지고 있는 'common'에 명사형 어미 'lity'를 붙여 '함께 함을 통해서 만들어진 성질'이라는 의미의 추상명사로 만듦으로써 고안해 낸 개념이다. 'common'은 둘 이상의 개체가 서로 마주쳐서 만나거나 상호 관계를 하면서 서로의 몸(body)을 변형시키면서 그 둘 사이에서 생성된 것을 가리킨다. 바로 이런 점에서 민족공통성에서의 민족정체성은 이미 주어져 있거나 내재적으로 그 안에 보존되어 있는 어떤 것이 아니다.

그것은 특정한 환경 속에서 타자와 공명-접속함으로써 발현될 수 있는 잠재력으로 남아 있을 뿐, 그 자체로 고유한 실체로 존재하는 것은 아니다. 그러나 공동체주의자(communitarianism)들이 주장하는 '공동체(community)'는 특정한 사회역사적 과정을 경유하여 그 안에 체현되어 있는 가치와 규범, 삶의 양식들을 고수한다. 물론 공동체(community)의 어원도 'common'에서 왔다. 그것 또한 두 개 이상의 몸(body)이 마주치면서 만들어낸 것이기는 하지만 공동체는 그것을 미래라는 시간 속에서 찾는 것이 아니라 오히려 이미 이전에 만들어진 것들, 즉 오랜 역사적 전통 속에서 형성되어 온 과거로부터 찾는다.

그렇기 때문에 공동체주의자들은 전통적 양식들과 가치들을 고수하는 경향이 있다. 특히, 그들은 특정한 지역에서 사는 사람들이 내적으로 공유하고 있는 공통분모 또는 교집합이 있다고 전제한다. 그래서 자신들이 생각하는 전통적 가치와 문화 등을 기준으로 하여 민족정체성의 회복 및 민족주체성을 구성하고자 하면서 전통적 가치와 문화들을 고수하는 보수주의적 경향을 가지고 있다. 따라서 그들은 타자의 차이나 다름을 배제하고 억압하는 '민족적 프레임'의 함정을 벗어나지 못한다. 이런 점에서 공동체주의자들의 관점은 '민족적 프레임'과 마찬가지로 '차이'를 '이질성'이나 '변질'로 단죄하면서 '차이들'을 배제하는 폭력을 생산하는 '위험성'을 가지고 있다.

게다가 과거를 고수하면 할수록 현재는 과거의 복제이기 때문에 새로운 시간으로서 미래가 생성될 수 없다. 또한, '차이'가 없다면 '생성'도 있을 수 없다. 두 개체가 만나서 새로운 무엇인가를 생성한다는 것은 그들이 서로 다르기 때문이다. 만일 그 둘이 동일하다면 그들의 만남은 어떤 것도 변화시킬 수 없으며 서로가 동일하다는 사실만을 확인하게 될 뿐이다. 따라서 민족정체성 비교 연구가 민족정체성의 동일성을 확인하는 것이라면 그것은 '동일성의 확인'에만 멈출 뿐, 그 이상 더 나아간 미래, 새로운 것을 생성시킬 수 없다. 즉, '차이'라는 것을 배제하는 '동일성의 폭력'은 민족의 활력을 생산하는 것이 아니라 오히려 타자의 차이를 억압함으로써 서로를 파괴하는 결과만을 초래하는 것이다.

'탈민족적 프레임'이 가진 장점은 여기에 있다. 탈민족주의는 바로 이와 같은 '동일성의 폭력'과 '생성'의 힘으로서 '차이'에 주목하고 있기 때문이다. 그러나 그렇기 때문에 '탈민족적 프레임'은, 역으로 모든 '닮음의 구조'를 해체하고 '혼종성'과 '잡종성'만을 찬양하는 경향이 있다. 그러나 탈민족주의는 이런 '차이들'을 드러내고 해명하기만 하는 것이 아니라 더 나아가 '혼종성'과 '유동성'을 찬양하며 '민족정체성'을 비판하고 그것의 위험성을 과장한다. 이것은 닮음의 구조가 이미 '차이들의 중첩'을 통해서 만들어진다는 면에서, 또한 동일성이 '차이의 배제와 폭력'을 낳는다는 점에서 진실의 한쪽 측면을 반영하고 있기는 하다.

그러나 팀 에덴서(Tim Edensor)는 세계화가 민족정체성을 약화시킨다는 주장에 대해 반론을 펴면서 유동적이고 불확실한 것들이 오히려 '장소 구속감'이나 '정박지'로서의 민족정체성을 불러올 수 있다고 주장하고 있다. 또한, 그는 "정체성이 반드시 성찰적이고 자의식적인 일체화에 의해서 구성되는 것이 아니라 … '제2의 천성', 즉 '우리'가 생각하고 행동하는 방식에 대한 거의 무의식적 가정들에 따라 구성"되는 것이라고 주장하면서 "정체성의 무의식적 기반은 흔히 혼란과 탈구의 상황에서 수면 위에 드러난다"고 말하고 있다.13)

그렇다면 문제는 '민족'이라는 상상된 공동체, 동일성의 욕망에 있는 것이 아니라 그것을 불러일으키도록 만드는 현실에 있는 것은 아닐까? 사람들이 정박지와 정착지로서 '집'과 같은 민족을 상상하는 것은 그들이 애초 민족에 대한 어떤 이념을 가지고 있기 때문이 아니라 그들이

---

13) 팀 에덴서(Tim Edensor), 박성일 옮김, 『대중문화와 일상, 그리고 민족 정체성』, 이후, 2008, 75-77쪽.

타개할 수 없는 현실의 절박함이 '대타자'에 대한 상상적 동일화 없이 살아가기 힘들도록 만들기 때문이다. 그런데도 탈민족론자들은 '민족'을 경계하면서 그것을 해체하고자 하며 '혼종성'과 '잡종성'을 찬양하고 있다.

그러나 그들이 찬양하는 혼종성과 잡종성 그 자체가 오늘날 신자유주의 지구화의 점증하는 불안정성과 유동성이 생산하는 것이라면 어떻게 할 것인가? 만일 그렇다면 그들의 찬양은 오히려 그들의 의도와 정반대로, 역설적이게도 민족주의적 광기를 불러오는 현실 그 자체에 대한 찬양이 될 수밖에 없다. 따라서 문제에 새롭게 접근해야 한다. 다시 말해 '민족적 정념'이 민족주의적 광기를 가져오는 것이 아니라 그들의 삶의 피폐함, 현실이 그런 광기를 불러온다고 말이다. 그렇다면 문제는 민족에 대한 해체가 아니라 그들의 욕망이 현실의 곤란과 어려움을 헤쳐 나갈 수 있는 힘으로 바꾸는 것이다.

바로 이런 점에서 오늘날 필요한 민족정체성에 대한 비교연구는 '탈민족적 프레임'의 '혼종성'과 '유동성'을 일방적으로 찬양하는 것이 될 수 없으며 오히려 그들의 삶을 개선시킬 수 있는 민족적 합력을 창출하는 길을 모색하는 차원에서 진행되어야 한다. 그것은 특정한 공동체 안에서 살고 있는 구성원들이 그들이 살아온 삶의 환경 속에서 각자 나름대로 변형시켜 온 '차이(difference)'들을 찾아내고 그 속에서 '차이들'을 만들어낸 사회역사적 맥락들을 해명하면서도 그런 해명과 더불어 '민족'이라는 '닮음'의 흔적들, 서로를 중첩시키면서 연대의 고리를 찾아가는, 민족적 유대의 '끈'을 발견하는 것이다.

제2장 해외 거주 코리언의 민족정체성

중층 결정적 정체성

1. 중층적 정체성: 인지-정서-신체적 정체성

민족공통성에 따른 비교연구는 자신을 특정한 민족공동체의 일원으로 규정하고 인식하는 '인지적 정체성'의 차원에서만이 아니라 다른 종족이나 민족들과의 관계에서 느끼는 다름의 정서나 느낌인 '정서적 정체성'과 그들 집단만이 공유하고 있는 특정한 생활문화적인 양식들이나 의례들을 수행하면서 타 집단과 자신을 구별하는 '신체적 정체성'을 상호 비교함으로써 그것의 중층적인 복잡한 구조에 다가갈 수 있다. 이것은 팀 에덴서가 주목하고 있듯이 다른 나라에 이주해 사는 민족은 단순히 그 나라의 환경 속에 순응하기만 하는 존재가 아니기 때문이다.

부르디외(Pierre Bourdieu)가 말했듯이 특정 집단의 사회적 믿음이나 상징체계가 체화된 아비투스는 '구조화된 구조'이기만 한 것이 아니라 역으로 '구조화하는 구조'이기도 하다. 따라서 다른 나라로 이주한 코리언들 또한 특정한 환경 속에서 이에 대응하는 '응전의 전략'을 가지고 있으며 이런 응전은 한(조선)반도에 사는 사람들이 가지고 있는 문화적 양

식들과 다른 문화를, 거주국의 주류 문화와도 다른 문화적 양식들을 생
산하는 '차이들' 속에서 드러난다. 그러나 그렇기 때문에 남북을 포함하
여 모든 코리언들이 가지고 있는 가치-문화적 양식들의 차이나 다름은
'응전의 전략' 속에서 닮음의 구조를 생산한다.

또한, 그렇기에 '차이들'이 각기 다른 사회역사적 맥락 속에서 변용된
것이라는 점에서 민족정체성의 중첩적 끈을 만들어내는 것은 그들이 처
한 사회역사적 맥락이 가진 독특성에 따라 다양하게 드러난다. 민족공
통성이라는 관점에서 이루어지는 민족정체성 비교연구는 바로 이 다양
성을 해명한다. 그것은 우리가 의식적으로 인식하는 영역에서만 이루어
지는 것이 아니다. 오히려 그것은 우리의 몸에 내면화되어 있는 문화적
인 양식들과 그것을 벗어나 있는 특정한 삶의 조건 속에서 의식 저편의
무의식적인 층위들로 가라앉아 있거나 억압된 그 이면에 존재한다. 이
런 점에서 민족정체성에 대한 연구조사는 입체적이면서도 다층적으로
기획될 필요가 있다.

우선, 인간은 자기 자신을 스스로 인식하는 존재라는 점에서 코리언
의 민족정체성 또한 그 자신을 인식하는 인지적 측면을 가진다고 할 수
있다. 이것을 우리는 '인지적 정체성'이라고 규정한다. 그러나 이런 인지
적 정체성은 어떤 개인이 홀로 만들어낸 것이 아니다. 오히려 그것은 거
주국의 상징체계 안에서 수행되는 일정한 사회화 과정의 산물이다. 그
러나 그렇다고 해서 그들의 인지적 정체성이 국가의 상징체계 안으로
모두 흡수되어 그것만으로 구성되는 것은 아니다. '응전의 전략'은 여기
서도 작동한다. 따라서 코리언의 인지적 정체성은 국가의 상징체계 안
에서 구성되면서도 그에 대응하면서 그 스스로 자신의 모습을 그려내고
구성하는 자기 정체성에 대한 인식을 의미한다.

즉, 코리언 디아스포라는 그 민족의 독특성으로 인해 거주국의 국가

상징체계에 대해 탄력적인 대응을 하기 때문에 국민정체성에 포섭되지 않는 독특한 정체성을 만들어가는 경향이 있다.[1] 하지만 거주국의 국가권력의 포섭능력이나 그들의 폭력성 정도에 따라 이와 같은 독특한 정체성은 인지적으로 확인할 수 없는 영역에서 드러나기도 한다. 따라서 코리언의 민족정체성은 이와 같은 인지적 정체성으로만 확인할 수 없다. 특히, 해외 거주 코리언들은 모국에서 유래한 민족적 정서와 생활양식을 바탕으로 자신들이 살고 있는 거주국 사회문화와 다양한 상호작용을 하기 때문에 그들의 민족정체성은 다양한 방식의 방어기제들 속에서 그 모습을 감추는 경향이 있다.

자기 의식적으로 확인할 수 없는 정체성은 다양한 방식들, 무의식적으로 몸에 체현되어 있는 것들과 무의식적인 정서적 반응들 속에서 드러난다. 바로 이런 점에서 '사회심리적인 요소'와 '생활문화적 요소'에 대한 조사가 필요하다. '사회심리적인 요소'는 정서적 반응이나 감정적 유대성과 같은 비합리적 요소들 속에서 드러나며 '생활문화적 요소'는 거주국과 다른 일상적인 문화양식들 속에서 드러난다. 우리는 전자를 '정서적 정체성'으로, 후자를 '신체적 정체성'으로 규정하였다. 물론 이 둘의 관계는 각 집단이 처한 사회역사적 맥락에 따라 다양한 형태를 가지고 있다. 또한, 인지적 정체성과의 관계에서도 다양한 형태들을 가지고 있다. 따라서 이 삼자의 관계는 그들의 사회역사적 맥락 속에서 배치될 필요가 있다.

예를 들어 해외 거주 코리언들에게는 언어 · 혈연 · 생활풍습 등과 같

---

1) 이 글에서 말하는 인지적 · 정서적 · 신체적 정세성의 영역 구분 및 성격은 무엇보다 피에르 부르디외(Pierre Bourdieu)의 '아비투스(Habitus)' 개념으로부터 많은 도움을 받았다. 이에 대해서는 이병수 · 김종군 , 「코리언 정체성 연구의 관점과 방법론」, 건국대학교 통일인문학연구단 편, 『코리언의 민족정체성』, 선인, 2012, 47-52쪽 참고.

은 민족의 일상적 생활문화가 신체에 무의식적으로 각인되어 있음으로 인해 자연스럽게 거주국의 다수 종족과 다른 '다름의 정서'와 코리언이라는 민족의 유대감을 확보하기도 하지만, 역으로 거주국의 인종적-민족적 탄압이 신체적 정체성의 형성을 저해하면서 이에 저항하는 인지적 정체성의 강도를 강화할 수도 있다. 따라서 코리언의 민족정체성은 인지적 정체성, 정서적 정체성, 신체적 정체성 어느 하나로 환원될 수 없으며 더구나 그 중 어떤 하나의 지표로 이들의 민족정체성 정도를 판단하는 것은 있을 수 없기 때문에 이런 정체성들의 중층적 결정과 중첩적 끈들을 발견해 내는 것이 필요하다.

2. 해외 거주 코리언의 인지-정서-신체적 정체성

1) 인지적 정체성: 민족과 국민의 이중정체성

어떤 사람들은 재일 조선인의 인지적 정체성 수치만을 놓고 재일 조선인들의 민족정체성이야말로 진정한 민족정체성이며 그렇기 때문에 재일 조선인만이 코리언이고 다른 집단, 예를 들어 재중 조선족이나 재러 고려인은 이미 민족정신을 상실한 집단으로 코리언이 아니라고 주장할지도 모른다. 그러나 이것은 편견일 뿐이다. 이런 방식으로 본다면 재미 한인 또한 진정한 코리언이라고 할 수 있다. 재미 한인은 '조국 선택 이유'에 대해 '태어난 곳이기 때문에'를 52.7%, '내 정신과 문화가 그러하기 때문에'를 20.4%, '내 선조의 뿌리가 있는 곳이기 때문에'를 16.5%를 선택하여 총 89.6%가 '한반도'와 연관된 답변을 선택하고 있다. 따라서 재미 한인의 경우 '조국'은 다른 해외 거주 코리언의 경우와는 달리 '민

'족적·인종적' 의미로 받아들여지고 있는 것이라고 할 수 있다.

그러나 이 또한 그 내적 맥락을 볼 필요가 있다. 재미 한인들은 대부분은 8·15 이후, 한국에서 건너간 사람들이 대부분으로 그들의 이주 역사는 재중, 재러, 재일 코리언들에 비해 매우 짧다. 이 설문조사에 응한 재미 한인들도 1세대와 1.5세대가 약 90%정도를 차지하고 있다. 그런데 흥미로운 것은 '조국' 선택의 항목에서 '미국'을 선택한 비율은 '61세 이상'이 2.4%인 반면 '41세-60세'는 4.3%, '21세-40세'는 12.7%로 연령층이 낮아짐에 따라 점차 증가하고 있다는 점이다. 또한, '그 이유'에 대한 선택 항목에서도 '현재 살고 있는 곳이기 때문에'란 답변이 '61세 이상'의 0%에서 '21세-40세'의 6.3%로 서서히 증가하고 있다. 따라서 이들 또한 한반도로 단일화되지 않고 있으며 후세대로 갈수록 거주국 중심의 국민정체성이 강화되는 경향을 보여주고 있다.

바로 이런 점에서 이들의 민족정체성은 결코 인지적 정체성으로 환원될 수 없을 뿐만 아니라 그들이 자의식적으로 선택하는 것만으로 판단될 수 없다. 또한, 우리는 그들의 민족정체성이 거주국의 국민정체성과 상호 정(+)의 관계를 가지고 있든, 부(-)의 관계를 가지고 있든 간에 이와 무관하게 그들의 민족정체성이 그들이 거주하는 국가의 국민정체성과의 상호 관계 속에, 그 사이에 존재한다는 점을 받아들여야 한다. 그리고 이런 점에서 해외 거주 코리언의 정체성은 편차는 있지만 거주국 중심의 '국민정체성'과 민족 중심의 '민족정체성'의 이중적 정체성을 보여주고 있다고 결론 내릴 수 있다. 게다가 아래의 〈표 1〉은 재미 한인을 포함하여 해외 거주 코리언들에게서 나타나는 이런 이중정체성을 보여주고 있다.

<표 1> 자신이 속한 민족의 호칭

재중 조선족		재러 고려인		재일 조선인		재미 한인	
선택명	비율	선택명	비율	선택명	비율	선택명	비율
중국 조선족	89.6	러시아 고려인	70.6	재일 조선인	26.1	미국인	1.3
한민족	3.0	한민족	0.3	재일 한국인	43.3	아시아계 미국인	5.1
조선민족	6.7	조선민족		한민족	2.2	한국계 미국인	43.8
고려인 (민족)	0.7	고려인	27.6	조선민족	3.5	한국인	49.8
				조선인/ 한국인	1.9/3.2		

　<표 1>를 살펴보면 자신의 민족호칭에 대해 '거주국'과 '민족'이 공존
하는 명칭을 대부분 선택하고 있다. 재중 조선족의 경우 '중국 조선족'을
89.6%, 재러 고려인의 경우 '러시아 고려인'을 70.6%, 재일 조선인의 경
우 '재일 조선인/재일 한국인'을 69.4%, 재미 한인의 경우 '아시아계 미국
인/한국계 미국인'을 48.9%의 순서로 선택하고 있다. 물론 재미 한인은
'한국인'이라는 명칭을 49.8%나 선택함으로써 가장 높은 수치를 보이고
있지만 그들 또한 이에 육박하는 43.8%가 '한국계 미국인'을 선택함으로
써 미국 국민이라는 소속감 역시 동시에 보여주고 있다.

　또한, 재러 고려인도 '고려인'을 27.6%를 선택하는 등 재미 한인과 더
불어 거주국의 지명을 그들의 호칭에서 제외하는 경향이 있기는 하지만
이것은 그들 거주국의 문화적 환경과도 관련되어 있다. 즉, 미국과 러시
아는 다문화적인 다종족국가로서 그들의 언어가 인종을 표시하는 방식
으로 사용되는 경향이 있기 때문이다. 따라서 이런 소소한 편차를 제외
하고 본다면 해외 거주 코리언들은 대부분 거주국과 민족 호칭을 병행
하는 이름을 선택하고 있다고 할 수 있으며 이것은 곧 해외 거주 코리언

〈표 2〉 자신이 속한 민족의 호칭 이유

	재중 조선족	재러 고려인	재일 조선인
거주국에서 살고 있는 소수민족이기 때문에	84.4	69.3	32.5
남과 북의 민족과는 다른 민족이기 때문에	5.1	4.9	6.4
한(조선)반도의 민족과 같은 민족이기 때문에	6.1	9.2	24.5
내가 살고 있는 곳, 한(조선)반도에서도 차별을 느끼기 때문에	2.7	2.1	2.5
나는 현지인들과도, 한(조선)반도에 사는 사람들과도 정서적으로 다르기 때문에	1.7	8.9	14.3

들의 경우 모두 '국가(거주국)'과 '민족'의 이중적인 공존을 인지적 정체성의 차원에서 보여주고 있다고 할 수 있다. 이것은 '자신이 속한 민족적 호칭에 대한 이유'를 묻는 질문에서도 동일하게 찾을 수 있다.

〈표 2〉를 살펴보면 설문항목이 추가되지 못한 재미 한인을 빼곤, 자신이 속한 민족 호칭 이유에 있어서 '거주국에서 살고 있는 소수민족이기 때문에'란 답변을 재중 조선족의 84.4%, 재러 고려인의 69.3%, 재일 조선인의 32.5%로 가장 많이 선택하고 있다. 반대로 '한(조선)반도와 같은 민족이기 때문에'란 답변 비율은 각각 6.1%, 9.2%, 24.5%에 불과하다. 즉, 해외 거주 코리언들은 자신들의 민족적 호칭을 한(조선)반도나 거주국 어느 한편으로 일방적으로 귀속시키지 않고 있는 것이다. 대신에 이들은 자신의 민족적 호칭에서 민족적 소속과 동시에 거주국 소속의 이중성을 표현하고 있다. 따라서 해외 거주 코리언들이 가지고 있는 민족정체성으로서 인지적 정체성은 민족정체성과 국민정체성 그 사이 어디에 존재한다고 말할 수 있다.

2) 정서적 정체성: '다름'의 감정과 민족적 자긍심

해외 거주 코리언들의 정서적 정체성은 거주국의 주류 민족과의 '다름'을 통해서 자신의 민족적 정체성을 느끼는 것이라고 할 수 있다. 이를 확인하기 위해 우선 재중 조선족, 재러 고려인, 재일 조선인들에게 그들이 거주하는 나라의 주류 민족들과 자신들이 다르다는 느낌을 가지는지에 대해 물었다. 아래 〈표 3〉을 살펴보면 가장 많은 비율로서 재중 조선족의 경우 44.4%가 '가끔 느낀다', 40.1%가 '항상 느낀다'라고 대답하고 있다. 나아가 재러 고려인의 경우 재중 조선족의 답변 비율과 유사하게 각 항목에 대해 50.3%, 7.4%로 대답하고 있으며, 재일 조선인의 경우에도 61.1%, 22.3%로 답변하고 있다.

〈표 3〉 거주국 내 기타 민족과 다르다는 것을 느끼는가?

	재중 조선족	재러 고려인	재일 조선인
항상 느낀다	40.1	7.4	22.3
가끔 느낀다	44.4	50.3	61.1
느끼지 못한다	15.5	42.3	16.2

이렇듯 위의 〈표 3〉에서 볼 수 있듯이, '다름'을 가장 많이 느끼는 코리언 디아스포라를 순서대로 표시하면 '재러 고려인(57.7%) → 재일 조선인(83.4%) → 재중 조선족(84.5%)' 순으로 높아지고 있다. 물론 전체적인 수치로 보아 재중 조선족과 재일 조선인의 비중 차이는 거의 없다. 그러나 재중 조선족은 '항상 느낀다'가 40.1%인 반면, 재일 조선인은 22.3%인 점에서 알 수 있듯이, 재중 조선족이 느끼는 '다름'에 대한 강도 (intensity)가 훨씬 높다는 것을 알 수 있다. 반대로 재러 고려인의 경우

엔 '느끼지 못한다'라고 답변한 비율이 42.3%로 다른 코리언들에 비해서 월등히 높게 나타나고 있다. 이렇게 볼 때, 자신과 타자를 구분함으로써 그 다름의 감정을 통해 구성되는 정서적 정체성은 인지적 정체성의 순서와 다름을 알 수 있다.

이런 결과는 해외 거주 코리언들이 거주국의 민족주의에 대해 느끼는 감정에서도 그대로 동일하게 나타나고 있다. 우선 재중 조선족은 '한족 중심의 민족주의가 강하다고 생각하는가'라는 질문에 '매우 그렇다' 37.4%, '약간 그렇다' 44.8%로 긍정적인 답변 비율은 총 82.2%나 되었다. 그 다음으로 재러 고려인의 경우 '매우 그렇다' 15.0%, '약간 그렇다' 52.8%로 러시아인 중심의 민족주의가 강하다고 생각하는 비율은 67.8% 였으며, 재일 조선인의 경우엔 '매우 그렇다' 22.3%, '약간 그렇다' 40.1% 로 일본인 중심의 민족주의가 강하다고 생각하는 비율은 62.4%였다.

그런데 이러한 결과는 단순히 양적인 측면에서가 아니라 정서라는 측면의 고유한 특성을 고려하여 그 느낌의 강도에서 다시 따져 볼 필요가 있다. 이때 재중 조선족은 '매우 그렇다'가 37.4%나 되었으며, 재일 조선인은 '매우 그렇다'가 22.3%로 재러 고려인들의 15.0%보다 높게 나타나고 있다. 이것은 재러 고려인이 재일 조선인보다 그 양적인 측면에서는 거주국의 민족주의가 강하다고 느끼기는 하지만, 그 강도에서는 재일 조선인이 재러 고려인보다 높다는 것을 의미한다. 따라서 거주국 중심의 강한 민족주의를 느끼는 집단을 순서대로 표시하면 '재러 고려인 → 재일 조선인 → 재중 조선족'이다. 따라서 이러한 결과는 앞선 〈표 3〉의 결과와 동일하다고 할 수 있다.

그런데 해외 거주 코리언들이 거주국의 주류민족에게서 느끼는 '다름' 의 감정은 주류민족과의 다름을 통해서 그들의 같음을 형성한다는 점에서 코리언에 대한 동질적인 소속감을 만들어내는 기제이기도 하다. 따

〈표 4〉 타민족과 만날 때 코리언이라는 사실을 알리고 싶은가?

답변	재중 조선족	재러 고려인	재일 조선인	재미 한인
알리고 싶다	75.8	69.0	72.9	63.5
감추고 싶다	1.7	0.3	6.7	
상관없다	22.6	30.7	18.2	36.5

라서 우리는 한(조선)민족과의 정서적인 소속감을 알아볼 수 있는 질문, 즉 '자신이 코리언이라는 사실을 알리고 싶은가'를 해외 거주 코리언들에게 물었다. 이 결과는 〈표 4〉에서 보듯이 해외 거주 코리언들이 거주국의 민족에 대해 '다름'을 느끼는 정도와 같은 민족에 대한 소속감을 느끼는 정도는 거의 동일한 순서로 나타나고 있다.

재미 한인을 포함하는 〈표 4〉를 살펴보면 '자신이 코리언이라는 사실을 알리고 싶다'고 답변한 비율은 '재미 한인(63.5%) → 재러 고려인(69%) → 재일 조선인(72.9%) → 재중 조선족(75.8%)'의 순서로 높아지고 있다. 이와 반대로 '상관없다'는 답변은 '재일 조선인(18.2%) → 재중 조선족(22.6%) → 재러 고려인(30.7%) → 재미 한인(36.5%)'의 순서로 나타나고 있다. 따라서 정서적 정체성과 관련된 〈표 3〉과 〈표 4〉의 결과를 놓고 볼 때, 타자와의 '다름'의 정서를 통해 구성되는, 또한 동일한 맥락에서 민족에 대한 정서적인 동일함 내지 일체감의 표현으로 형성되는 정서적 정체성의 순서는 대략적으로 '재러 고려인/재미 한인 → 재일 조선인 → 재중 조선족'의 순으로 높아지고 있다고 할 수 있다.

하지만 타민족과의 다름을 느끼는 감정은 물론이고, 자신이 코리언이라는 사실을 알리고 싶다는 감정은 거주국이 실행하는 다양한 타민족정책, 그리고 거주국에서 겪은 역사적 경험과 민족적 위상에 의해 영향을 받을 수도 있다. 예컨대 재중 조선족의 경우엔 조선족 자치주라는 배경이 정서적인 측면에서 가장 커다란 영향을 주었다. 그들은 조선족 자치주라는 공간을 통해 자신들의 문화와 언어를 전승할 수 있었기 때문이다. 그렇기에 재중 조선족은 타민족에 대한 다름의 감정과 한(조선)민족에 대한 같음의 감정을 다른 해외 거주 코리언들에 비해 강하게 가질 수 있었다.

정서적 정체성의 두 번째 순위를 차지하는 재일 조선인의 경우에는 거주국의 억압적인 민족정책과 그에 대한 저항이 가장 큰 요인으로 작동하였다. 따라서 재일 조선인은 다름을 느끼는 감정에서도 80%가 넘는 수치를 보이고 있으면서도, 코리언이라는 사실을 감추고 싶은 비율은 6.7%로 다른 해외 거주 코리언들에 비해 높게 나타나고 있는 것이다. 마지막으로 재러 고려인의 경우에는 거주국이 다문화 정책을 수행하였고, 스탈린 시기 강제 이주 이후 소비에트인으로 적응하기 위해 적극적으로 노력하였기에, 코리언 디아스포라 중 다름을 느끼는 비율이 가장 낮을 뿐더러 재미 한인과 더불어 코리언이라는 사실을 알리든 말든 '상관없다'는 답변이 다른 코리언들에 비해 높게 나타나고 있다. 따라서 해외 거주 코리언들이 느끼는 정서적 정체성을 파악하기 위해서는 좀 더 세심한 분석이 필요하다.

위에서 간략히 언급했듯이 해외 거주 코리언들은 각자의 거주국에서 상이한 역사적 경험을 가지고 있다. 거주국의 다문화정책을 통해 적극적으로 적응에 성공한 재러 고려인부터 거주국에서의 차별과 억압을 경험한 재일 조선인까지 그들의 역사적 경험은 너무도 다르다. 이런 점에서 볼 때 그들이 느끼는 정서의 근본적인 성격과 태도의 차이점은 그들의 사회역사적 맥락 속에서 파악되어야만 한다. 따라서 이런 '다름' 또는 '일체감'을 통해서 느끼는 해외 거주 코리언들의 정서적 정체성은 그들이 거주하는 환경 속에서 서로 상반되는 감정인 부정적 정서(negative

〈표 5〉 거주국에서 코리언이라는 이유로 차별을 당한 적이 있습니까?

답변	재중 조선족	재러 고려인	재일 조선인	재미 한인
있다	40.7	42.3	70.7	60.3
없다	59.3	55.8	27.7	39.7
무응답		1.8	1.0	

emotion)와 능동적 정서(positive emotion)로 분화되는 경향이 있다.

위의 〈표 5〉을 보면 우선적으로 해외 거주 코리언들의 '다름의 감정'에 담긴 상반된 성격을 발견할 수 있다. 차별의 경험에 대한 답변 비율을 살펴보면 '재중 조선족(40.7%) → 재러 고려인(42.3%) → 재미 한인(60.3%) → 재일 조선인(70.7%)'의 순서로 높아지고 있다. 차별의 경험을 놓고 볼 때 재일 조선인과 재미 한인의 60% 이상이 차별을 경험했다고 답하고 있다. 그런데 이런 결과를 '다름의 정서'를 보여주는 위의 〈표 3〉과 관련시켜 본다면 매우 흥미로운 결과가 나타난다. '차별의 경험'이야말로 '다름의 정서'를 촉발시키는 결정적인 계기라고 할 수 있는데, 다름의 정서가 가장 높은 재중 조선족에게서 차별의 경험은 여타 다른 집단들 중에서 가장 적기 때문이다.[2]

그렇다면 이것을 우리는 어떻게 해석해야 하는가? 일반적으로 사람들은 '민족'이라는 어떤 집단적 정체성은 거주국의 주류 종족과 다르기 때문에 이에 대한 저항 속에서만 생산된다고 믿는 경향이 있다. 이런 관점에서 보면 가장 높은 '차별 경험'을 가지고 있는 재일 조선인이 매우 높은 '다름의 정서'를 가지고 있다는 것은 당연한 귀결이라고 할 수 있다. 그러나 이런 관점에서 해명할 수 없는 집단이 바로 '재중 조선족'이다.

---

2) 차별받은 경험 중 제일 상처를 많이 준 요인을 묻는 질문에 4개 지역 코리언들 모두 '민족적 편견과 무시'를 가장 많이 선택하고 있다. 다시 말해 이들의 받는 차별은 거주국의 국민으로서 받는 정치, 경제, 문화적 차별이라기보다는 인종적인 차별에 가깝다고 할 수 있다.

재중 조선족은 자신들의 거주국인 중국에 대한 높은 귀속성과 낮은 '차별 경험'에도 불구하고 가장 높은 '다름의 정서'를 가지고 있기 때문이다. 따라서 재중 조선족, 재러 고려인의 경우, 다른 민족과의 '다름'을 자신들 속으로 포용하며 "자기 존재에 대한 긍정으로 전화시킨 경우"[3]라고 한다면, 재일 조선인의 경우엔 "다른 집단과의 다름을 '차별·소외·무관심'으로 경험"[4]하는 것이라고 할 수 있다.

그렇다면 우리는 우리가 가진 통념, 즉 민족이라는 집단적 정체성은 거주국의 주류 종족 및 국가에 대한 '저항'이라는 부정적인 의식이나 행위를 통해 정의될 수 있다는 관념을 폐기해야 한다. 왜냐하면 재중 조선족처럼 거주국에 대한 '저항', '부정' 없이도 '다름의 정서'는 높을 수 있기 때문이다. 바로 이런 점에서 우리는 '다름의 정서'가 단순히 타자에 대한 '부정'의 감정이라는 부정적인 정서에 의해서만 형성되는 것이 아니며, 자기 자신에 대한 긍정에서 나오는 긍정적 정서에 의해서도 형성된다는 점을 받아들여야 한다. 그리고 그렇게 되었을 때, '민족의 정서적 정체성'은 '부정'의 방식이 아니라 오히려 자기 자신의 고유한 내재성에 근거한 '긍정'의 방식으로 정의될 수 있게 된다.

즉, 사람들은 '민족'이라는 것이 타민족과의 상호 갈등과 투쟁이라는 부정적 효과들 속에서 존속한다고 믿으면서 민족 간의 생존경쟁을 당연시하는 경향이 있다. 그래서 스펜서(Herbert Spencer)의 사회진화론을 받아들이는 사람들은 '민족 간의 투쟁'을 주장하는 한편, 다른 한편으로 이 때문에 오히려 '민족정체성'이 가지고 있는 위험성을 이야기하면서 '탈민족'을 주장하는 사람들도 있다. 하지만 민족정체성은 재중 조선족처

---

3) 이병수·김종군, 「코리언 정체성 연구의 관점과 방법론」, 통일인문학연구단 편, 『코리언의 민족정체성』,선인, 2012, 51쪽.
4) 이병수·김종군 , 「코리언 정체성 연구의 관점과 방법론」, 통일인문학연구단 편, 『코리언의 민족정체성』, 선인, 2012, 51쪽.

〈표 6〉 '너희 나라로 돌아가'와 유사한 소리를 들은 적이 있다

답변	재중 조선족	재러 고려인	재일 조선인	재미 한인
있다	30.3	39.9	65.6	37.7
없다	69.7	59.5	34.1	62.2

럼 자기 집단에 대한 문화적 자긍심에 근거하여 자신들의 정서적 정체성을 형성하기도 한다. 따라서 이 경우, 민족정체성은 민족 집단들 간의 상호 부정이 아니라 상호 긍정의 양태를 취할 수도 있다.

특정 집단의 정서적 정체성이 부정의 형태 혹은 긍정의 형태 중 어떠한 형태를 통해 형성되는가는 그들 집단이 살아가고 있는 사회역사적 맥락, 특히 해외 거주 코리언들이 살고 있는 거주국의 소수민족 정책·거주국에서의 민족적 지위와 역할·거주국에서의 다양한 경험과 체험 등과 같은 거주국 및 거주 지역의 주류종족과의 관계에 의해 결정된다. 이것을 보다 구체적으로 확인하기 위해 우리는 그들에게 거주국에서의 차별의 경험에 대해 물었다. 〈표 6〉의 질문은 은밀하게 보이지 않게 진행되는 차별 경험을 묻는 〈표 5〉와 달리 그들이 직접적으로 강하게 느낄 수 있는, 차별의 경험을 묻는 질문이라고 할 수 있다.

〈표 6〉에서도 보듯이, 직접적인 차별의 경험은 재중 조선족(30.3%) → 재미 한인(37.7%) → 재러 고려인(39.9%) → 재일 조선인(65.6%)의 순으로 높아지고 있다. 여기서도 위의 결과와 동일하게 재중 조선족이 가장 낮고 재일 조선인이 가장 높다. 특히, 재일 조선인의 차별의 경험은 다른 해외 거주 코리언들에 비해 월등히 높다. 따라서 재중 조선족의 높은 국민정체성과 낮은 인지적 정체성, 그리고 재일 조선인들의 낮은 국민정체성과 높은 인지적 정체성은 재중 조선족의 민족정체성이 국민정체성과의 양립 속에서 나타나는 반면, 재일 조선인의 민족정체성은 저항

이라는 부정성으로 나타남을 보여준다.

또한 '차별 경험'은 직접적으로 행사되는 가시적 폭력과 은밀하게 이루어지는 비가시적인 폭력으로 나누어져 있다는 것도 간접적으로 확인할 수 있다. 재미 한인의 경우, 〈표 5〉에서의 '차별 경험'이 60.3%로 매우 높았음에도 불구하고 〈표 6〉에서의 직접적인 차별 경험은 37.7%에 불과했다. 이것은 미국이라는 '다인종·다문화'사회에서의 폭력은 직접적 방식이 아니라 간접적이고 은밀하게 이루어진다는 것을 의미한다. 따라서 많은 사람들이 일반적으로 믿고 있듯이 다문화적인 미국 사회의 특성상 차별이 없는 것이 아니라 오히려 은폐된 방식으로 작동하는 차별은 여타 지역에 비해 더 심할 수도 있다는 점을 감안해야 한다.

그러나 해외 거주 코리언들의 정서적 정체성의 형성에 미치는 요소는 거주국의 삶 또는 관계성에서만 주어지는 것이 아니다. 그들과 모국의 관계, 즉 본국의 해외동포정책이나 상태 및 본국에 거주하는 코리언들과의 관계성에 의해서도 영향을 받는다. 이것은 다음과 같은 질문에 대한 답변에서도 드러난다. 우리는 해외 거주 코리언들에게 '자신이 한민족이라는 사실에 대해 자랑스럽게 생각하는가?'라는 질문을 던졌다. 이에 재중 조선족의 88.8%, 재러 고려인의 82.5%, 재미 한인의 85.4%는 매우 높은 긍정적인 답변을 하고 있는 반면, 재일 조선인은 이보다 훨씬 적은 62.8%만이 긍정적인 답변을 하고 있으며 '자랑스럽지 않은 이유'에 대해서 30.8%가 '남과 북으로 갈라져 싸우고 있기 때문에', 19.2%가 '너무 이기적이고 계산적이기 때문에'를 들고 있다.

그렇다면 이것은 무엇을 의미하는가? 그것은 바로 재일 조선인의 '부정적인' 정서적 정체성이 거주국의 억압에 대한 저항을 근간으로 하면서도, 모국인 한(조선)반도가 서로 분단되어 있다는 현실에 대한 실망감뿐만 아니라 남과 북이 모두 다 자신들을 정치적으로 이용해 온 역사적

〈표 7〉 코리언(Korean)이라는 사실이 자랑스러운 이유는?

답변	재중 조선족	재러 고려인	재일 조선인	재미 한인
찬란한 문화(한글, 옷, 음식)을 가지고 있기 때문에	63.9	23.8	55.1	30.2
성실하고 근면하기 때문에	15.4	66.9	3.0	27.6
월드컵4강, 한강의 기적과 같은 성과를 이뤘기 때문에	3.4	1.1	1.5	3.2
약소국이지만 민족적 자존심이 강하기 때문에	17.3	5.2	28.3	17.5

경험, 예를 들어 남쪽의 '조총련=간첩', 북쪽의 '북송사업' 등에서 나타난 경험을 통해서 이에 대한 반감들이 중첩되면서 형성되어 왔다는 것을 의미한다. 그럼에도 불구하고 이들은 대부분 자신이 코리언이라는 사실에 대해 부끄러워하는 자기 부정적 태도를 취하기보다는 자랑스러워하는 자기 긍정적인 태도를 취하고 있다.

〈표 7〉을 보면 대체적으로 '찬란한 문화'에 집중되는 답변 비율을 보여주고 있다. 재러 고려인을 제외하고, 다른 코리언들은 모두 '찬란한 문화'를 가장 많이 선택하고 있다. 그런데 여기서 주목해야 할 점은 각 답변 비율의 차이가 지역에 따라 조금씩 다르게 나타나고 있다는 점이다. 우선 재중 조선족과의 경우엔 '찬란한 문화'를 63.9%가 선택함으로써, 또한 재러 고려인의 경우엔 '찬란한 문화'가 23.8%로 줄어드는 대신 '성실함'을 66.9%가 선택함으로써 다른 지역 코리언들에 비해 압도적으로 높은 비율을 차지한다. 이것이 의미하는 것은 정서적 정체성의 근본적인 형성에 있어서 '자기집단의 고유한 역사'가 무엇보다도 강하게 반영되고 있다는 것이다.

해외 거주 코리언들은 거주국에서 살아온 오랜 역사와 경험을 통해 자신들의 정체성을 형성한다. '찬란한 문화'에 가장 높은 비율로 답변한 재중 조선족의 경우엔 '조선족 자치주'를 형성하고 살아오면서 자신들의 문화를 지킬 수 있었던 그들의 사회역사적 환경이 작용한 것이라고 할 수 있다. 반면 다른 해외 거주 코리언들과 달리 '성실함'을 압도적으로 선택하고 있는 재러 고려인은, 강제이주와 재이주의 험난한 경험 속에서 '소비에트인'의 길을 선택할 수밖에 없었기 때문에 우리의 말과 글을 잃어버린 대신에 성실함과 근면함으로, 다시 말해 '모범적인 소비에트인'을 상징하는 소수민족으로 성장해 온 그들의 역사적 경험에 대한 자긍심을 반영하고 있다. 이것은 재일 조선인과 재미 한인에게도 동일하게 나타나고 있다.

재미 한인은 재러 고려인보다는 훨씬 떨어지기는 하지만 두 번째로 '성실하고 근면하기 때문에'(27.6%)를 높은 비율로 선택하고 있으며 재일 조선인은 '성실함과 근면함'을 불과 3.0%만이 선택한 반면 '찬란한 문화'에 뒤이어 '민족적 자존심'(28.3%)을 두 번째로 선택하고 있다. 이것은 재미 한인들이 이민 초기의 사회적 적응을 위해 허드렛일부터 시작하여 성공하게 되기까지의 성실함이 그들에게 가장 중요한 요소인 반면, 재일 조선인은 거주국의 폭력적인 국가주의 및 억압정책에 대항하면서 그들의 민족정체성을 만들어왔기 때문이다. 따라서 해외 거주 코리언들의 민족적 자긍심은 전반적으로 '문화적 자긍심'으로 표현되고 있음에도 불구하고 각각의 구체적인 선택은 그들의 삶과 역사적 맥락 속에서 결정된다고 할 수 있다.

3) 신체적 정체성: 민족의 생활문화적 변용

일반적으로 해외 거주 코리언들에 대한 전통적인 문화양식들에 대한 조사는 빈번히 이루어져 왔다. 그런데 이런 조사-연구들은 거의 예외 없

이 전통적인 문화양식 조사를 통해서 해외 거주 코리언들의 동질성 또
는 이질성을 찾아내려고 한다. 바로 이런 점에서 이들 조사연구는 우리
민족의 문화적 원형을 전제하며 이런 전제 속에서 각각의 문화적 양식
들을 조사하며 이를 우리의 관념이나 잣대로 재단한다. 그러나 이것은
문화라는 것이 타집단과의 끊임없는 접변 속에서 변용을 겪으면서 창조
되어 온 것이라는 점을 망각하고 있다. 무엇보다도 인간의 '신체는 사회
속에 있으며 사회는 신체 속에 있다'는 점에서 출발할 필요가 있다.

　개인의 신체는 자기 홀로 독립적으로 존재하는 것이 아니라, 특정한
사회 안에서 살아가는 개인의 신체로서 존재할 뿐이다. 이미 부르디외
는 "신체는 사회 속에 있고, 사회는 신체 속에"5) 있다고 말하면서 사람
들의 행위나 문화가 '사회화된 신체의 생산'에 근거한다고 주장했다.
"사회적 질서의 코나투스" 즉, "사회적 질서가 지닌 꾸준히 존재하려는
경향"6)이 있으며 "행위자들은 구조의 내재적 법칙(구조의 코나투스)을
아비투스의 형태로 내면화"7)하기 때문에 "아비투스는 우리 신체의 운
동들 가운데 일부를 생산하는 본능만큼이나 거의 맹목적이고 무의식적
인 본능"8)이라는 것이다. 바로 이런 점에서 '신체적 정체성'은 그들의
몸에 체현되어 있는 문화적 양식들을 통해서 일차적으로 드러나며 그
들이 가진 문화적 양식들은 그들이 살아온 삶의 역사적 맥락 속에서 변
용된 것들이라고 할 수 있다.

---

5) 피에르 부르디외(Pierre Bourdieu), 현택수 옮김, 『강의에 대한 강의』, 동문선, 1991, 37쪽.
6) 피에르 부르디외(Pierre Bourdieu), 김웅권 옮김, 『파스칼적 명상』, 동문선, 2001, 220쪽.
7) 피에르 부르디외(Pierre Bourdieu), 김웅권 옮김, 『실천이성』, 동문선, 2005, 194쪽.
8) 피에르 부르디외(Pierre Bourdieu), 김웅권 옮김, 『실천이성』, 동문선, 2005, 192쪽.

〈표 8〉 집에서 일상적인 대화에 사용하는 언어는 무엇입니까?

	재중 조선족	재러 고려인	재일 조선인	재미 한인
한국(조선)어	70.4	1.8	1.9	64.8
현지어	4.0	53.4	81.2	4.4
섞어서 쓴다	25.6	43.6	15.6	25.7

〈표 8〉은 '일상적인 대화에 사용하는 언어는 무엇인가'라는 질문에 대한 답변 비율이다. 〈표 8〉에서 보듯이 일상언어로 한국(조선)어를 사용하는 답변 비율은 재중 조선족, 재미 한인, 재러 고려인, 재일 조선인의 순서로 나타나고 있다. 보다 자세히 보자면 재중 조선족의 경우 한국(조선)어만 쓰는 비율은 70.4%, 현지어는 4.0%이며, 재미 한인 역시 이와 비슷하게 한국(조선)어만 쓰는 비율은 64.8%, 현지어는 4.4%에 불과했다. 그런데 재러 고려인과 재일 조선인의 경우엔 현지어만을 쓰는 비율이 각각 53.4%, 81.2%에 달했다. 따라서 '언어'의 지표만을 염두에 둔다면, 해외 거주 코리언들 중 한(조선)민족의 일상적 생활문화가 가장 많이 체화되어 있는 집단의 순서는 '재중 조선족 → 재미 한인 → 재러 고려인 → 재일 조선인' 순으로 낮아진다고 할 수 있다.

하지만 '우리말과 글의 구사 능력 및 사용 빈도'라는 잣대만으로 이들의 '신체적 정체성'을 판단하는 것은 매우 단편적이라고 할 수 있다. 왜냐하면 그들의 삶의 환경이 그들이 가진 문화적 양식들을 바꾸어 놓기 때문이다. 따라서 우리말과 글에 대한 구사 능력이나 사용 빈도 이외에 다른 전통적인 문화적 양식들에 대한 조사 또한 필요하다. 〈표 9〉는 한복·김치·명절·관혼상제·결혼관 등의 지표를 통해 재중 조선족, 재러 고려인, 재일 조선인, 재미 한인의 신체적 정체성을 확인한 결과이다. 그러면 가장 먼저 특징적으로 드러나는 것은 각각의 경우에 따라 체

〈표 9〉 한복, 김치, 전통명절, 관혼상제에 대해 어떻게 생각하고 있는가?

	답변	재중 조선족	재러 고려인	재일 조선인	재미 한인
① 한복을 입는다면 언제 입는지 모두 표기해주세요	특별한 행사	73.4	33.1	41.7	35.9
	명절 때	34.7	6.4	1.9	29.5
	가족모임	10.1	2.1	1.0	2.5
	안 입는다	10.1	57.1	47.1	39.7
	일상적으로	3.4	0.6	3.5	
② 밥상에 꼭 김치가 있어야 한다고 생각하는가?	매우 그렇다	34.7	32.5	12.7	17.1
	그렇다	45.5	54.6	24.2	41.0
	아니다	11.1	6.4	40.8	13.7
	상관없음	8.8	6.4	21.0	28.3
③ 우리 가족이 쇠는 전통명절을 모두 표기해주세요 (복수응답)	설날	93.9	87.4	37.3	83.8
	추석	79.8	63.5	34.4	68.9
	정월대보름	79.5	9.2	6.4	13.7
	한식(청명)	64.3	47.5	1.3	2.2
	단오	62.3	15.3	1.9	1.6
④ 관혼상제를 전통풍속에 따라 해야 한다고 생각하십니까?	반드시 그렇게 해야 한다	37.0	18.4	3.2	
	가급적 그렇게 해야 한다	46.1	70.9	61.1	
	그럴 필요가 없다	16.8	10.1	34.1	
⑤ 타민족과 결혼에 대한 생각은?	절대 반대	15.8	3.1	3.2	10.2
	가급적 안하는 게 좋다	48.1	35.3	28.7	44.8
	상관없다	36.0	61.7	67.2	45.1

현되어 있는 형태들이 다르다는 점이다. 따라서 이를 복합적으로 고려
할 필요가 있다.

우선, '한복'을 가장 많이 입는 해외 거주 코리언은 '재중 조선족 → 재
미 한인 → 재일 조선인 → 재러 고려인'의 순서로 낮아지고 있으며 '밥

상에 꼭 김치가 있어야 한다'는 답변 비율은 '재러 고려인 → 재중 조선
족 → 재미 한인 → 재일 조선인'의 순서로 낮아지고 있다. 또한, '전통명
절'을 가장 많이 지내는 코리언은 '재중 조선족 → 재러 고려인 → 재미
한인 → 재일 조선인' 순으로 낮아지고 있다. '관혼상제를 전통풍속에 따
라 해야 한다'는 코리언은 '재러 고려인 → 재중 조선족 → 재일 조선인'
의 순으로 나타나고 있으며, 마지막으로 결혼에 대한 생각은 '재중 조선
족 → 재미 한인 → 재러 고려인 → 재일 조선인'의 순서로 낮아지고 있
다.

　여기서 드러나는 것은 각각의 순위가 모든 경우에 동일하게 나타나는
것은 아니라는 점이다. 예를 들어 계량적으로 단순화시켜서 말한다면
재중 조선족은 '한복', '전통명절', '결혼' 등의 문화적 양식에서 민족적 지
표들이 1위를 기록했지만 나머지의 경우에는 2위를 기록했으며 재러 고
려인은 '김치', '관혼상제' 등에서 1위를 차지하고 있지만 '한복'의 경우에
는 꼴지를, '결혼'의 경우에는 3위를 했다. 반면 재미 한인은 모든 경우
에 2, 3위를 기록하고 있으며 재일 조선인은 대부분 3, 4위를 차지하고
있다. 따라서 전통적인 생활풍속이나 생활양식들에 대한 체현 정도는
그들의 사회역사적 맥락에 따라 다르다고 할 수 있으며 어느 하나의 지
표로 환원될 수 없다고 할 수 있다.

　게다가 민족의 생활문화적 요소들이 신체에 무의식적으로 체화되어
있다는 것이 신체적 정체성이기 때문에 그들의 신체적 정체성을 판단할
때 중요한 점은 전통문화의 순수성이라는 잣대로 이들을 재단하는 것이
아니라 오히려 해외 거주 코리언들에게 한(조선)민족의 한복, 김치, 명
절과 같은 요소들이 어떠한 의미로서 변용되거나 전승되고 있는지를 살
펴보는 것이라고 할 수 있다. 그런데 〈표 10〉에서 보듯이 '한복을 입는
이유와 김치가 있어야 하는 이유'를 보면 해외 거주 코리언들에게 한복,

김치, 명절과 같은 민족의 공통적 요소들은 계속해서 동일한 의미로 전
승되기 보다는 그들의 일상적인 삶 속에서 다양하게 변용되어가면서 각
각의 신체에 무의식적으로 각인되어 있다는 점이 드러나고 있다.

〈표 10〉에서 알 수 있듯이, 해외 거주 코리언들 중 한복을 가장 많이
입는 재중 조선족은 그 이유에 대해 40.4%로 '한민족임을 느낄 수 있어
서'를 가장 많이 선택하고 있다. 하지만 재러 고려인과 재일 조선인은
그 이유에 대해 '특별한 행사에 누구나 입어야 하기 때문에'를 각각
54.3%, 24.5%로 가장 많이 선택하고 있다. 또한, 김치가 있어야 한다고
가장 많이 답한 재러 고려인과 재중 조선족은 그 이유에 대해 '우리 민
족의 전통 음식'이기 때문에 보다는 '입맛에 맞으니까'를 각각 45.0%,
39.9%로, 가장 많이 선택하고 있다. 나아가 재일 조선인 역시 김치를 민
족적 요소로 받아들이기 보다는 단순히 '맛있는' 음식으로 받아들이고

〈표 10〉 한복을 입는 이유와 김치가 있어야 하는 이유

① 한복을 입는 이유			
	재중 조선족	재러 고려인	재일 조선인
한민족임을 느낄 수 있어서	40.4	21.7	19.0
한민족임을 자랑하고 싶어서	26.6	4.3	16.3
아름다운 옷이므로	12.7	8.0	19.2
차별에 대한 저항의 상징임으로	1.9	1.4	2.7
특별한 행사에 누구나 입어야 하기 때문에	18.4	**54.3**	**24.5**
② 김치가 있어야 하는 이유			
	재중 조선족	재러 고려인	재일 조선인
입맛에 맞으니까	**45.0**	**39.9**	32.8
우리 민족의 전통음식이니까	37.4	21.9	10.3
몸에 좋은 음식이므로	9.7	3.9	2.6
맛있어서	8.0	23.3	**33.6**

있다.

그렇다면 이러한 결과가 나온 까닭은 무엇일까? 그것은 무엇보다도 특정한 문화적 양식들의 재현 정도는 그 문화에 대한 개인적 선호도 및 체현 정도에 따라 다르기 때문이다. 예를 들어 전라도 사람들은 홍어를 어릴 적부터 먹기 때문에 그 입맛에 길들여진다. 반면 어릴 때 먹은 적이 없는 사람에게 그것은 매우 역겨운 음식이 될 수도 있다. 이는 문화가 일상적 삶 속에서 재현되면서 체화되는 정도에 따라 달라질 수 있음을 보여준다. 마찬가지로, 한국인이 녹차가 아니라 커피를 마신다고 그의 민족정체성이 녹차를 마시는 사람보다 떨어진다고 할 수 없으며 한국인 중에도 김치를 싫어하는 사람이 있을 수 있는 것처럼 김치를 먹거나 한복을 입는 것 또한 개인적인 선호도 및 체현 정도에 따라 다르다고 할 수 있다.

바로 이런 점에서 한복을 입는 이유와 김치가 꼭 밥상에 있어야 한다고 느끼는 사람들의 이유는 체현 정도와 개인적 선호도로 나누어질 수 있다. 전자는 그들 집단의 민족적 생활양식이 일상적으로 얼마나 자주 반복적으로 이루어지는가, 즉 체현 정도를 보여준다는 점에서 민족적 생활양식의 지표를 보여주는 반면 후자는 한국인 중에 불고기보다 스테이크를 좋아하는 경우는 순전히 개인적인 취향에 속하며 몸에 좋다는 식의 판단 또한 실용적 선택으로 개인적인 선택에 속한 것일 뿐이다. 반면 매우 자의식적인 선택을 하는 경우도 있다. 예를 들어 특정한 상징 지표로 '김치'나 '한복'을 받아들일 때가 그러하다. 〈표 10〉의 답변 중 '한민족임을 느낄 수 있어서', '한민족임을 자랑하고 싶어서'가 그런 경우이며 더 나아가 '차별에 대한 저항의 상징임으로'는 이보다 훨씬 강력한 저항적 의식을 반영하고 있다. 따라서 위의 답변들은 각각 '체현 정도', '자의식적 선택', '개인취향 및 실용성' 등으로 구분해 볼 수 있다.

〈표 11〉 민족적 생활문화의 체현 정도 및 선택 요인

선택치	한복			김치		
	체현 정도	자의식적 선택	개인적 선택	체현 정도	자의식적 선택	개인적 선택
재중 조선족	18.4	68.9	12.7	53.0	37.4	9.7
재러 고려인	54.3	27.4	8.0	64.2	21.9	3.9
재일 조선인	24.5	38.0	19.2	66.4	10.3	2.6

'체현 정도'를 보여주는 답변은 한복의 경우, '특별한 행사에 누구나 입어야 하기 때문에'이며 김치의 경우, '입맛에 맞으니까'와 '맛있어서'가 해당되며 '자의식적 선택'은 한복의 경우, '한민족임을 느낄 수 있어서'와 '한민족임을 자랑하고 싶어서', '차별에 대한 저항의 상징임으로'가 속하며 김치의 경우, '우리 민족의 전통음식이니까'가 속한다. 또한, '개인적 선택(개인적 취향 및 실용성)'은 한복의 경우, '아름다운 옷이므로'가 그러하며 김치의 경우에는 '몸에 좋은 음식이므로'가 그러하다. 따라서 이 각각의 경우에 따라 다시 구성해 보면 〈표 11〉과 같다.

그런데 〈표 11〉 중에서 민족정체성과 관련된 지표는 체현 정도와 자의식적 선택이며 개인적 취향이나 실용성에 의한 '개인적 선택'은 다른 선택치에 비해 민족정체성과의 관련이 상대적으로 떨어진다고 할 수 있다. 왜냐하면 체현 정도는 민족적 생활양식의 몸에 체득되어 있어 이를 자연스럽게 여기는 성향에서 나오는 것이라면 자의식적 선택은 타민족과의 관계에서 자신들을 구별짓고 있는 것이기 때문이다. 체현 정도와 자의식적 선택 지표만을 본다면 한복의 경우, 체현 정도는 재러 고려인이 가장 높으며 자의식적 선택은 재중 조선족이 가장 높다. 반면 김치의 경우에는 체현 정도가 재일 조선인, 재러 고려인, 재중 조선족 모두 상대적으로 높으며 자의식적 선택은 재중 조선족과 재러 고려인이 높다고 할 수 있다.

그렇다면 이와 같은 양상들이 보여주는 것은 다음과 같다고 할 수 있다. 첫째, 같은 민족적 생활양식인 '한복'과 '김치'도 그것의 사용빈도에 영향을 미치는 요인에 따라 민족정체성의 지표를 보여주는 것이 달라질 수 있다는 것이며 둘째, 그런 양식들의 체현 정도나 자의식적 선택은 그들이 거주하는 사회문화적이고 역사적인 맥락에 따라 다르게 구조화된다는 점이다. 예를 들어 재중 조선족이 한복이나 김치의 경우, '자의식적 선택'이 다른 집단보다 높은 것은 재일 조선인이나 재러 고려인에 비해 '조선족 자치주'를 형성하고 살면서 우리 문화에 대한 자긍심이 다른 집단보다 높기 때문이다.

그럼에도 불구하고 단순화의 위험을 무릅쓰고 앞선 〈표 8〉과 〈표 9〉, 〈표 10〉의 결과를 정리해서 계량적으로 수치화해 본다면 전반적으로 한(조선)민족의 전통적인 생활풍속이나 관습, 의복 및 의식 생활을 많이 유지하고 집단은 재중 조선족이라고 할 수 있으며 그 다음은 재미 한인과 재러 고려인, 그리고 재일 조선인 순이라고 할 수 있다. 하지만 인지적 정체성에서 재일 조선인이 1위를 차지했고 정서적 정체성에서 재중 조선족이 2위를 기록했던 것처럼 신체적 정체성의 순위 또한 민족정체성의 순위를 결정하는 것이라고 할 수는 없다. 따라서 문제는 이들이 보존하고 있는 민족적인 생활 문화적 요소들을 따라 민족정체성의 순위를 매기는 것이 아니라 오히려 그들의 삶의 역사적 맥락 속에서 이들의 신체적 정체성을 해석해 가는 것이다.

예를 들어 재중 조선족의 신체적 정체성이 상대적으로 높을 수 있었던 것은 자신들의 생활-풍속 등을 꾸준히 유지할 수 있었던 공간이 된 '조선족 자치주'가 무엇보다 가장 크게 작용했다고 할 수 있다. 또한, 재미 한인의 경우에도 8·15 이후 한국에서 이주한 사람들로, 그 밖의 해외 거주 코리언들과는 달리 이주의 역사가 그리 오래되지 않았으며 '코

리아타운'과 같은 '커뮤니티'가 있기 때문에 상대적으로 민족적 삶의 양
식들을 지속적으로 보존할 수 있었던 것으로 판단된다. 반면 재러 고려
인과 재일 조선인의 경우는 재중 조선족이나 재미 한인과 다른 양상을
보이고 있다.

재러 고려인들은 상대적으로 많은 전통적 문화들을 간직하고 있음에
도 불구하고 우리말과 글을 잃어버렸으며 재일 조선인은 말과 글뿐만
아니라 그 외의 전통적 문화들도 그대로 유지하기 어려웠다. 이것은 재
러 고려인들이 1930년대의 중앙아시아로의 혹독한 강제이주와 1990년대
의 연해주로의 재이주라는 두 번의 이주경험을 겪으면서 소비에트인으
로서 러시아어를 적극적으로 수용한 반면 자신들의 이주촌을 중심으로
김치와 관혼상제와 같은 한(조선)민족의 혈연·문화적 요소들을 유지하
고자 했기 때문이며[9] 재일 조선인은 일본의 폭력적인 국가주의에 바탕
을 둔 한(조선)민족에 대한 억압적인 배제정책을 고스란히 받았기 때문
이다.

3. 해외 거주 코리언의 중층결정으로서 민족정체성:
   민족적 유대의 끈

앞에서 살펴보았듯이 민족정체성은 단순한 하나의 요소만으로 판단
할 수 없는 다양한 요소들로 구성되어 있다. 즉, 코리언의 민족정체성은
인지적 정체성, 정서적 정체성, 신체적 정체성과 같이 다양한 요소들로
구성된다. 그런데 해외 거주 코리언들의 경우 이러한 요소들로 구성된

---

9) 박민철·정진아, 「재러 고려인의 민족정체성과 민족적 자긍심」, 건국대학교
   통일인문학연구단 편, 『코리언의 민족정체성』, 선인, 2012, 243-250쪽을 참고.

〈표 12〉 해외 거주 코리언들의 민족정체성 분포 양상[10]

	인지적 정체성	정서적 정체성	신체적 정체성
1	재일 조선인	재중 조선족	재중 조선족
2	재미 한인	재일 조선인	재미 한인, 재러 고려인
3	재러 고려인	재러 고려인, 재미 한인	
4	재중 조선족		재일 조선인

민족정체성은 거주국에서의 역사적 체험 및 주류민족과의 연관관계 속에서 끊임없이 다양한 변용을 겪을 수밖에 없었다. 그 결과 재중 조선족, 재러 고려인, 재일 조선인, 재미 한인의 민족정체성은 각기 다른 양상들을 보이면서 그 강도의 순서가 복잡하게 뒤엉키고 있다. 〈표 12〉는 바로 이와 같은 인지-정서-신체적 정체성들을 상호 비교 분석하기 위해 재중 조선족, 재러 고려인, 재일 조선인, 재미 한인들에게 동일한 질문을 주고 이에 대한 답변들을 비교함으로써 얻어낸 결과이다.

〈표 12〉는 앞에서 논의한 바와 같이 인지적 정체성은 '내 조국은 어디라고 생각하십니까?', '내 모국은 어디라고 생각하십니까?', '자신이 속한 민족의 호칭은 무엇이라고 생각하는가?'에 대한 답변 비율을 분석하여 대략적으로 추산한 것이며 '정서적 정체성'은 '거주국 내 기타 민족과 다르다는 것을 느끼는가?', '내가 조선(한)민족이라는 사실에 대해 자랑스럽게 생각하십니까?', '싫든 좋든 내가 조선(한)민족이라는 것을 어디에서 느끼십니까?'에 대한 답변 비율을, '신체적 정체성'은 '언어-문자, 의복, 음식, 제례, 명절' 등에 대한 답변 비율을 복합적으로 종합하여 구성한 지표이다.

그런데 이렇게 민족정체성을 인지-정서-신체적 정체성으로 나누어 복

---

10) 건국대학교 통일인문학연구단 편, 『코리언의 민족정체성』, 선인, 2012, 310-311쪽.

합적으로 지표화해 보면 일반적으로 우리가 가진 '정체성=동일성'이라는 프레임은 기각될 수밖에 없다는 점이 드러난다. 위의 〈표 12〉에서 보듯이 코리언 디아스포라의 민족정체성은 특정한 하나의 잣대로 환원되지 않을 뿐만 아니라 그들이 공유하고 있는 공통분모 또는 교집합이 존재하지 않기 때문이다. 재중 조선족은 정서 및 신체적 정체성에서 우위를 보이지만 재일 조선인은 인지적 정체성에서 우위를 보이고 있으며 재러 고려인과 재미 한인은 특정 부문에 대한 우위를 가지고 있지는 않지만 평균적 수준에서 순위를 확보하고 있다. 따라서 이들의 민족정체성을 계량적으로 지표화하여 순위를 매길 수 있는 그 어떤 특정한 잣대나 공통적 요소는 존재하지 않는다.

하지만 그럼에도 불구하고 이들은 서로 중첩되어 있다. 예를 들어 인지적 정체성에서 4위인 재중 조선족은 정서적 정체성과 신체적 정체성에서 1위를, 인지적 정체성에서 1위인 재일 조선인은 정서적 정체성에서 2위와 신체적 정체성에서 4위를 기록하면서 서로 중첩되고 있다. 따라서 '동일성으로서 민족정체성'이라는 테제는 기각되어야 하지만 다른 한편으로 '탈민족'이라는 테제 또한 기각되어야 하는데, 이것은 인지-정서-신체적 정체성이 그들의 사회역사적 맥락과 관련하여 복합적으로 서로를 연결하면서 '민족'이라는 가족유사성을 생산하고 있기 때문이다.

그렇다면 이들의 '닮음'은 왜 '차이들'을 통해서 중첩될 수밖에 없는가? 그것은 바로 그들의 민족정체성이 한(조선)반도에 거주하는 코리언들과 달리, '이산'의 과정 속에서 각기 그들이 처한 사회역사적 맥락과의 상호작용 속에서 형성된 것들이기 때문이다. 이산은 삶의 조건과 환경, 그리고 그들의 역사를 바꾸어 놓았다. 그들은 한(조선)민족이 주류인 사회가 아니라 그들과 전혀 다른 정체성을 가지고 있는 종족들이 주류인 세계에서 살아가야 했으며 그들과 관계를 만들면서 삶을 유지해

제2장 해외 거주 코리언의 민족정체성: 중층 결정적 정체성 **71**

야 했다. 따라서 한(조선)반도에서 살 때의 인지적-정서적-신체적인 민족정체성과 다른 변용이 일어나는 것은 필연적이다. 게다가 이런 변용은 각 집단별로 다르다. 이것은 그들이 처한 사회역사적 맥락이 각기 다르기 때문이다.

그러나 그렇다고 이런 변용이 '민족정체성'의 해체이거나 민족성의 '변질'이라고 할 수는 없다. 왜냐하면 한(조선)반도에 살고 있는 코리언들 또한 그들의 사회역사적 관계의 변화 속에서 문화적 변용을 만들어왔으며 그 변화의 진폭 또한 그 관계성의 변화 양상에 따라 달라지기 때문이다. 게다가 '변형'만을 놓고 본다면 한(조선)반도에 살고 있는 코리언들이 해외 거주 코리언들보다 덜하다고 결코 말할 수 없다. 본국에 거주하는 코리언들도 그들이 처한 사회역사적 환경 속에서 그들의 문화를 만들어왔다. 따라서 이런 인지적-정서적-신체적 정체성의 변화는 해외 거주 코리언들에게만 나타나는 것이 아니다.

그런데도 한(조선)반도에 존재하는 정체성을 기준으로 변화의 진폭 정도를 판단하거나 민족정체성의 지표로 계량화한다면 그것은 한(조선)반도에 살고 있는 코리언이 코리언들 중에서 가장 많은 인구수를 가지고 있는 다수라는 점을 제외하고는 그 근거를 찾을 수 없다. 따라서 '변용'을 변질이라고 주장하는 것은 결국, 수적 다수라는 점을 통해서 타자를 배제하고 억압하는 것에 불과하다. 본국에 거주하는 코리언이든 해외에 거주하는 코리언들이든 간에 이와 상관없이 그들의 민족정체성은 자신이 본국에서 살 때와 전혀 다른 환경 속에서 상호 작용을 하면서 만들어진 정체성일 뿐이다.

그러므로 코리언의 민족정체성 비교연구는 일차적으로 각 집단의 이런 변용이 가지고 있는 차이를 그들의 사회역사적 맥락의 독특성 속에서 내재적으로 해명하는 데 주력해야 하며, 그 변용이 만들어낸 각각의

'차이'가 서로 연결될 수 있는 지점을 발견해 내는 방향으로 나아가야 한
다. 물론 사회역사적 맥락의 독특성에 근거하여 내재적으로 해석한다는
것은 쉬운 일이 아니다. 그럼에도 불구하고 이들의 가치와 문화를 내재
적으로 해석할 수 있는 것은 그들 나름대로 자신이 처한 환경 속에서 민
족적 유대의 끈, 또는 흔적들을 보존하는 방식으로 웅전적인 문화를 만
들어왔기 때문이다.

제3장 민족정체성과 국민정체성의
경계에 선 한국-한국인

1. 해체-성찰적인 기획과 읽기: 삶의 독특성이라는 내적 맥락

1) 타자의 타자성: 참여적 객관화와 성찰

코리언들의 민족정체성 비교연구가 그들 각각의 독특한 사회역사적 삶의 맥락 속에서 내재적으로 진행되어야 한다는 데 이견을 다는 사람들은 별로 없다. 심지어 어떤 사람들에게는 이런 주장은 너무나 당연해서 진부해 보일 수도 있다. 그러나 '삶의 독특성이라는 내적 맥락에 기초한 비교연구'라는 주장이 너무나 당연하고 진부해 보인다는 것 자체가 이 말을 우리에게 익숙한 방식으로 받아들임으로써 그것이 정확히 무엇을 의미하는지를 깊이 있게 사유하고 있지 않다는 것을 거꾸로 보여주고 있는 것이기도 하다.

일반적으로 사람들은 '삶의 독특성이라는 내적 맥락'을 이해한다는 것을 단순히 타자의 입장이나 관점, 차이를 있는 그대로 인정하고 그것을 이해하는 정도로 생각한다. 그러나 이것은 존재론적으로 매우 중요한 근본적인 문제제기를 담고 있다. '삶의 독특성'이라는 표현이 보여주듯이 재중 조선족, 재러 고려인, 재일 조선인, 재미 한인 등의 코리언들이 가지고 있는 민족정체성은 그들 각각의 독특한 사회역사적 삶의 산물이라는 점에서 나를 통해서 이해할 수 있는 '다름'이 아니라 나와는 다른 경험과 역사 속에서 형성된, 내가 이해할 수 없는 어떤 것을 포함하고 있는 '다름'을 가지고 있다는 것을 의미한다.

바로 이런 점에서 이 '다름'은 우리가 쉽게 파악하거나 이해할 수 있는 다름이 아니다. 일반적으로 우리는 내가 가지고 있는 것에 비추어 타자가 가진 것들을 이해하는 '역지사지'나 '공감'의 기법을 사용한다. 그러나 여기서의 '다름'은 이것을 넘어서 있다. 비록 재중 조선족, 재일 조선인, 재러 고려인이 코리언으로서 나와 같은 민족이고 그런 유대의 끈을 가지고 있기 때문에 이와 같은 기법들이 완전히 잘못된 것이라고 할 수는 없지만 그렇다고 하더라도 그들의 다름은 나의 민족정체성으로는 이해할 수 없는 어떤 것을 가지고 있다. 이것은 '나'와 다른 '타자(the other)'가 가지고 있는, 존재론적 차원에서 다름인 '타자의 타자성(otherness of the other)'이다.

그런데 '내적 맥락에 기초한 비교연구'란 무엇보다도 먼저 바로 이 '타자의 타자성'에 접근할 수 있는 연구이자 그것을 기초한 연구를 의미한다. 바로 여기에 '내적 맥락에 기초한 비교연구'가 가지고 있는 근본적 난점이 있다. 왜냐하면 내가 세계를 보거나 이해하는 방식 자체가 내가 경험한 특정한 사회역사적 삶의 산물로서, 타자의 타자성은 나를 통해서 이해할 수 없는 어떤 것이기 때문이다. 예를 들어 존재론적으로 우리가 세계를 이해하는 방식은 우리가 가지고 있는 언어를 통해서이다. 그러나 그 언어는 내가 살아가고 있는 특정한 사회역사적 삶의 산물이다.

따라서 우리가 무심코 사용한 언어들 속에는 이미 우리가 의식하지 못하는 사이에 내면화된 가치체계와 관점이 함축되어 있다.

하지만 우리는 이런 것들을 의식하지 못한 채, 나를 통해서 타자의 다름을 이해하고자 한다. 특히 연구자들 대부분은 오랜 기간 동안 이런 나의 경험이나 체험을 특정한 연구전통에 따라 학문의 장 내부에서 자신의 상징체계로 세련되게 만들어온 사람들이다. 따라서 그들은 자신이 수행하는 연구가 가치중립적일 뿐만 아니라 객관적인 것이라는 자부심을 가지고 있다. 바로 여기에 '내적 맥락에 기초한 비교연구'가 실질적으로 수행되는 데 있어서 근본적인 난점이 있다. 왜냐하면 부르디외가 말한 바와 같이 연구자들 또한 자신이 소속되어 있는 시대나 사회, 그리고 연구 전통에 따라 자신의 몸속에 체화되어 있는 아비투스를 가지고 있기 때문이다.

바로 이런 점에서 '타자의 타자성'에 대한 우리의 접근을 방해하는 일차적인 장애 요인은 우리의 일상적인 언어체계나 연구자 자신의 아비투스들이며 이런 것들에 대한 철저한 자기 비판적 성찰과 해체적 기획 없이 타자의 타자성에 접근할 수 없다. 이에 부르디외는 무엇보다도 먼저 '참여적 객관화(objectivation participate)'를 주장하고 있다. 참여적 객관화는 객관화하려는 연구자 자신의 이해관계를 다시 객관화하는 것, 즉 자신의 아비투스와 위치, 그리고 장을 반성적으로 성찰(réflexivité)하는 것이다. 여기서 무엇보다 먼저 비판적인 반성의 대상이 되는 것은 연구자 자신이다. "반성을 실천한다는 것은 객관화의 작업으로부터 임의적으로 배제된 인식적 주체가 지닌 특권을 문제 삼는 일"[1]이다.

그러므로 '삶의 독특성이라는 내적 맥락에 기초한 비교연구'는 나와

---

1) 피에르 부르디외(Pierre Bourdieu), 김웅권 옮김, 『파스칼적 명상』, 동문선, 2001, 173쪽.

다른 타자를 바라보는 연구자 자신의 시선 그 자체를 비판적으로 검토하면서 그 자신의 내면화된 아비투스와 언어체계 자체를 해체하는 데에서부터 출발할 수밖에 없다. '해체-성찰적인 기획 조사와 읽기'는 바로 이와 같이 자신에게 체화되어 있는 아비투스와 언어-상징체계 그 자체를 문제 삼으며 애초부터 이를 해체하는 방식으로 연구조사를 기획하며 그렇게 기획된 연구조사를 통해서 얻어진 데이터를 가지고 타자의 타자성에 접근하는 것이다. 또한, 그렇기 때문에 '해체-성찰적인 기획 조사와 읽기'는 단순히 주어진 데이터를 타자의 내적 맥락에서 읽어간다는 것만을 의미하지 않는다.

2) 해체적 조사 기획: 조국과 모국이라는 일상 언어의 해체

일반적으로 사람들은 타자를 이해한다고 말하면서 데이터 그 자체를 문제 삼지 않는 경향이 있다. 그들은 데이터 그 자체에는 연구자의 개입이 없으며 데이터를 해석할 때 연구자의 관점이 개입한다고 생각한다. 그러나 이것은 근대 사회과학의 실증주의적 연구전통이 가지고 있는 환상일 뿐이다. 데이터 그 자체가 이미 특정한 연구자의 프레임과 관점, 연구전통의 산물이다. 따라서 해체-성찰적인 기획은 데이터를 수집하는 과정이 지난 이후, 데이터를 읽는 과정에서만 적용되는 것이 아니라 오히려 데이터를 얻는 '조사과정' 그 자체에서부터 적용되어야 한다.

예를 들어 한국인에게 익숙한 '한국인=코리언'이라는 등식은 '한국 국가의 국민이라는 정체성'과 '코리언이라는 민족 정체성'의 구별을 가로막는다. 하지만 해외에 거주하는 코리언들은 이산으로 인해 자신들의 선조가 살았던 땅과 국가에서 살고 있지 않은 집단이다. 거기에다가 그들이 민족의 본향으로 삼고 있는 한(조선)반도는 남과 북이라는 두 개의 국가로 분열되어 있다. 따라서 그들의 민족정체성은, '탈민족-탈경계-혼종성'을 주장하는 자들이 보여주듯이 그것을 대표하는 국가로 표현되는 국민정체성과 관련하여 '민족≠거주국', '민족≠한국', '민족≠조선'이라는 삼중의 어긋남으로 분열될 수밖에 없다.

그렇다면 문제는 이런 삼중의 어긋남을 포착할 수 있는 연구조사 기획이 필요하다는 점이다. 그러나 그렇게 하기 위해서는 먼저 '민족=국가'라는 동일성을 가지고 있는 우리 자신의 민족정체성 관념부터 해체해야 하며 그런 관념들을 표현하고 있는 언어체계 자체를 전복적으로 해체해야 한다. 그러나 이런 해체적 기획과 읽기에 찬성하는 사람들조차 이것을 어떻게 기획해야 하는가에 대해서 혼란을 겪는다. 이것은 바로 그들이 조국이나 모국이라는 기표가 기의와 통일되어 있다는 것을 전제로 하여 출발하기 때문이다. 그러나 이렇게 되면 조국, 모국은 이미 그것에 수반되는 특정한 의미를 가지고 있으며 그 의미를 전제한 이후 데이터들을 읽기 때문에 '삼중의 어긋남'을 읽어낼 수 없다.

바로 이런 점에서 민족공통성 조사 설계는 이와 정반대의 방식을 취했다. 그것은 '조국, 모국'이라는 기표와 기의를 분리시키고 '조국, 모국'은 단순한 표시물로, 괄호 안에 묶어서 집어넣고 그들이 그 기표에 부여하는 의미의 흔적들을 통해서 역으로 그것에 의미를 부여하는 것이다. 여기서 '조국, 모국'에는 전제된 의미가 존재하지 않는다. 오히려 그것은 해체된다. 왜냐하면 기존에 우리가 알고 있었던 '조국, 모국'이라는 기표의 의미를 괄호 속으로 집어넣어서 텅 빈 것으로 만들어놓았기 때문이다. 그리고 그 대신에 우리는 이 기표와 기의 사이의 연결을 조사대상자의 언어사용맥락, 그들의 텍스트 안으로 돌려놓았다.

즉, '조국', '모국'이라는 기표를 잠정적인 표시물로 사용하면서 그것의 의미를 그들의 답변 안에서 찾아내는 것이다. 여기서 의미를 부여하는 것은 그들 각자가 사용하는 어법적 맥락 속에서 미끄러지는 의미들, 그리고 그런 미끄러짐을 통해서 그것이 남기는 흔적들과 수렴되는 어떤 지점이라고 할 수 있다. 이를 위해서 우리는 '내 조국은 어디라고 생각하십니까?'와 '내 모국은 어디라고 생각하십니까?'라는 물음만을 던진 것이 아니라 각각의 물음 다음에 '위처럼 대답한 이유는 무엇입니까?'를 물음으로써 그 의미를 거꾸로 추론해 가고자 했다. 즉, 그들이 '선택한 이유'에 대한 답변 속에서 역으로 그들이 '조국'이나 '모국'이라는 기표에 부여하는 '의미'를 찾는 것이다.

　그러나 우리가 가진 언어습관에 익숙한 사람들에게 이것은 쉽게 이해될 수 있는 방식은 아니다. 예를 들어 이번 조사에서 사용한 언어들은 한글, 러시아어, 일본어였으며 한글은 '조국', '모국'을, 러시아어는 'свое родиной(나의 고향)', 'родиной предков(조상의 고향)'를, 일본어는 '祖國', '祖先の国(母国)'를 사용하였다. 또한, 재미 한인은 조사 대상자 대부분이 한국에서 태어난 이후 미국으로 건너갔을 뿐만 아니라 미국이라는 환경의 특성상 국적과 종족을 구별하고 있기 때문에 'fatherland(조국)'만 물어보았다. 그러면 당장 어떤 사람들은 'свое родиной(나의 고향)', 'родиной предков(조상의 고향)'나 '祖國', '祖先の国(母国)'로 나누어 물으면 이미 그 안에 의미가 있지 않은가라고 생각할 수 있다.

　그러나 이것은 우리가 한글로 번역된 문자 속에서 이미 고정되어 있는, 우리말의 기표-기의 체계를 전제하고 보기 때문이다. 문제는 이것을 잠정적인 표시물로, 내가 생각하는 의미를 '괄호' 안에 넣고 난 이후, 그들이 그렇게 답변한 이유에서 그 의미를 찾아가야 한다는 것이다. 그런데 그렇게 되면 번역어가 무엇이든 간에 그들의 답변이 보여주는 데이터는 우리의 언어가 아니라 그들의 언어체계 속에서 자리를 잡을 수 있다. 왜냐하면 그들의 '답변 이유'가 바로 그들이 '모국'이나 '조국'에 부여

〈표 13〉 조국과 모국 선택 이유[2]

	조국 선택 이유				모국 선택 이유		
	재중 조선족	재러 고려인	재일 조선인	재미 한인	재중 조선족	재러 고려인	재일 조선인
태어난 곳이기 때문에	58.9	29.1	15.6	52.7	25.3	12.6	13.1
현재 살고 있는 곳이기 때문에	14.5	50.3	4.1	4.8	3.7	12.3	1.3
내 선조의 뿌리가 있는 곳이기 때문에	8.4	7.7	39.2	30.5	61.6	66.3	67.5
내 정신과 문화가 그러하기 때문에	14.8	.9	20.4	56.8	9.1	2.5	8.9
나를 돌보아주는 곳이기 때문에	3.4	1.5	1.3	2.9	0.3	1.5	

하는 의미가 무엇인지를 드러내기 때문이다. 물론 이것은 매우 복잡한 우회로를 경유하는 것처럼 보인다.

또한, 이것은 실증주의적 단순성을 추구하는 근대사회과학의 전통에서 보자면 분명 '경제성의 원리'를 훼손한다는 문제를 가지고 있다. 그러나 중요한 것은 이렇게 '해체-성찰적인 기획 조사와 읽기'라는 방식을 통해서 코리언들이 가지고 있는 인지적 정체성을 연구해보면 그들의 '삶의 독특성이라는 내적 맥락'이 드러나게 된다는 점이다. 예를 들어 조국과 모국 선택 이유에 대한 답변 추이를 보여주는 위의 〈표 13〉을 보자. 그러면 그들이 생각하는 '조국'과 '모국'에 대한 의미부여 방식이 가진 일정한 독특성을 찾아낼 수 있다.

일단, 재중 조선족이나 재러 고려인들은 '조국'과 '모국'을 '태어나서 현재 살고 있는 곳'과 '내 선조의 뿌리가 있는 곳'으로 구별하고 있다. 반면 재일 조선인들은 둘 다를 '선조의 뿌리가 있는 곳'으로 받아들이는 경향이 있음에도 불구하고 '조국' 선택보다는 '모국' 선택에서 보다 많은 사

2) 각국별 질문과 답변 항목들에 대한 구체적인 분석 및 논의는 건국대학교 통일인문학연구단 편, 『코리언의 민족정체성』, 선인, 2012에 있으며 이 표는 이들 분석을 기반으로 하여 재구성한 것이다.

람들이 '내 선조의 뿌리가 있는 곳'으로 이해하고 있다. 따라서 이들의 내적 맥락에서 보면 '모국'이라는 기표는 '내 선조의 뿌리가 있는 곳'으로, '조국'이라는 기표는 '태어난 곳'이라는 의미로 더 많이 사용된다고 할 수 있다. 물론 여기서 예외는 재일 조선인이다.

그러나 이것은 일단 잠정적으로 우리가 '조국'이라는 기표에 '태어나서 현재 살고 있는 곳'이라는 기의를, '모국'이라는 기표에 '내 선조의 뿌리가 있는 곳'이라는 기의를 부여하는 것을 완전히 그릇된 것으로 만들고 있는 것은 아니다. 왜냐하면 재일 조선인도 '조국'보다는 '모국'에서 '내 선조의 뿌리가 있는 곳'이라는 의미를 두 배 정도 많이 선택하고 있기 때문이다. 또한, 이런 의미에서 우리는 잠정적으로 조국에 대한 답변을 그들이 거주하고 있는 국가의 귀속성, 즉 국민정체성으로, 모국에 대한 답변을 그들이 현재 거주하고 있지는 않지만 조상들이 살았던 곳으로서의 민족의 귀속성, 즉 민족정체성으로 연결시킬 수 있다.

〈표 14〉 코리언 디아스포라의 '조국'과 '모국' 선택[3]

선택국가	재중 조선족		재러 고려인		재일 조선인		재미 한인
	조국	모국	조국	모국	조국	모국	조국
거주국	91.9	24.9	86.8	21.8	16.9	3.2	8.3
조선(북)	4.0	36.0		9.5	4.1	2.5	0.3
한국(남)	0.3	8.8	2.5	15.3	22.3	40.4	85.4
한(조선)반도	1.3	23.9	0.9	36.2	29.9	43.9	6.0
거주국과 한(조선)반도	2.4	6.4	7.7	15.0	20.4	8.0	×

---

3) 각국별 질문에 대한 답변 항목들에 대한 분석 및 논의는 건국대학교 통일인 문학연구단, 『코리언의 민족정체성』, 선인, 2012에 있으며 이 표는 이들 분석을 기반으로 하여 재구성한 것이다.

그런데 이렇게 되었을 때, 그들의 답변에서 우리는 매우 의미 있는 현상을 발견할 수 있게 된다. 일단 재미 한인을 보면, 그들 대부분은 한국에서 태어나 미국으로 건너가 살고 있는 사람들로서, 다인종국가에서 코리언 타운을 형성하고 살고 있다. 따라서 〈표 13〉에서 보듯이 그들이 이해하는 '조국'이라는 기표에 부여하는 민족정체성은 '태어난 곳', '내 정신과 문화'라고 할 수 있다. 이것은 우리의 통념과 별 다르지 않다. 그러나 문제는 재중 조선족, 재러 고려인, 재일 조선인의 경우이다. 그들은 일제 식민지 치하에서 이주한 사람들의 후손들이 주류를 형성하고 있다. 따라서 이들의 이주 역사는 재미 한인과 달리 역사적인 공통분모를 가지고 있다.

그러나 흥미로운 것은 재중 조선족·재러 고려인 대 재일 조선인은 매우 상반된 경향을 보여주고 있다는 점이다. 재중 조선족과 재러 고려인들은 조국으로 거주국을, 모국으로 한(조선)반도 지역을 다수가 선택하고 있는 데 반해, 재일 조선인은 조국이든 모국이든 한반도 관련되어 있는 국가를 다수가 선택하고 있기 때문이다. 따라서 만일 이것을 이전과 같은 방식으로 앞의 〈표 14〉와 관련 없이 읽는다면 재일 조선인의 민족정체성은 매우 강한 반면, 재중 조선족이나 재러 고려인은 그렇지 못하다는 결론을 도출하게 될 것이다. 하지만 앞의 〈표 14〉를 통해서 '해체-성찰적 읽기'를 수행한다면 이런 결론은 완전히 오도된 것이라는 점이 드러나게 된다.

3) 해체-성찰적 읽기: 드러나는 민족과 국가의 균열

재중 조선족이나 재러 고려인들은 '조국'으로 자신의 거주국을 대부분 선택하고 있다. 그러나 문제는 그들이 왜 '조국'으로 거주국을 선택했는가이다. 그것은 재중 조선족이나 재러 고려인들은 '조국'-'태어나서 현재 살고 있는 곳', '모국'-'조상의 뿌리가 있는 곳'이라는 의미로, 이 두 가지를 구별하고 있기 때문이다. 따라서 이들에게 민족정체성과 국민정체성은 우리가 일반적으로 생각하듯이 서로가 대립적인 것이 아니라 공존하는 것이며 이 둘의 관계는 '부(-)의 관계'가 아니라 '정(+)의 관계'를 가지고 있다. 이것은 곧 그들이 이주하여 살고 있는 국가의 국민으로서 국민정체성과 민족정체성을 공존시키는 방식을 선택하고 있음을 보여주는 것이라고 할 수 있다.

그런데 이것은 한국에 살고 있는 우리와는 전혀 다른 민족정체성일 뿐만 아니라 우리가 가지고 있는 일반적인 통념을 깨는 것이라고 할 수 있다. 일반적으로 우리가 생각하는 민족정체성은 국민정체성과 일치하는 정체성이며 중국이나 러시아라는 국가와 공존할 수 없는 정체성이다. 따라서 이 둘이 상호 '정(+)의 관계'를 형성하고 있을 수 있다는 것은 우리의 일반적인 상식을 벗어나는 것이다. 그리고 이것이 일반적인 상식선에서 출발하는 기존의 많은 연구들이 오류를 범하게 되는 이유이기도 하다. 상식적으로 볼 때, 재중 조선족이나 재러 고려인들이 조국으로 중국, 러시아를 압도적 다수가 선택하는 자체가 이미 탈민족화된 것의 징표이다.

그러나 이것은 그들의 연구 자체가 오히려 우리의 언어나 국가의 상징체계, 학문전통 속에서 그들을 바라보고 있음을 드러낼 뿐이다. 물론 모든 코리언들이 '국민정체성'과 '민족정체성'을 공존하는 것으로 이해하고 있는 것은 아니다. 재중 조선족이나 재러 고려인들과 달리 재일 조선인은 조국을 선택하든 모국을 선택하든 간에 상관없이 모두 다 자신들이 태어나 현재 살고 있는 일본이 아니라 한(조선)반도를 다수가 압도적으로 선택하고 있기 때문이다. 따라서 어떤 사람들은 이것을 거주국의 국민정체성과 민족정체성의 대립 경향을 보여주는 증거라고 주장하면서 이 데이터만을 내세울 지도 모른다. 그러나 이것은 데이터 자체를 매우 표면적으로 이해하고 있는 것이다.

오히려 여기서 해명되어야 할 것은 재중 조선족이나 재러 고려인과 재일 조선인 각각이 가지고 있는 독특성이다. 이를 설명하기 위해 이 세 집단 중에서 가장 독특해 보이는 재일 조선인부터 살펴보자. 재일 조선인들 대부분은, 고령의 연령대를 제외하고는 일본에서 태어나고 자란 사람들이다. 그럼에도 불구하고 그들은 조국이나 모국 모두에서 자신이 태어나 자라고 현재 살아가고 있는 곳이라는 의미를 부여하기를 기피하고 있다. 그렇다면 왜 재일 조선인은 재중 조선족과 재러 고려인처럼 조국과 모국을 구별하지 않고 그 어디에서도 거주국의 의미를 부여하지 않으려고 하는 것일까? 바로 여기에 재일 조선인들의 민족정체성이 가지고 있는 독특성이 있는 것은 아닐까?

일단, 재일 조선인은 재중 조선족이나 재러 고려인들과 달리 조국 선택 이유로 '내 선조의 뿌리가 있는 곳'(39.2%)과 '내 정신과 문화가 그러하기 때문에'(20.4%)를 두드러지게 많이 선택하고 있다. 특히, 이 가운데에서도 재일 조선인은 재중 조선족이나 재러 고려인들과 달리 '내 정신과 문화가 그러하기 때문에'라는 정신-문화적인 이유를 자신의 조국 선택 이유로 제시하고 있다. 이 답변은 자신들의 삶의 환경과 처지를 반영한 매우 자의식적인 답변이다. 따라서 이것은 재일 조선인은 '조국'이나 '모국'을 재중 조선족이나 재러 고려인과 달리 단순히 '조상의 뿌리가 있는 곳'이라는 의미 정도가 아니라, '내 정신과 문화가 그러하기 때문'과 같은 매우 자의식적인 방식으로 선택하고 있다는 것을 보여주고 있다.

그러나 이런 의식적이고 저항적인 민족정체성은 재일 조선인들이 재중 조선족이나 재러 고려인에 비해 특별하게 본래부터 더 '민족주의'적이기 때문이 아니라 일본 국가가 그들의 삶을 지속적으로 탄압했기 때문이다. '자의식'은 자신의 주변 환경과의 상호 관계에서 형성된다. 주변 환경과의 관계가 별 다른 충돌을 만들어내지 않을 때, 대부분의 사람들은 그 사회나 국가가 제공하는 가치와 의미를 그대로 수용하며 자신이 태어나고 자란 곳에 그만큼의 의미를 부여한다. 그러나 이렇게 거주국과 자신을 구별하고 자신의 정체성을 의식적으로 형성하는 것은 그 만큼 거주국의 국가-사회적 환경과의 관계에서 충돌이 있었음을 반영하는 것이라고 할 수 있다.

실제로, 재일 조선인들은 일제 식민지 치하에서 일본으로 이산되어 일본 제국주의 본국에 거주하게 되었을 뿐만 아니라, 8·15 이후로도 일본 국가로부터 끊임없이 배제되는 삶을 살았다. 전후 일본은 동서냉전체제라는 국제정세 속에서 중-소에 대항하는 미-일 동맹 체제를 구축하고 미국의 지원을 받으면서 서방 세계의 일원으로 편입되는 길을 밟았다. 그 결정판은 샌프란시스코 강화조약이었다. 중국과 한반도(한국, 조선)가 빠진 채 미국의 주도하에 진행된 샌프란시스코 강화조약은 전쟁 배상책임이나 반인륜범죄에 대한 처리 문제들을 묻어버렸으며 재일 조선인들에게 일본과 한국 둘 중 하나만을 선택하도록 강요[4]하면서 그들을 무국적자로 만들어버렸다. 따라서 그들의 민족정체성이 여타의 코리언 집단과 비교하였을 때 인지적 정체성이 가장 강하게 나타나는 것

---

4) 어떤 사람들은 재일 조선인이 '일본'을 선택하지 않은 것은 이해할 수 있으나, 그렇다면 '한국'을 선택할 수는 있지 않았겠는가라고 반론을 제기할 수도 있다. 그러나 재일 조선인이 한국을 선택하지 않은 것은 한국이 한(조선)반도 전체를 포괄하지 못하는 분단국가이기 때문이었다. 그들에게 '조선'이라는 국명은 지금의 북을 가리키는 것이 아니라 분단 이전의 한(조선)반도를 의미했다. 따라서 그들에게 분단국가 중 어느 한쪽의 국가인 한국을 선택하는 것은 곧 현재의 분단 상태에 대한 인정을 의미했으며 통일 한(조선)반도라는 건설이라는 미래를 포기하는 것으로 간주되었다.

에서 보듯이 저항적이고 의식적인 형태를 가질 수밖에 없었다.

그러나 그렇다고 재중 조선족이나 재러 고려인들의 민족정체성이 재일 조선인보다 약하다고 말할 수 있는 것은 아니다. 인지적 정체성의 차원에서 보면 재일 조선인이 1위처럼 보이지만 대신에 정서적 정체성이나 신체적 정체성을 보면 그들은 매우 낮은 순위를 보이고 있다. 이것은 재일 조선인이 일본 제국주의 본국의 순혈주의에 의해 배제된 자들로서, 그들의 문화와 말을 보존하기 힘들기 때문이다. 반면 재중 조선족과 재러 고려인은 인지적 정체성에서 재일 조선인보다 훨씬 낮지만 신체적 정체성이나 정서적 정체성에서는 재일 조선인보다 높았다. 이것은 그들의 민족정체성이 그들의 거주국 환경과의 상호 작용 속에서 형성된 것이기 때문이다.

재중 조선족은 인지적 정체성으로 보면 최하위처럼 보이지만 정서적 정체성과 신체적 정체성에서 다른 집단보다 높았다. 이것은 재중 조선족이 다른 집단들보다 특별하게 민족에 대한 정체성이나 문화적 자긍심을 가지고 있기 때문이 아니다. 이들은 중국의 건국에 공헌한 소수민족으로서, 우리말과 문화를 자유롭게 누릴 수 있는 조선족 자치주를 형성하고 살았기 때문이다. 따라서 이들은 중국이라는 국가의 국민이라는 정체성도 강하지만 중국 내 소수민족으로서 한족과 다름을 느끼는 정서적 정체성이나 민족문화에 대한 보존도 높을 수 있었다. 마찬가지로 재러 고려인들은 강제 이주 이후, 소비에트인의 길을 강요당하면서 말과 글을 잃은 대신에 이와 다른 전통적인 민족문화를 지켜오는 길을 선택했다.

그러므로 각 집단의 민족정체성을 다루는 데 핵심은 그들의 '사회역사적 맥락'과 '사회적 관계'를 통해서 데이터를 읽어가는 것이다. 그리고 그럴 때, '해체적-성찰적 기획 조사와 읽기'는 코리언의 전체로 추상화된

민족정체성이 아니라 각각의 집단들이 독특한 삶의 환경 속에서 만들어
낸 민족정체성으로 자신의 모습을 드러내며, 또한 그들의 민족정체성이
가지고 있는 고유성이나 독특성도 발견된다. 게다가 이들의 민족정체성
을 일률적인 잣대에 근거하여 어느 한 집단이 다른 집단에 비해 민족정
체성이 더 높다고 말할 수 없다는 점도 드러나게 된다.

그러나 '민족 대 탈민족'이라는 프레임을 해체하고 민족공통성이라는
패러다임 위에서 수행된 코리언의 민족정체성 비교연구는 단순히 해외
거주 코리언들의 민족정체성과 국민정체성은 같지 않다는 점을 드러내
는 데 멈추지 않는다. 그것은 곧 분단국가에 살고 있는 우리 자신의 모
습을 드러내는 성찰의 역할을 수행한다. 분단국가의 민족과 국가는 해
외에 거주하는 코리언들처럼 일치하지 않는다. 바로 이런 점에서 그들
의 '균열'은 곧 우리 자신의 '균열'이기도 하다. 따라서 한(조선)반도 거주
코리언들이 비록 명증하게 자각하지 못하고 있더라도 이런 균열의 흔적
들은 드러날 수밖에 없다.

2. 한국-한국인의 민족정체성과 국민정체성

1) 인지적 정체성: 봉합된 민족과 국가의 균열

해외 거주 코리언들은 한(조선)반도의 민족적 대표성을 한국 또는 조
선과 일치시키지 않는다. 그들 중에는 우리 민족의 대표성을 한국이나
조선에서 찾는 경우뿐만 아니라 그 둘 중 어느 것도 아닌 '한(조선)반도'
에서 찾는 경우도 있다. 이것은 그들의 민족정체성이 거주국의 국민정
체성과 분리되어 있다는 점 이외에 그들이 표상하는 민족정체성 자체가

한(조선)반도의 국가와 관련하여 '분열적'이라는 점을 보여주는 것이다. 따라서 그들의 민족정체성은 국가와 관련하여 '거주국≠민족, 한국≠민족, 조선≠민족'이라는 '삼중의 어긋남'으로 구성되어 있다.

그렇다면 왜 이들의 민족정체성은 국가와 관련하여 삼중의 어긋남을 가지고 있는 것일까? 그것은 그들이 자신의 뿌리로 여기는 한(조선)반도가 분단되어 있기 때문이다. 이것은 그들의 민족정체성이 단순히 한(조선)반도 본국 밖에 살고 있다는 사실에서 나오는 것이 아니다. 오히려 그것은 한(조선)반도의 국가가 한(조선)민족 전체를 대표하지 못하는, 한(조선)반도 전체를 포괄하지 못하고 있는 '반쪽 국가', 즉 분단국가라는 점에서 나온다. 따라서 해외 거주 코리언들이 가지고 있는 한국≠민족, 조선≠민족이라는 어긋남은 그들의 균열이나 잡종성 또는 다중정체성에 나오는 것이 아니라 오히려 한(조선)반도에 존재하는 국가의 결핍, 결여에서 나오는 것이다.

하지만 현실적으로 한(조선)반도에 살고 있는 코리언들은 해외 거주 코리언들과 달리 남쪽이든 북쪽이든 각기 코리언들에 의해 건국된 국가에서 살고 있다. 따라서 그들의 민족정체성과 국민정체성을 확인할 수 있는 방식이 해외 거주 코리언들처럼 조국과 모국에 대한 물음을 통해서 이루어질 수 없다는 것은 명백하다. 이에 우리는 한(조선)반도에 거주하는 코리언들에게는 해외 거주 코리언들과 마찬가지의 질문인 '민족호칭선택'과 '그 이유'에 대해서만 물어보았으며 뒤이어 추가로 국민정체성의 강도를 확인하기 위해서 '내가 살고 싶은 나라는 어디인가?'라는 질문을 던져보았다. 이것은 우리 민족의 호칭으로 남에서는 '한민족'을, 북에서는 '조선민족'이라는 용어를 씀으로써 분단국가의 균열을 보여주고 있기 때문이다.

위의 〈표 15〉를 보면, 한국인(64.3%)이든 탈북자(46.8%)든 간에 가장

〈표 15〉 민족호칭 선택과 선택 이유

민족호칭 선택			민족호칭 선택 이유		
	한국인	탈북자		한국인	탈북자
한민족	64.3	46.8	살고 있는 이 땅에서 그렇게 부르기 때문에	37.3	20.2
조선민족	2.6	34.9	어릴 때부터 친숙하기 때문에	18.6	20.2
코리언	31.9	9.2	남북을 모두 아우를 수 있는 호칭이기 때문에	33.5	43.1
호칭이 무엇이든 상관없다	-	7.3	남과 북 어느 쪽 호칭도 호감을 못 느끼기 때문에	5.2	7.3
무응답	0.4	1.8	남(또는 북)의 호칭에 거부감을 느끼기 때문에	3.2	0.9

많은 사람들이 '한민족'을 우리 민족을 가리키는 호칭으로 선택하고 있다. 이것은 매우 당연한 결과인 것처럼 보인다. 왜냐하면 남쪽에서 우리 민족을 칭하는 호칭은 '한민족'으로, 우리 모두가 이를 너무나 친숙한 용어로 체화하고 있기 때문이다. 이것은 한국인들5) 중 37.3%(1위)가 민족호칭을 선택한 이유를 묻는 질문에 대해 '살고 있는 이 땅에서 그렇게 부르기 때문에'라고 답변을 선택하고 있다는 점에서도 드러나고 있다.

또한, 탈북자들이 비록 한국인들의 '한민족' 선택보다 낮은 수치이기는 하지만 그 중에서는 가장 많은 사람들이 '한민족'을 선택하고 있다는 것도 당연한 결과라고 할 수 있다. 왜냐하면 탈북자는 '북'을 버리고 '남'으로 내려온 사람들로, 현재는 한국인들과 함께 생활하고 있기에 한국

---

5) '한국인'과 '탈북자'는 모두 다 남쪽에 거주하는 주민들이며 한국 국민으로, 둘 다 '한국인'이라고 할 수 있다. 그러나 '탈북자'는 북에서 태어나고 자란 반면 '한국인'은 남에서 태어나고 자란 사람들로 서로 다를 수밖에 없다. 따라서 이 글에서는 다소간 문제가 있음에도 불구하고 두 집단을 구분하기 위해서 편의상 '한국인'을 탈북자와 구분하여 한국에서 태어나고 자란 사람들이라는 의미로 사용하였다.

인들이 듣기에 거북하거나 어색한 용어를 피하고 의식적으로라도 한국 사람들 다수가 사용하는 용어를 선택해서 사용하는 것 또한 당연하기 때문이다. 이것은 '살고 있는 이 땅에서 그렇게 부르기 때문에'를 20.2% 나 선택하고 있다는 점에서도 드러난다. 따라서 이 조사결과에서 주목해야 할 것은 '한민족'이라는 호칭을 한국인이든 탈북자든 가장 많은 수가 선택하고 있다는 점에 있지 않다.

오히려 주목해야 할 것은 일상적으로 친숙한 '한민족'이라는 용어 대신에 '조선민족'이나 '코리언'과 같은 용어를 선택한 사람들의 수치이다. 이를 보면 한국인 중 '조선민족'을 선택한 사람은 2.6%인 반면 탈북자는 34.9%나 되었다. 이것은 탈북자들이 비록 지금 남쪽에 살고 있지만 그 전에 북쪽에 살면서 체현하고 있었던 용어가 그대로 반영된 것으로 보인다. 이것은 탈북자 중 20.2%가 '어릴 때부터 친숙하기 때문에'를 선택하고 있다는 점에서 드러나고 있다. 따라서 '조선민족'이라는 용어의 선택에서 나타나는 한국인과 탈북자의 격차는 남과 북의 분단 현실과 민족≠국가라는 어긋남이 보여주는 균열상을 드러내는 것이라고 할 수 있다.

반면 '코리언'은 이와 매우 다른 성격을 가지고 있다. '코리언'은 용어 자체로만 보았을 때, 비록 그것이 영어식 표현이기는 하지만 한민족이나 조선민족과 달리 매우 중립적인 용어라고 할 수 있다. 따라서 '한민족'이나 '조선민족'이라는 용어가 아니라 '코리언'을 선택하는 것은 매우 의식적으로 남과 북의 분단국가적 용어를 회피하고자 하는 노력의 산물이라고 할 수 있다. 그런데 '코리언'이라는 용어를 선택하고 있는 한국인과 탈북자의 비율을 보면 매우 흥미로운 현상이 나타나고 있다. 왜냐하면 한국인은 31.9%라는 상대적으로 매우 높은 비율이 '코리언'이라는 용어를 선택한 반면 탈북자들은 단지 9.2%만이 '코리언'이라는 용어를 선택하고 있기 때문이다.

그렇다면 이런 한국인과 탈북자의 선택 비율 격차는 한국인이 탈북자보다 훨씬 민족≠국가라는 어긋남을 인지하고 있다는 것을 보여주는 것일까? 현상적으로만 보면 그렇게 보일 수 있다. 그러나 그것은 표면적으로 보이는 현상일 뿐이며 '민족 호칭을 선택한 이유'를 보면 이야기는 달라진다. 한국인 중 33.5%가 '남북을 모두 아우를 수 있는 호칭이기 때문에'를 선택한 반면 탈북자들은 한국인들보다 높은 43.1%가 이 이유를 선택하고 있기 때문이다. 따라서 민족 호칭을 어떤 것으로 선택하고 있는가는 실제로 그들이 생각하는 의도를 있는 그대로 드러내고 있는 것이아니다.

게다가 '남과 북 어느 쪽 호칭도 호감을 못 느끼기 때문에'를 선택하고 있는 한국인 5.2%와 탈북자 7.3%도 남과 북 어느 한편의 호칭과 일치시키지 않는다는 점에서 민족≠국가라는 어긋남을 느끼고 있으며 민족이라는 차원에서 분단국가와의 동일시를 거부하고 있다고 할 수 있다. 반면 '남(또는 북)의 호칭에 거부감을 느끼기 때문에'라고 답변한 한국인 3.2%, 탈북자 0.9%는 역으로 분단국가의 호칭과 자신을 일치시키는 사람이라고 할 수 있는데, 이것은 그가 한국인이든 탈북자이든 간에 상대방에 대한 부정적 정서가 오히려 그것을 거부하게 만들면서 반대쪽의 호칭을 선택하도록 만드는 것이기 때문이다. 따라서 표면적으로 드러나는 민족 호칭 선택보다 더 중요한 것은 그 이유이다.

이를 보면 민족 호칭 선택과 달리 남과 북이라는 분단국가 상호간의 적대성 때문에 민족호칭을 선택하는 사람들은 한국인 3.2%, 탈북자 0.9%에 불과하다고 할 수 있다. 그리고 이와 반대로 '남북을 모두 아우를 수 있는 호칭이기 때문에'와 '남과 북 어느 쪽 호칭도 호감을 못 느끼기 때문에'를 선택하고 있는 사람들은 한국인이 33.5+5.2=38.7%이었으며

〈표 16〉 내가 살고 싶은 나라는 어디인가?

	한국인	탈북자
한국	61.9	64.2
북한	0.2	0
통일한반도	23.2	33.0
제3국	14.4	1.8

탈북자는 43.1+7.3=50.4%이었다. 따라서 탈북자가 한국인보다 더 많기는 하지만 두 집단 모두 남쪽 국가 또는 북쪽 국가 중 어느 한 국가와 우리 민족을 동일하게 간주하는 태도로부터 벗어나서 우리 민족을 '분단국가'와 다른 것, 분단국가를 넘어서 있는 더 포괄적인 것으로 정의하고자 한다는 것을 알 수 있다.

바로 이런 점에서 〈표 15〉를 통해 드러나는 것은 한(조선)반도 거주 코리언도 해외 거주 코리언과 마찬가지로 인지적 정체성에서 '이중정체성'의 흔적을 가지고 있다고 할 수 있다. 그렇다면 남쪽에 살고 있는 한국인들과 탈북자들의 인지적 정체성에서 나타나는 국민정체성은 민족정체성과 어떤 관계를 가지고 있는 것일까? 해외 거주 코리언의 경우, 재중 조선족이나 재러 고려인처럼 국민정체성과 민족정체성은 상호 정(+)의 관계를 가지거나 아니면 재일 조선인처럼 상호 부(-)의 관계를 가지고 있었다. 한(조선)반도 거주 코리언들의 경우에도 인지적 정체성에서 해외 거주 코리언들처럼 국가의 상징체계 안으로 전적으로 포섭되거나 환원되지 않았다. 이에 우리는 '내가 살고 싶은 나라는 어디인가'를 물음으로써 그들의 현 국가에 대한 귀속성 정도를 간접적으로 확인하고자 했다.

〈표 16〉에서 보듯이 자신이 살고 싶은 나라로 '한국'을 선택한 사람은 한국인 61.9%와 탈북자 64.2%였으며 나머지는 '통일한반도', '제3국' 등을

선택했다. 이것은 한국 국가에서 계속해서 살고 싶다는 정서, 즉 남쪽 국가에 대한 귀속성을 보여주는 것으로, 적어도 60% 이상의 사람들이 남쪽 국가의 국민으로서 정체성을 가지고 있다는 것을 보여주는 것이라고 할 수 있다. 반면 한국을 선택하지 않은 나머지 40%에 해당하는 사람들은 적어도 그들이 현재의 한국에서 한국 국민으로 계속해서 사는 것보다는 '통일한반도'나 '제3국'의 국민으로 살고 싶다는 의사를 표현하고 있는 것이라고 할 수 있다. 따라서 한국을 선택한 60%를 제외한 나머지 40%는 현재의 한국 국민으로서 어떤 부족, 결핍을 느끼고 있으며 이 상태를 극복하고자 한다고 할 수 있다.

그렇다면 그들이 느끼는 부족, 결핍은 과연 무엇일까? 가장 먼저, 특징적인 것은 이들 40% 중에서 압도적인 다수가 앞으로 자신이 살고 싶은 나라로 '통일한반도'를 선택하고 있다는 점이다. 그러나 이 자체만으로 보았을 때, 통일한반도를 선택한 사람들이 한국이라는 국가에 대한 불만이나 반감 때문에 한국 대신에 한반도를 선택했다고 볼 수도 없으며 그렇다고 그것이 아니라고 볼 수도 없다. 예를 들어 답변자의 입장에서는 한국에 대한 특별한 반감이 없어도 한국보다는 통일한반도가 더 살고 싶은 곳이라고 생각할 수 있으며 반대로 한국이라는 국가에 대한 불만이 매우 높아서 통일한반도라는 항목이 없었다면 '제3국'을 선택했을 사람이 '통일한반도' 때문에 제3국이 아니라 통일한반도를 선택했을 수도 있기 때문이다. 따라서 이것을 어느 한 쪽 방향으로만 읽을 수는 없다.

그러나 적어도 '통일한반도'라는 답변이 의미하는 바는 있다. 그것은 그가 한국에 대한 불만을 가지고 있지만 제3국이 아니라 '통일한반도'를 선택했든 아니면 한국에 대한 불만이 없어도 '통일한반도'가 더 낫다고 생각해서 선택을 했든 간에 분명한 것은 이들은 '통일한반도'를 현재의 분단국가, 즉 한국보다 더 살고 싶은 나라로 꼽고 있다는 점이며 더 나아가 '통일한반도'는 현재의 국가인 한국에 대한 불만조차 상쇄시킬 수 있을 만큼 사람들이 기대하고 있는 나라라는 점이다. 여기서 결정적인 것은 남쪽 국가의 통치에 대한 불만이 아니다. 오히려 이것은 그와 무관하며 남과 북이라는 국가로 분단되어 있는 상태 그 자체를 극복하고자 하는 욕망에서 '한반도'를 선택하고 있는 것이다. 따라서 여기서 남쪽 국가의 국민정체성을 훼손하고 있는 것은 분단 그 자체이다.

바로 이런 점에서 과거 한국과 조선이라는 국가는 분단국가의 균열을 감추기 위해 다른 반쪽의 국가에 거주하는 민족을 '적'으로 상징화하고 이를 통해서 분단국가인 자신이 곧 민족이라는 식으로 동일화를 수행하면서 국가보다 민족을 우선시하는 민족적 통일운동을 탄압해 왔다. 그러나 1980년대 중반 한국의 경제적인 발전과 정치적 민주화는 국가에 의한 전체주의적 포섭이라는 국가주의로부터 벗어나 코리언이라는 민족 그 자체를 미래 지향적으로 볼 수 있는 시각의 성장을 가져왔다. 이것은 앞으로 살고 싶은 나라를 선택하는 물음에 대한 연령별 답변 비율의 변화에서도 드러나고 있다. 이것은 '통일한반도'를 선택하는 한국인의 비율이 10대 28.6%, 20대 21.8%, 30대 31.7%, 40대 25.5%, 50대 19.6%, 60대 이상 8.0%로 젊은 연령대가 대체적으로 50대 이상보다 높다는 점에서도 드러나고 있다.

그러나 '분단국가'라는 한(조선)반도의 구조만이 한(조선)반도 거주 코리언들의 국민정체성에 균열을 만들어내고 있는 것은 아니다. 자신이 살고 싶은 나라로 '제3국'을 선택한 탈북자는 1.8%에 불과하다. 반면 한국인은 이 보다 훨씬 높은 14.4%가 '제3국'을 선택하고 있다. 이것은 탈북자들이 북을 버리고 남쪽으로 넘어와서 새로운 생활을 시작한 사람들인 반면 한국 주민들은 남쪽에서 태어나서 살고 있는 사람들이라는 점에서 한국 국가의 통치에 대한 불만 또는 한국 사회에 대한 불만 또한 결코 낮지 않다는 점을 보여주고 있다. 게다가 이것은 제3국을 선택하는 사람들의 연령별 비율이 10대 27.0%, 20대 20.8%, 30대 12.5%, 40대 14.7%, 50대 8.9%, 60대 이상 1.3%로, 젊은 세대일수록 높다는 점에서 1990년대 중반 이후 본격화된 신자유주의 지구화와 한국 사회에서의 경쟁에 대한 피로 정도를 반영하고 있다.

그러므로 한국에 살고 있는 코리언들의 국민정체성에 균열을 유발하고 있는 것은 '분단'이라는 구조와 더불어 '경쟁사회'의 현실이라고 할 수 있다. 이것은 '앞으로 살고 싶은 나라'를 묻는 물음에 대해서 한국인이 '한국'을 가장 많이 선택하고 있음에도 불구하고 연령별로 보았을 때, 보다 분명하게 드러난다. '한국'을 선택하고 있는 한국인의 비율은 나이가 어릴수록, 예를 들어 60대 이상 90.7%, 50대 71.4%, 40대 59.8%, 30대 55.8%, 20대 57.4%, 10대 39.7%로 급격하게 떨어지고 있다. 이것은 앞에서 본 바와 같은 한국이라는 분단국가 그 자체에 대한 불만일 수도 있으며 최근 한국사회의 어두운 측면을 반영하고 있는 것일 수도 있다. 그리고 그것은 나이가 적을수록 급격히 높아지고 있다. 따라서 한반도 거주 코리언들도 재외 거주 코리언들과 마찬가지로 민족과 국가의 균열을 가지고 있으며 이 균열이 점점 더 가시적인 것이 되고 있다고 할 수 있다.

2) 정서적 정체성: 당위적 정서와 체험적 정서의 분열

분단국가인 한국과 조선은 한(조선)반도라는 지역 전체를 대표하지 못한다. 그럼에도 불구하고 일반적으로 한(조선)반도에 살고 있는 사람들은 국가와 민족을 등치시키면서 자신들이 거주하는 지역의 국가를 민족의 대표자로 간주하는 것을 너무나 당연하게 여기고 있다. 이것은 남과 북에 거주하는 사람들이 각각 '한국=민족, 조선=민족'이라는 공식을 가지고 있기 때문이다. 그들은 그들의 정치적 정체성을 생각하는 데, '민족'이 아니라 '국가'를 먼저 생각하며 국가를 통해 민족을 전유하기 때문에 국가의 균열을 사유하지 못한다.

그러나 이런 공식은 의식적인 차원에서만 작동하는 것은 아니다. 오히려 우리가 의식할 수 있는 영역에서 이루어지는 상징들은 상징자본의 독점체로서 국가에 의해 "오케스트라적 편성"[6]이 이루어진 상징체계들로, 분단국가의 균열을 봉합하는 효과를 가지고 있다. 따라서 한국-한국인들의 국민정체성과 민족정체성 사이의 균열과 봉합의 효과를 보기 위해서는 인지적 정체성을 벗어나 정서적, 신체적 정체성으로 나아가야 한다.

한(조선)반도 거주 코리언들의 정서적 정체성을 확인하기 위해서는 해외 거주 코리언에게 물었던 것과는 다른 각도에서 질문이 제기되어야 한다. 왜냐하면 한(조선)반도에서 태어나고 계속해서 살아온 그들이 서로를 한(조선)민족이라고 느끼는 것은 너무나 당연하기 때문이다. 따라서 그들에게 물어져야 하는 것은 그들이 함께 모여 살고 있는 사람들에 대한 '같음'의 정서가 아니라 오히려 오랫동안 떨어져 지내왔던 해외 거주 코리언들에 대한 '같음'의 정서와 그것의 작동 방식들에 대한 물음이다. 우선 이를 위해 한국에서 태어나고 자란 사람과 탈북자들에게 '해외 동포를 같은 민족이라고 느끼는가?'를 물었다.

〈표 17〉에서 보듯이 그 결과를 보면 한(조선)반도 거주 코리언들이 해외 동포를 같은 민족이라는 여기는 정서는 대단히 높다. 한국인의 경우, '항상 느낀다' 46.9%, '가끔 느낀다' 42.9%로, 해외 거주 코리언을 같

6) 피에르 부르디외(Pierre Bourdieu), 김웅권 옮김, 『파스칼적 명상』, 동문선, 2001, 252쪽.

〈표 17〉 해외동포를 같은 민족이라고 느끼는가?

	한국인	탈북자
항상 느낀다	46.9	44.0
가끔 느낀다	42.9	45.0
느끼지 못한다	9.4	8.3
무응답	0.8	2.8

은 동포로 느끼는 비율은 89.8%에 달했다. 또한, 탈북자의 경우에도 각각 44.0%+45.0로, 89%에 달했다. 따라서 이런 결과만 놓고 본다면 한(조선)반도 거주 코리언들은 해외 거주 코리언에 대한 매우 강한 민족적 유대감 또는 일체감을 가지고 있다고 할 수 있다. 그러나 이것은 그냥 막연한 '정서적 느낌'을 물어본 것으로, 그들이 현실에서 실질적으로 그렇게 느끼고 있는지는 알 수 없다. 따라서 자신의 경험상 해외 거주 코리언들을 우리 민족처럼 느끼는지를 확인해 볼 필요가 있다. 그런데 그 결과는 〈표 18〉에서 보듯이 매우 큰 격차를 보이고 있다.

한국인의 경우, '해외동포를 같은 민족이라고 느끼는가'에 대한 답변 비율과 비교해볼 때 커다란 차이점을 보이고 있다. 앞선 〈표 17〉에서 해외동포를 같은 민족이라고 느끼는 한국인은 89.8%에 달했으며 '느끼지 못한다'고 답한 비율은 9.4%에 불과했다. 하지만 〈표 18〉에서 보듯이 체험적으로 다른 나라에서 온 해외동포를 같은 민족으로 느끼는 사람은 69.5%에 불과했으며 나머지 29.5%는 같은 민족처럼 느끼지 못했다. 따라서 해외 거주 코리언을 같은 민족이라고 당위적으로 느끼는 '정서적 정체성'에서 체험적으로 느끼는 '정서적 정체성' 사이의 격차는 89.8%-69.5%로 무려 20.3%가 하락한 반면, 같지 않다고 느끼는 당위적 감각과 체험적 감각 사이의 폭은 29.5%-9.4%로 무려 20.1%나 올려갔다. 이것은

〈표 18〉(남과 북에 거주할 때) 다른 나라에서 온 해외동포가
우리 민족처럼 느껴지지 않았다

	한국인	탈북자
그렇다	29.5	51.4
아니다	69.5	48.6

한국인들이 가지고 있는 정서적 정체성에서의 '당위와 체험' 사이의 괴리를 보여준다.

그런데 한국보다 더 '민족'을 강조하는 '조선'에서도 이는 같은 현상은 마찬가지이며 심지어 한국인보다 더 강한 것처럼 보인다. 이 질문에서 우리가 묻고 있는 것은 북에서 살 때, 그들이 느끼는 체험적 차원에서의 정서적 측면이다. 따라서 이때의 탈북자가 답변하고 있는 것은 남쪽에 살면서 그들이 느끼는 체험적 느낌이 아니라 북쪽에서 살면서 느끼는 체험적 느낌으로, 조선에 살고 있는 사람(북쪽 사람)들의 체험적 정서라고 할 수 있다. 당위적 차원에서 같은 민족이라고 느끼는 북쪽 출신 사람들은 44.0%+45.0%로, 89%였다. 그러나 체험적 차원에서 같은 민족이라고 느끼는 사람은 48.6%에 불과했으며, 그 격차는 89%-48.6%로, 무려 30.4%나 적었다. 또한, 이와 반대로 같은 민족으로 느끼지 못하는 느낌은 당위적 차원 8.3%였지만 체험적 차원은 51.4%로, 그 격차가 51.4%-8.3%로 무려 43.1%나 올라갔다.

바로 이런 점에서 한(조선)반도 거주 코리언들이 해외 거주 코리언들을 같은 민족으로 여기는 '정서적 정체성'은 '당위적 차원'에 머무르고 있으며 '체험적 차원'에서의 '정서적 정체성'은 이에 비해 훨씬 낮다고 할 수 있다. 즉, 같은 민족이라는 느낌은 그냥 그렇게 믿고 있는 것이며 현실적으로는 그렇지 않은 경우가 많다는 것이다. 따라서 이것은 한(조선)반도 거주 코리언들이 보이는 해외 거주 코리언들에 대한 '이중적인 감

정 또는 시선'이라고 할 수 있다. 그렇다면 이런 결과가 나오는 것은 무엇 때문일까? 무엇보다도 먼저 〈표 18〉의 답변 비율이 한(조선)반도 거주 코리언들이 해외 거주 코리언들을 직접적인 접촉을 통해 마주했을 때 느끼는 결과에서 나온 것이라는 점에 주목할 필요가 있다.

사람들은 일반적으로 거의 무의식적으로 우리가 같은 민족이라는 점을 받아들이고 같은 민족이기 때문에 같은 사고와 가치관, 그리고 삶의 양식을 가지고 있을 것이라는, '동일화'의 욕망을 가지고 있다. 그러나 각기 다른 국가와 사회에서 살아온 사람들은 서로 같을 수 없다. 그들의 몸과 마음에는 그들 사회가 가지고 있는 독특한 가치관과 삶의 양식들이 체현되어 있기 때문이다. 게다가 "우리들의 행동들이 보다 자주 원리로 채택하는 것은 합리적 계산이 아니라 실제적인 감각이라는 점, 혹은 … 과거는 과거가 창출한 성향들 속에 여전히 존재하며 영향을 미치고 있다는 점"과 "사회적 행위자들은 사람들이 기대할 수 있는 것보다 더 흔하게, 믿기지 않을 만큼 더 체계적인 성향들(예를 들어 취향들에 대한 성향들)을 가지고 있다는 점"[7]이다.

따라서 사람들이 그들의 일상적 삶에서 민족적 동질성을 느끼는 대상은 그들과 함께 살고 있는 그 지역의 사람들이다. 즉, 그들은 우리가 같은 민족이라고 상상하거나 욕망하는 이상, 그가 살면서 체현하고 있는 삶의 양식이 그대로 재현되고 있는 자기 집단의 집단적 동일성을 투영하게 되며 이에 따라 코리언이라는 민족의 동일성을 상상하게 된다는 것이다. 그렇기에 그들이 상상하는 민족적 동일화에 대한 집단적 동일성이 크면 클수록 그들이 느끼는 '차이'들이 드러내는 이질감은 그만큼 더 증폭될 수밖에 없다. 따라서 이런 당위적 정서와 체험적 정서 간의 격차는 이런 차이들이 '동일화'의 욕망을 좌절시키면서 낳은 갈등과 충

7) 부르디외(Pierre Bourdieu), 김웅권 옮김, 『파스칼적 명상』, 동문선, 2001, 97쪽.

〈표 19〉 해외동포가 우리민족처럼 느껴지지 않는 이유

	한국인	탈북자
국적과 체제가 다른 데서 오는 이질감	14.7	**30.4**
경제적 수준 차이에서 오는 이질감	6.0	19.6
인생관과 가치관의 이질감	12.0	12.5
언어와 관습 등 문화적 이질감	**46.7**	21.4
생김새가 주는 이질감	7.3	7.1

돌의 결과라고 할 수 있다. 이것은 다음의 조사결과가 보여주는 바이기도 하다.

〈표 19〉에서 보듯이 한(조선)반도에 거주하는 코리언들이 해외 동포를 우리 민족처럼 느끼지 못하는 이유로 선택한 것은 '문화적 이질감'과 '국적과 체제의 이질감'이었다. 한국인과 탈북자들은 모두다 '문화적 이질감'과 '국적과 체제의 이질감'을 1, 2위로 선택한다는 점에서 동일했다. 그러나 한국인은 46.7%가 '언어와 관습 등 문화적 이질감'을 선택하여 이 요소를 '국적과 체제가 다른 데서 오는 이질감'(14.7%)보다 더 많이 선택한 반면 탈북자는 30.4%가 '국적과 체제가 다른데서 오는 이질감'을 가장 많이 선택했으며, 그 다음으로 '언어와 관습 등 문화적 이질감'(21.4%)을 선택하고 있다. 따라서 남쪽과 북쪽이 해외 거주 코리언들과의 체험적 이질감을 발생시키는 가장 중요한 요소는 남쪽의 경우 '문화적 이질감'이라고 한다면 북쪽의 경우, '정치 체제적 이질감'이라고 할 수 있다.

그렇다면 왜 이런 결과가 나오는 것일까? 일반적으로 동일화의 욕망은 자신이 소속되어 있는 집단의 정체성을 투영함으로써 타자를 자기 안으로 가지고 들어오는 경향이 있다. 그런데 이런 집단의 정체성을 만들어가는 데 가장 중요한 역할을 하는 것은 국가이다. 국가는 특정한 민

족성을 근거로 하여 그들의 '국민'을 생산한다. 여기서 민족은 국민으로 재탄생한다. 따라서 그 집단 내부의 동질성을 만들어내는 상징자본의 독점체로서 국가가 만들어내는 국민정체성에 따라 타자에 대한 동일화의 환상이 달라지며 그에 따라 이들과의 접촉에서 느끼는 이질감은 달라질 수밖에 없다. 이런 측면에서 보면 한국인들의 '문화적 이질감'은 그들의 국민정체성이 주로 '문화적 측면'에 집중되어 있다면 북쪽의 '국적과 체제의 이질감'은 그들의 국민정체성이 주로 '정치적'인 측면에 집중된 것의 결과라고 볼 수 있다.

일반적으로 사람들은 분단을 단순히 정치-경제적인 체제의 이질성으로만 파악하는 경향이 있다. 그러나 한(조선)반도의 국가는 60여 년 동안 나뉘어져 살아온 '분단국가'로서 '민족'이라는 호명 안에서 서로 다른 사회화된 신체들을 생산할 수밖에 없다. 따라서 분단국가는 각기 다른 정치-경제적 체제를 가진 국가를 중심으로 하여 국민을 생산하기 위해서는 지속적으로 정통성 경쟁을 벌이면서 자신을 민족의 대표자라는 상징체계를 세울 수밖에 없었다. 남쪽에서는 안호상, 양우정 등의 대한문화협회가 '민족정신의 순수한 세례'를 통한 '국민정신의 정화'를 주창하면서 민족의 순수성과 단일성이라는 상징체계를 만들어 온 반면 북쪽에서는 일제하 항일무장투쟁의 경험에 기초하여 김일성의 유일사상체계를 만들어냈다.

그러므로 남과 북은 모두 '민족'을 내세우면서도 그것을 '국가'를 통해서 대표하는 상징체계로 바꾸어 왔으며 이를 통해서 민족의 대표성을 주창했다. 바로 이런 점에서 해외 거주 코리언들에 대한 한국인이 느끼는 '문화적 이질감'과 탈북자들이 느끼는 '정치적 이질감'은 각각 그들이 분단 이후 분단국가에 의해 역사적으로 만들어져 온 '분단의 사회적 신체'를 반영하고 있다고 할 수 있다. 즉, 남쪽의 문화적 이질감은 민족의 문화적 순수성과 단일성이라는 내면화된 '문화적 정체성'이 무의식적으로 표현된 결과이며, 북쪽의 정치적 이질감은 반외세-주체-김일성 민족이라는 '정치적 정체성'이 무의식적으로 표현된 결과이다.

3) 신체적 정체성: 문화적 변용과 자문화중심주의

체험은 각 신체들의 몸이 가지고 있는 '아비투스(성향, 믿음체계)'들을 통해서 이루어진다. 거기에는 의식적인 자각이 있는 것이 아니라 무의식적인 자동 반사가 있을 뿐이다. 따라서 분단의 사회적 신체는 자기 안에 아로새겨져 있는 분단의 상징체계들을 인지하지 못하며 그렇게 되었을 때, '민족=국가'는 '국가=민족'으로 전치되는 것은 필연적이다. 즉, 해외 거주 코리언들에 대한 남과 북쪽 사람들이 느끼는 민족의 정서적 정체성은 '민족'이 아니라 그들의 국가가 만들어온 상상적 공동체로서의 '민족'을 통해서 인식될 수밖에 없기 때문에 당위적 차원에서의 높은 정서적 정체성과 달리 체험적 차원에서는 대폭 하락할 수밖에 없는 것이다.

게다가 이런 체험적 차원은 우리의 몸과 몸이 마주치는 지점에서 만들어진다. 그런데 이런 몸은 그냥 생물학적 차원에서 존재하는 몸이 아니다. 그것은 사회적으로 생산되는 몸이다. 신체는 "물질적·문화적 조건들에 의해 만들어진 존재"[8]이다. 따라서 그가 살아온 사회적 환경이 다르면 그들이 가지고 있는 몸도 다를 수밖에 없다. 그런데 우리가 '하나'라는 믿음, 또는 '한 민족'이라는 상상적 동일화의 욕망을 가지고 타자를 보면 그 때 우리의 몸은 타자의 몸에서 나와 같은 방식들의 행동 패턴을 기대하게 된다. 뜨겁게 사랑했던 사람들이 같이 살게 되면서 서

---

8) 피에르 부르디외(Pierre Bourdieu), 김웅권 옮김, 『파스칼적 명상』, 동문선, 2001, 191쪽.

로 싸우게 되는 것은 바로 이와 같은 '하나 됨'의 욕망과 기대가 몸과 몸의 부딪힘 속에서 무너지기 때문이다. 마찬가지로 같은 민족이라는 '상상' 또한 서로 다른 환경 속에서 형성되는 몸의 부딪힘 속에서 무너질 수밖에 없다.

그런데도 낭만적 민족주의는 분단 이전에 공유했던 문화와 가치, 심지어 전설과 신화 속에서 민족의 원형을 발견하고 그를 통해서 민족의 동질성을 회복하고자 한다. 또한, 그들은 '민족문화의 원형'을 설정하고 그런 원형의 보존 상태를 따라 그들의 신체적 정체성이 가지고 있는 민족정체성의 정도를 평가하고자 한다. 그러나 이런 민족문화의 원형이란 무엇인가? 그것은 바로 그들이 생각하는 '원형'일 뿐이다. 남과 북은 공통적으로 "공동체에 높은 가치를 부여"했으며 "전통적 가치관"을 부분적으로 수용했으며 자신들의 문화가 진정한 민족문화라고 주장해 왔다.[9] 따라서 이들 낭만적 민족주의는 당위적 정서와 체험적 정서 사이의 균열처럼 분단국가주의의 틀을 벗어날 수 없다.

서중석은 이를 '배반당한 민족주의'라고 개념화했다.[10] 임지현은 "권력이 전유한 민족주의는 민족을 구성하는 대다수 민중의 일상생활에서 나오는 구체적이고 절박한 요구들을 민족의 이름으로 거부"[11]한다고 말한다. 물론 이 때 분단국가가 활용하는 문화 또한 전통적인 삶의 양식과 무관한 것은 아니다. 오히려 그것은 적극적으로 '전통'의 이름으로 이를 복권시킨다. "유신체제나 유일체제는 모두 전통적인 봉건제적 군·민 관계나 공동체의식을 부분적으로 체제유지에 활용해왔다."[12] 여기서 "민

---

9) 이종석, 『분단시대의 통일학』, 한울아카데미, 1998, 190-191쪽.

10) "극단적인 정통론과 냉전이데올로기, 국시 등은 군국주의자나 파시스트들의 국가주의 곧 민족지상주의와는 성격을 달리하는 분단국가주의를 횡행케 했다"(서중석, 『배반당한 민족주의』, 성균관대학교출판부, 2004, 28쪽).

11) 임지현, 『이념의 속살』, 삼인, 2001, 330쪽.

〈표 20〉 한복, 김치, 전통명절, 관혼상제에 대해 어떻게 생각하고 있는가?

	답변	한국인	탈북자
① 한복을 입는다면 언제 입는지 모두 표기해주세요	특별한 행사	40.7	45.0
	명절 때	40.1	36.7
	가족모임	30.5	17.4
	안 입는다	3.4	5.5
	일상적으로	2.6	0.9
② 밥상에 꼭 김치가 있어야 한다고 생각하는가?	매우 그렇다	29.5	55.0
	그렇다	41.9	33.9
	아니다	13.8	4.6
	상관없음	14.2	6.4
③ 우리 가족이 쇠는 전통명절을 모두 표기해주세요 (복수응답)	설날	97.4	86.2
	추석	94.2	78.0
	정월대보름	34.1	32.1
	한식(청명)	7.2	32.1
	단오	5.6	26.6
④ 관혼상제를 전통풍속에 따라 해야 한다고 생각하십니까?	반드시 그렇게 해야 한다	5.6	22.0
	가급적 그렇게 해야 한다	40.3	37.6
	그럴 필요가 없다	53.3	39.4

족전통이 곧 혁명전통과 등치되고 전통과 근대가 결합되는 양상"[13]을 가지며, "새마을운동이 천리마운동과 마찬가지로 주민들의 근로의욕을 부추겨 생산성을 향상시키려는 시도"[14]로 나타난다. 따라서 한(조선)반도에 거주하는 코리언들의 신체적 정체성이 민족을 대표하는 정체성이라고 할 수 없다. 이것은 〈표 20〉에서도 드러나고 있다.

〈표 20〉은 해외 거주 코리언들에게 던진 민족의 생활문화적 요소들과

---

12) 이종석, 『분단시대의 통일학』, 한울아카데미, 1998, 200쪽.
13) 임지현, 『이념의 속살』, 삼인, 2001, 132쪽.
14) 임지현, 『이념의 속살』, 삼인, 2001, 133쪽.

관련된 동일한 질문에 대한 한국인과 탈북자의 답변 비율이다. 우선 염두에 두어야 할 것은 신체적 정체성의 근본적인 의미가 무의식적으로 신체에 각인되어 있는 정체성의 새로운 측면이라는 점이다. 이럴 경우 신체적 정체성은 인지적 · 정서적 정체성보다 거주국의 상징체계나 조건으로부터 자유로울 수 있으며, 따라서 한(조선)반도라는 동일한 공간에 살았던 탈북자의 응답에서 조선인(북한주민)의 신체적 정체성을 유추할 수 있다. 결과적으로 〈표 20〉으로부터 몇 가지 독특한 결과를 확인할 수 있다.

먼저 한(조선)반도 거주 코리언들만을 놓고 비교할 때 생활문화적 요소들과 관련하여 한국인에 비해 탈북자(북한주민)의 답변 비율이 전체적으로 더 높게 나타나고 있음을 알 수 있다. 한복에 대한 답변 비율만을 제외하곤, 김치 · 전통명절 · 관혼상제에 대해서는 탈북자(북한주민)의 경우 더 강하게 유지되고 있음을 알 수 있다. 이것은 민족의 생활문화적 요소들과 관련된 신체적 정체성의 강도가 조선인(북한주민)의 경우 더 높게 나타나고 있음을 의미한다. 한편으로 이러한 결과는 민족의 생활문화적 요소가 상대적으로 강하게 유지될 수 있었던 동일한 공간임에도 불구하고 조선인(북한주민)에 비해 한국인의 경우 그 생활문화적 요소들의 변화가 더 극심했음을 보여준다고 할 수 있다.

일상적 삶을 통해 신체에 체화된 생활문화적 요소들과 관련해 한(조선)반도 거주 코리언의 신체적 정체성의 변화는 해외 거주 코리언들과 비교를 통해서 더 확실하게 나타나고 있다. 요컨대 위의 지표와 관련해 한(조선)반도 거주 코리언들의 답변 비율을 해외 거주 코리언들의 답변 비율과 비교할 때 그 수치가 오히려 더 낮아지고 있다. 예를 들어 김치가 있어야 한다고 답한 한국인과 탈북자의 비율은 각각 71.4%와 88.9%로 나타나고 있는데, 재중 조선족 80.2%, 재러 고려인 87.1%의 답변 비

〈표 21〉 한복을 입는 이유와 김치가 있어야하는 이유

한복을 입는 이유			김치가 있어야 하는 이유		
	한국인	탈북자		한국인	탈북자
한민족임을 느낄 수 있어서	16.4	**26.7**	입맛에 맞으니까	50.3	70.1
한민족임을 자랑하고 싶어서	3.4	23.3	우리 민족의 전통음식이니까	15.8	10.3
아름다운 옷이므로	22.6	25.0	몸에 좋은 음식이기에	12.5	12.4
차별에 대한 저항의 상징임으로	0.8	3.3	맛있어서	19.2	7.2
특별한 행사에 누구나 입어야 하기 때문에	**35.7**	20.0			

율에 비해 한국인이 상대적으로 더 낮게 나타나고 있으며 탈북자는 비슷한 비율을 나타내기 때문이다.

나아가 관혼상제에 대한 답변 비율을 살펴보면 한국인 45.9%, 탈북자 59.6%로, 재중 조선족의 83.1%, 재러 고려인의 89.3% 그리고 재일 조선인의 64.3%와 비교했을 때 이보다 훨씬 낮았다. 이렇게 볼 때 한복·김치·관혼상제와 같은 생활문화적 요소들과 관련해 해외 거주 코리언들에 비해 한(조선)반도 거주 코리언들의 변화속도가 상대적으로 더 크게 나타나고 있음을 알 수 있다. 그런데도 많은 한(조선)반도 거주 코리언들은 각기 자신들의 문화가 한(조선)민족의 문화인 것처럼 재중 조선족의 문화를 중국화된 문화(속칭 '짱께')로, 재러 고려인들의 문화를 러시아화된 문화(속칭 '로스케')로 간주하는 태도를 가지고 있다. 하지만 이런 변용의 측면에서만 본다면 오히려 한(조선)반도 거주 코리언들의 문화가 더 변화되었다고 할 수 있다.

〈표 21〉에서 알 수 있듯이, 한복을 더 많이 입고 김치를 더 많이 먹는 한(조선)반도 거주 코리언인 탈북자(북한주민) 중 한복을 입는 이유로 가장 많이 든 것은 '한민족임을 느낄 수 있어서'(26.7%)와 '아름다운 옷이므

〈표 22〉 민족적 생활문화의 체현 정도 및 선택 요인

선택치	한복			김치		
	체현 정도	자의식적 선택	개인적 선택	체현 정도	자의식적 선택	개인적 선택
한국인	35.7	20.6	22.6	69.5	15.8	12.5
탈북자	20.0	33.4	25.0	77.3	10.3	12.4
재중 조선족	18.4	68.9	12.7	53.0	37.4	9.7
재러 고려인	54.3	27.4	8.0	64.2	21.9	3.9
재일 조선인	24.5	38.0	19.2	66.4	10.3	2.6

로'(25.0%), '한민족임을 자랑하고 싶어서'(23.3%), '특별한 행사에 누구나 입어야 하기 때문에'(20.0%) 순으로 다양했으며 김치가 있어야 하는 이유로 든 것은 '입맛에 맞으니까'(70.1%)가 압도적이었다. 반면 한국인은 한복을 입어야 하는 이유로 '특별한 행사에 누구나 입어야 하기 때문에'(35.7%)와 '아름다운 옷이므로'(22.6%)를 가장 많이 선택했으며 김치가 있어야 하는 이유는 탈북자와 마찬가지로 '입맛에 맞으니까'(50.3%)를 가장 많이 선택했다. 따라서 체현 정도와 자의식적 선택, 개인적 선택을 각각 구분하여 해외 거주 코리언들과 비교해 본다면 다음의 표와 같다.

〈표 22〉에서 보듯이 한복과 김치 선택 요인은 각 집단마다 다르다. 한복의 경우, 체현 정도가 가장 높은 집단은 재러 고려인이며 자의식적 선택이 가장 높은 집단은 재중 조선족이며 개인적 선택이 가장 높은 집단은 탈북자와 한국인이라고 할 수 있다. 김치의 경우, 5개 집단 모두에서 체현 정도가 높으며 특별하게 자의식적 선택이 높은 집단은 재중 조선족이라고 할 수 있다. 또한 개인적 선택은 전반적으로 한(조선)반도 거주 코리언들이 해외 거주 코리언들보다 높다고 할 수 있다. 따라서 가장 먼저 드러나는 특징은 한복은 선택 요인이 다양하게 분산되는 반면, 김치의 선택 요인은 주로 체현 정도로 나타나고 있다는 점이다. 이것은

김치가 일상적인 먹을거리인 반면 한복은 주로 특별한 행사 때만 입는 예복의 형태로 존재하기 때문인 것으로 보인다.

그러나 한복이든 김치든 간에 한(조선)반도 거주 코리언들과 해외 거주 코리언들을 비교해 보면 가장 먼저 드러나는 특징은 개인적 선택이 해외 거주 코리언들에 비해 한국인과 탈북자에게 전반적으로 높게 나타난다는 점이며 특히, 한복의 경우, 자의식적 선택은 한국인에 비해 여타의 다른 집단에서 높게 나타난다는 점이다. 이것은 한(조선)반도 거주 코리언들이 한복·김치·관혼상제와 같은 생활문화적 요소들을 굳이 민족적 차원에서 의식할 필요가 없는 한(조선)반도의 생활공간에서 살고 있는 데 반해, 해외 거주 코리언들에게는 자신의 전통적 생활문화를 끊임없이 의식할 수밖에 없는 해외 거주국의 생활공간에 살고 있음에 기인한다고 할 수 있다.

하지만 그럼에도 불구하고 한(조선)반도 거주 코리언들, 특히 한국인의 신체적 정체성은 해외 거주 코리언들에 비해 변화속도가 더 빠르다는 것은 분명하다. 여기에는 여러 가지 이유가 있을 수 있을 수 있지만 가장 큰 요인은 근대화 및 산업화, 도시화가 가장 큰 요인이라고 할 수 있다. 재일 조선인이 다른 해외 거주 코리언들에 비해 전통 문화적 생활 풍속들을 많이 가지고 있지 않은 이유도 이 때문일 것으로 보인다. 그럼에도 불구하고 재일 조선인조차 '한복'에 대한 자의식적 선택 수치가 높은 것처럼 해외 거주 코리언들은 거주국의 환경에 적응하면서 민족적 생활문화의 요소들을 선택적으로 유지하고 전승시켜왔다고 할 수 있다. 바로 이런 점에서 한(조선)반도의 문화를 중심으로 민족정체성을 판단하는 것은 본국에 살고 있는 '위치 선점'이 낳은 상상적 효과일 뿐이다.

그렇다고 이와 반대로 해외 거주 코리언들이 한(조선)반도 거주 코리언들보다 신체적 정체성이 높다고 말하는 것도 적절하지 않다. 문제는

문화 그 자체가 어떤 민족의 정체성을 본질적으로 규정하는 잣대가 될
수 없다는 점에 있다. 왜냐하면 한국인들의 문화 변동이 근대화-산업화-
도시화라는 사회변동과 국제화에 따른 다양한 문화접변의 산물인 것처
럼 그들의 문화도 그들이 맺는 다양한 교류와 관계 속에서 문화변동을
겪을 수밖에 없기 때문이다. 게다가 이런 문화변동은 '이질화'가 아니다.
우리가 지금 민족문화라고 주장하는 것들도, 예를 들어 김치에 들어가
는 고춧가루가 없던 시절, 김치는 백김치였던 것처럼 역사적으로 다양
한 문화접변 속에서 형성되어 온 것이기 때문이다.

3. 한국인의 국민개념 및 민족개념의 변화

코리언 디아스포라는 거주국의 국민정체성과 한(조선)민족의 정체성
을 동시에 가지고 있다. 하지만 민족 전통문화의 변용 정도나 남과 북
그리고 한(조선)반도의 귀속감 여부, 그리고 민족정체성과 국민정체성
의 공존과 갈등 정도 등, 이중정체성이 드러나는 양상은 거주 지역에 따
라 차이가 있었다. 따라서 코리언의 이러한 이중정체성은 한(조선)민족
정체성의 '변질' 혹은 그 정반대인 '해체'의 징표라고 할 수 없다. 오히려
그것은 그들과 다르지만 민족≠국가라는 어긋남을 가지고 한(조선)반도
거주 코리언들의 역사적 책무인 통일한(조선)반도의 새로운 민족정체성
정립을 위한 반성과 성찰의 계기이자 이후 통일한(조선)반도의 새로운
민족적 자산이 될 수도 있다.

그러나 그렇게 되기 위해서는 해외 거주 코리언들만이 아니라 한(조
선)반도에 거주하는 코리언들이 서로 다른 지역에서 변용시킨 다양한
문화를 적극적으로 승인하면서 상호소통을 통해 공통성을 확장해가는

노력이 동반되어야 한다. 바로 이런 점에서 보다 중요한 것은 해외 거주 코리언들의 이중정체성이 아니라 이들이 가지고 있는 이중정체성에 대한 한(조선)반도 거주 코리언들 자신의 인식과 태도이다. 그런데 이 측면에서 보면 하나의 민족이라는 과거의 인식에 비해 한국인들의 민족정체성과 국민정체성의 관계에 대한 인식은 매우 전향적으로 변화하고 있는 것으로 보인다. 왜냐하면 한국인의 정체성 조사에서 드러난 바와 같이 오늘날 한국인은 민족과 국민을 분리해서 인식하고 있기 때문이다.

　과거 냉전기 한국인의 국민정체성은 민족정체성과 구분되지 않고 일체적으로 인식되는 경향이 있었다. 그것은 민족 구성원과 다른 측면에서의 국가 구성원이라는 정체성이 명확치 않을 뿐만 아니라 같은 핏줄, 언어, 역사를 공유하는 귀속적, 종족적 요인을 민족 구성원의 핵심 요인으로 보았기 때문이다. 게다가 냉전시기에 대한민국은 국민을 정치적인 의미에서 시민보다는 혈연적 운명공동체의 구성원으로 상징화해왔다. 따라서 국민과 민족 개념은 미분화된 채, 동일시되었으며 시민적 권리와 의무를 가진 개인들의 자유로운 공동체라는 정치적 의미는 배제되었다. 이것은 물론 남/북의 국가가 서로를 반민족 집단으로 매도하면서 그들의 정치적 정당성을 '민족 정통성'에서 찾았기 때문이다.

　그러나 탈냉전 이후, 양 진영 간의 관계가 풀리고 이와 더불어 남북관계가 개선되면서 '한 민족 두 국가'라는 남북관계의 이중성이 국가적 차원에서 인정되어가는 한편, 세계화의 진전과 함께 코리언 디아스포라와의 접촉 증대로 인해 오랫동안 민족과 국민을 동일시하던 통념에 커다란 변화가 초래되었다. 게다가 이런 변화는 1987년 6·10 민주항쟁 이후 진행된 한국의 민주화와 깊은 관련을 맺고 있다. 민주화는 그간 분단체제 하에서 분단국가의 국민으로 호명되면서 국가의 신민으로 집단화되었던 개개인들이 정치적 주체로 시민의식을 가지게 되었음을 의미하기 때문이다. 따라서 최근 한국에서는 민족과 국민 개념이 구분되면서 국민정체성에서 귀속적 요인이 감소되고 시민적 요인이 증대되고 있다.

이것은 "한국인들의 국민정체성은 종족-혈통적인 모델이 아니라 시민-영토적 모델에 훨씬 더 가깝고, 국적, 한국어 취득 등 후천적인 요인을 더 중시"15)하거나, "한국인의 자격요건으로 혈통과 문화보다는 정치적 소속감과 의무를 더욱 중요시 여"16)긴다는 최근의 설문조사에서도 확인된다. 그리고 이렇게 되었을 때, 한국인의 국민개념과 민족개념의 분리 경향은 코리언 디아스포라의 이중정체성을 이해하는 소통의 지점을 제공한다. 예를 들어 한국인이 국민정체성과 민족정체성을 분리해서 볼 수 있다면 중국 조선족이나 재러 고려인이 중국 공민이나 러시아 국민으로서의 귀속의식과 자부심을 지녔다고 해서 이를 한(조선)민족정체성을 훼손하는 사태로 여기지 않을 수 있기 때문이다.

게다가 이것은 과거 분단국가의 차원에서 민족을 보고 남/북 간의 적대성을 생산하는 구조에서 벗어나 국민정체성이 다름에도 불구하고 한(조선)민족의 정체성을 만들어온 역사를 민족의 차원에서 봄으로써 상호 유대의 끈을 복원시킬 수도 있다. 사실, 코리언의 국민정체성과 민족정체성의 불일치는 일제 식민지 지배와 분단이라는 20세기 한(조선)반도의 역사적 수난에서 비롯되었다. 따라서 코리언 디아스포라의 이중정체성은 오늘날의 노동이주와 같은 자발적 이주가 만들어낸 것이 아니라 20세기 한(조선)민족 전체가 겪을 수밖에 없었던 일제 식민지 지배의 역사적인 산물이라는 인식으로 나아갈 필요가 있으며 그때에야 비로소 코리언의 민족적 유대의 끈은 실질적으로 작동할 수 있다.

---

15) 황정미, 「다문화 담론의 확산과 '국민'의 경계에 대한 인식변화 : 의식조사 결과 분석을 중심으로」, 『재외한인연구』 제24호, 2011, 20쪽.

16) 윤인진 외, 「한국인의 국민정체성에 대한 인식과 다문화수용성」, 『통일문제연구』통권 제55호, 2011, 145쪽.

둘째, 1990년대 이후 한국인은 국가주도의 국민정체성이 아니라 밑으로부터 자발적인 국민정체성을 형성하고 있으며 이는 한(조선)민족 정체성과 국민정체성의 공존 가능성을 높이고 있다. 대한민국 국민정체성의 강화는 1990년대 이후 대한민국에 대한 소속감과 긍지가 높아진 데서 유래한다. 1987년 이후 민주화와 경제성장을 두 축으로 한 한국사회의 발전은 구성원의 삶과 의식에 결정적인 영향을 미쳤다. 일상적 민주주의의 경험과 한국자본주의의 물질적 성취를 실감하였고, 이런 독특한 일상적 실감에 기초하여 반공민족주의와도 그 성격을 달리하는 독자적인 정서와 지향들이 나타나게 되었다.[17]

1990년대 이후 한국사회의 민주화와 경제발전에 힘입어, 한국인의 국민개념은 국가에 의해 훈육된 혈연적 요인과 반공적 국민의식이 주도하던 냉전기와 달리, 밑으로부터 자발적으로 형성된 대한민국 소속감과 긍지를 지닌 시민적이고 정치적 차원의 의미로 변화되었다. 그렇다면 정치적 공동체로서의 대한민국에 대한 소속감 강화가 한국인의 한(조선)민족 정체성 약화를 가져오는가? 민족정체성과 국가정체성을 대립관계, 부(-)의 관계로 파악하는 이들은 북에 대한 적대성이 대한민국의 국민 정체성을 확립하는 데 크게 기여했다며 '국민'과 '민족' 가운데 양자택일을 강조한다.

그러나 밑으로부터 민주적으로 형성된 국민정체성은 국가 주도의 반공적 국민정체성과 다르다. 자발적으로 형성된 국민정체성은 국가 주도로 훈육된 반공적 국민의식과 달리, 시민의 권리를 확대해 온 민주화 과정의 산물이다. 따라서 민주화된 대한민국의 국민정체성이 강화되는 것은 시민의 자율적 권리가 성장했음을 의미하며, 이는 종족적 배타성을

---

17) 박명규, 「분단체제, 세계화 그리고 평화민족주의」, 『시민과 세계』 제8호, 2006, 423쪽.

오히려 약화시키며, 한(조선)민족의 정체성을 새롭게 바라볼 수 있는 기회를 제공한다. 요컨대, 한(조선)민족정체성은 국가주도의 반공적 국민정체성과는 대립관계에 있을지라도, 민주적 시민성의 증대에 기초한 자발적인 국민정체성과 오히려 공존 가능하다.

또한, 민족정체성과 국민정체성을 대립관계로 보는 이들은 1990년대 이후 대한민국 국민정체성의 강화와 더불어, 코리언 디아스포라를 같은 민족으로 간주하는 민족정체성이 동시에 강화되어 왔음을 간과하고 있다. 한국인의 정체성 조사에 따르면, 한국인들의 국민정체성이 강화되었음에도 불구하고 탈북자와 코리언 디아스포라를 한(조선)민족으로 인식하고 있는 비율이 각각 87.4%와 89.7%나 되었다. 이는 탈냉전 후, 한국인의 민족개념이 남북뿐만 아니라 해외에 거주하는 코리언 디아스포라를 외연적으로 포괄하고 있음을 보여주고 있다. 즉, 민족개념의 외연이 냉전기의 남한 혹은 한반도에 국한된 시야를 벗어나 전세계에 흩어져 살고 있는 '해외동포' 전체를 망라하게 된 것이다.

코리언 디아스포라를 망라하는 한(조선)민족 개념의 외연 확대는 문화적 배경이 다른 집단에 대한 다문화적 관용성을 강화한다. 이는 한(조선)민족 소속감이 강한 사람이 국민의 범위를 의외로 넓게 인식하는 데서도 잘 드러난다. 최근 한 조사에 따르면 한(조선)민족 귀속의식은 민족적 문화적 배경이 다른 이주민을 배타시하는 태도를 강화할 것이라는 일반적 예상과는 달리, 한(조선)민족 소속감이 강한 사람들은 국민적 소속감이 강한 사람보다 오히려 이주민을 국민의 범위 안으로 더 많이 포용하는 인식을 보였다.18) 따라서 한국인들의 민주적인 대한민국 정체성 강화는 한(조선)민족정체성의 약화라기보다, 국민과 민족을 구분하고, 두 정체성을 대립이 아닌 공존과 조화의 관계로 만드는 데 기여한다. 탈

---

18) 황정미, 앞의 논문, 32-33쪽.

냉전 후 한국인의 국민정체성과 민족정체성의 변화는 앞서 살펴보았듯이, 민족정체성과 국민정체성의 관계가 서로를 상승시켜주는 정(+)의 관계라는 점을 재확인시켜주고 있다.

셋째, 최근 한국인의 민족 정체성 변화는 기존과 같은 순혈주의적인 성격을 벗어나 보다 새로운 형태인 개방적인 성격으로 이동하는 양상을 보이고 있다. 세계적 탈냉전 이후 20여 년이 흐른 지금, 한국인의 민족 개념에는 국적과 체제의 측면보다 언어와 문화적 측면이 더 크게 작용하고 있으며, 또한 언어, 생활풍습 등 생활 문화적 특성뿐만 아니라 정서적 공감대, 혈연 등 그 지표가 매우 다양해졌다. 민족정체성을 이해하는 관점이 개방적이고 다양해지고 있다는 것은 '민족적 정체성은 어디에서 가장 잘 드러난다고 생각하는가?'라는 질문에 대해 '혈연'을 꼽은 사람은 7.4%에 불과한 점에서 잘 드러난다. 반면 사람들은 이외의 다른 요소들, '문화'(34.9%), '역사'(23.8%), '생활풍속'(14.4), '언어-문자'(17.8%) 등을 더 많이 선택하고 있다.

특히, '민족적 정체성을 지켜가는 데 가장 시급한 일은 무엇입니까'라는 당위론적 물음에 대해 혈통의 순수성을 지적한 비율이 가장 낮았음(4.6%)에 주목할 필요가 있다. 이는 한국인들이 과거와 같은 혈통적으로 순수한 '단일민족'이라는 신화를 벗어나고 있으며 앞으로의 민족정체성 형성에서 더 이상 '피의 순수성'에 집착해서는 안 된다는 국민적 공감대가 형성되어가고 있는 것으로 이해될 수 있기 때문이다. 따라서 오늘날 한국인 민족정체성의 변화에서 나타난 이러한 개방적이고 다양한 성격은 코리언 디아스포라와 소통하면서 새로운 민족적 연대를 창출할 수 있는 가능성을 보여주고 있다.

민족정체성을 과거와 같이 혈연과 언어라는 단일한 기준에 의해 이해하는 것은 정치경제적, 사회문화적 조건이 다르고, 이주의 배경과 역사적 경험이 서로 다른 코리언 디아스포라와의 소통을 가로 막는다. 코리언 디아스포라는 거주국 사회에 적응하면서 언어, 혈연, 생활문화, 가치관 등의 측면에서 혼합문화적 특성을 보여주고 있기 때문이다. 한국인의 민족정체성 이해에서 나타난 혈연적 동질성에 대한 믿음의 약화와 민족정체성 지표의 다양화는 코리언 디아스포라의 문화변용을 변질이 아니라 차이로 인식하고, 상호 소통을 통해 '민족공통성(national commonality)'을 형성하는 데 유리한 조건이 될 수 있다.

제4장 한국·한국인의 아비투스와 분단체제

1. 한국·한국인이 생산하는 불통의 아비투스

1) 차별·소외·무관심과 한국인의 태도

탈냉전은 기존 남북관계를 변화시켰으며, 세계화는 한국사회를 인종적, 문화적 다양성이 증대된 사회로 탈바꿈시켰다. 이에 따라 한국인의 민족개념과 국민개념은 민족과 국민을 동일시한 냉전시대 국가의 상징체계에서 벗어나 커다란 변화를 겪었다. 민족개념의 외연은 한반도를 벗어나 해외에 거주하는 코리언 디아스포라를 포괄할 정도로 확장되었으며, 내포적으로도 혈연적, 체제적 요인이 우세하던 그간의 민족이해로부터 정서와 생활문화 등 그 지표가 다양해졌다. 이처럼 한국인의 변화된 국민정체성과 민족정체성은 앞서 보았듯이 코리언 디아스포라와의 소통가능성을 높여주고 있다.

그럼에도 불구하고 한국사회에 살면서 일상적 반복을 통해 체화된 '아비투스'는 코리언 디아스포라에 대한 우리의 의식적인 믿음과 상관없이 실제로 그들과 접했을 때, 자신과의 직접적인 실천적 관계 속으로

〈표 23〉 나는 남과 북으로부터 차별, 소외, 무관심을 경험한 적이 있다

남에 대해	재중 조선족	재러 고려인	재일 조선인	재미 한인	탈북자	북에 대해	재중 조선족	재러 고려인	재일 조선인
있다	51.9	27.0	38.9	25.7	59.6	있다	12.5	6.1	4.8
없다	48.1	66.9	60.2	50.8	39.4	없다	87.5	73.9	92.4

들어갈 때 부지불식간에 편견과 무시, 차별을 낳고 있다. 아비투스는 단순한 이데올로기가 아니라 우리의 신체에 체화되어 아로새겨져 있는 구조화된 성향과 믿음들의 체계이다. 따라서 한국인의 몸과 마음에는 한국에 태어나고 살면서 신체에 체화되어 있는 아비투스들이 존재하며 이런 한국인의 아비투스들은 의식적 생각이나 당위적 믿음과 모순되게 자신도 모르는 사이에 해외에 거주하고 있는 코리언의 '타자성'을 자신의 내재화된 믿음과 성향 속에서 바라봄으로써 불통의 지점을 만들어 낸다.

〈표 23〉에서 보듯이 '남(한국)'으로부터 느꼈던 차별, 소외, 무관심은 재미 한인(25.70%), 재러 고려인(27.0%), 재일 조선인(38.9%), 재중 조선족(51.9%), 탈북자(59.6%) 순으로 높아지고 있으며, '북'으로부터는 느꼈던 차별, 소외, 무관심은 재일 조선인(4.8%), 재러 고려인(6.1%), 재중 조선족(12.5%) 순으로 높아지고 있다. 여기서 드러나는 첫 번째 특징은 남과 북의 확연한 차이로, 남쪽이 북쪽에 비해 월등히 높다는 점이다. 그러나 이것은 남쪽이 북쪽보다 유독 더 많이 해외 거주 코리언들을 차별하거나 소외시키거나 무관심하다는 것을 의미하지 않는다.

접촉이 없다면 차별, 소외, 무관심도 발생하지 않는다. 따라서 이 데이터를 읽는 데에 일차적으로 고려되어야 할 것은 접촉빈도이다. 남쪽의 경우만 보더라도 최근 한국사회 내부에서 사회적 문제가 되고 있을 정도로 국내에 들어와 있는 재중 조선족과 탈북자의 경우, '차별, 소외,

〈표 24〉 남쪽으로부터 차별, 소외, 무관심을 경험한 적이 있는 경우
그 내용은 무엇인가?

	재중 조선족	재러 고려인	재일 조선인	탈북자
무관심	10.4	5.7	9.8	9.2
같은 민족으로 취급하지 않는 태도	31.8	30.7	**37.4**	24.6
우월감을 가지고 무시하는 태도	**34.4**	**31.8**	1.6	**35.4**
편견과 선입견을 가진 태도	22.1	18.2	30.9	30.8
기타	1.3	1.1	5.7	

무관심'을 느낀 비율이 높다. 반면 이들에 비해 한국에 들어와 있는 비율이 상대적으로 낮은 재미 한인이나 재러 고려인은 낮다. 따라서 남쪽이 북쪽에 비해 '차별, 소외, 무관심'의 비율이 높다는 것은 북쪽에 비해 남쪽으로 유입되는 해외 거주 코리언들의 비율이 높기 때문이라고 할 수 있다.

그러나 그렇다고 '차별, 소외, 무관심'의 경험이 단순히 '접촉빈도'로만 환원될 수 있는 것은 아니다. 상호 간의 우호적인 관계형성이든 아니면 상호 적대적인 갈등이든 간에 접촉은 이것이 일어나기 위한 최소한의 필요조건이다. 하지만 모든 접촉이 반드시 상호 갈등으로 귀결되는 것은 아니며 상호 우애적이며 상생적인 방향으로 나아갈 수도 있다. 따라서 접촉이 '차별, 소외, 무관심'과 같은 갈등으로 귀결된다는 것은 양자의 관계에 무언가 상호 관계를 충돌로 전화시키는 문제를 가지고 있다는 것을 의미한다. 바로 이런 점에서 해외 거주 코리언들이 한(조선)반도 거주 코리언들에 느꼈던 '차별, 소외, 무관심'의 구체적인 내용을 볼 필요가 있다.

무엇보다도 먼저 남쪽에서 태어나서 살고 있는 한국인들에 대해서 '차별, 소외, 무관심'을 느낀 코리언들이 공통적으로 많이 지적하고 있는

것은 '같은 민족으로 취급하지 않는 태도'이다. 이것은 재중 조선족 31.8%, 재러 고려인 30.7%, 재일 조선인 37.4%, 탈북자 24.6%가 선택할 정도로, 모든 집단에서 골고루 높게 나타나고 있다. 그러나 그렇다고 이 것이 모든 집단에서 1위를 차지한 것은 아니다. 이들 집단 중에서 '같은 민족으로 취급하지 않는 태도'를 1위로 선택한 집단은 '재일 조선인'뿐이 다. 반면 재중 조선족, 재러 고려인들은 모두 다 '우월감을 가지고 무시 하는 태도'를 가장 높은 비율로 선택하고 있으며 재일 조선인은 단지 1.6%만이 선택하고 있다. 이것은 다른 집단, 재중 조선족(34.4%), 재러 고려인(31.8%), 탈북자(35.4%)에 비해 터무니없이 낮은 비율이다. 따라 서 이 차이에 주목할 필요가 있다.

일반적으로 '같은 민족으로 취급하지 않는 태도'는, 같은 민족이라는 민족적 동일화의 욕망이 박탈되면서 느끼는 막연한 섭섭함 또는 거부감 이라고 할 수 있다. 반면 '우월감을 가지고 무시하는 태도'는 단순한 민 족적 동일화의 감정적 차원에서 나오는 것이 아니라 둘의 관계가 사회 적 지위에서 차이가 나면서 그 격차에 의해 관계가 형성될 때 나오는 것 이라고 할 수 있다. 그런데 재일 조선인들은 세계 3위의 경제 대국인 일 본에 거주하는 사람들이며 돈을 벌기 위해서 한국 내로 들어오는 재중 조선족이나 탈북자와는 다른 집단이다. 따라서 재일 조선인은 '같은 민 족으로 취급하지 않는 태도'를 1위로 선택한 반면 '우월감을 가지고 무 시하는 태도'는 거의 선택하지 않은 것이다.

반면 '우월감을 가지고 무시하는 태도'를 1위로 꼽은 집단은 재중 조 선족, 재러 고려인, 탈북자들이었으며 이들은 모두 다 한국보다 못 사는 국가에 거주하는 집단이다. 이것은 재일 조선인을 제외하고 한국인들이 해외 거주 코리언들과 맺는 관계에서 경제력의 격차 및 그 격차에 따라 다르게 대우를 하고 있으며 이런 관계에서 경제력에 따른 가치 평가가 달라지는 관계를 맺고 있다는 것을 의미한다. 따라서 한국인이 해외 거주 코리언들과의 관계에서 갈등과 문제를 유발하는 한국인의 아비투스는 일차적으로 '경제주의적 가치관'이라고 할 수 있다.

그런데 이것은 '재일 조선인'에게는 나타나지 않는 특성으로, 모든 코리언들에게 적용되는 것은 아니다. 따라서 재일 조선인들은 한국인과 별다른 충돌을 경험하지 않아야 한다. 그러나 재일 조선인은 '우월감을 가지고 무시하는 태도'를 1위로 꼽은 재러 고려인보다 더 많이 '차별, 소외, 무관심'을 경험하고 있다. 그렇다면 재일 조선인과의 관계에서 문제를 유발하는 요인은 '경제주의적 가치관'이라고 할 수 없다. '우월감을 가지고 무시하는 태도'를 거의 선택하지 않았던 재일 조선인은 '같은 민족으로 취급하지 않는 태도'를 1위로 선택한 이후, '편견과 선입견을 가진 태도'를 두 번째(30.9%)로 많이 선택하였다. 이것은 한국인이 특별하게 재일 조선인에게 많은 편견을 가지고 있음을 의미한다.

그렇다면 그것은 무엇일까? 역사적으로 한(조선)반도의 분단체제 하에서 남과 북의 국가는 재중 조선족이나 재러 고려인과 달리 재일 조선인과 특별한 관계를 맺어왔다. 한국만 보더라도 남/북의 분단체제 하에서 한국의 정권들은 정적들을 제거하거나 탄압하기 위한 수단으로, 분단체제의 적대성, 즉 반북, 반공 이데올로기를 조장했으며 심지어 간첩단 사건을 만들어내기도 했다. 이 때 대표적으로 친북-용공-간첩들이라는 코드로 계열화되었던 것은 재일 조선인, 특히 조총련계 재일 조선인이었다. 따라서 아직도 한국인들 가운데에는 '재일동포'하면 '친북' 또는 '간첩'을 떠올리는 사람들이 있다.

또한, 탈북자들은 '우월감을 가지고 무시하는 태도'(35.4%)를 가장 많은 사람들이 선택했으며, '편견과 선입견을 가진 태도'(30.8%)를 두 번째로 꼽고 있다. 이것은 탈북자들이 한국-한국인과의 관계에서 '북'에 살다가 온 사람들이기 때문에 그들이 사용하는 어투나 용어들의 생경함, 그리고 남/북 대치 상황에서 발생하는 여러 가지 편견들이 상호 얽혀 있기 때문이다. 반면 이런 분단체제의 적대성과 관련성이 상대적으로 낮은 재러 고려인들은 '우월감을 가지고 무시하는 태도'와 거의 비슷한 비율로 '같은 민족으로 취급하지 않는 태도'(30.7%)를 꼽고 있다. 따라서 '차별, 소외, 무관심의 경험'은 그들이 코리언이라는 민족적 동일화의 욕망을 가지고 있음에도 불구하고 그 욕망을 좌절시키는 한국-한국인의 태도와 관련되어 있다.

한국인들은 86.6%가 같은 민족이므로 코리언 디아스포라를 차별해서는 안 된다고 당위적으로 믿고 있다. 그렇다면 같은 한(조선)민족을 차별하는 행태에 대한 한국인의 거부감이 당연히 클 것으로 짐작할 수 있다. 그러나 '해외동포'에 대한 의식적이고 당위적 차원의 물음이 아니라 결혼, 친교 등 '해외동포'와 직접적이고 실질적으로 맺는 관계를 묻는 물음에 대해서는 이와는 다른 결과를 드러내고 있다. 한(조선)민족을 차별해서는 안 된다는 당위적 믿음이 86.6%로 매우 높음에도 불구하고, 코리언 디아스포라와의 결혼에 대해 물었을 때, 재미 한인과 재중 조선족, 재일 조선인, 탈북자에 대해 각각 다른 태도를 보이고 있다.

한국인들은 재미 한인과의 결혼에 대해서는 22.4%가 반대 의사를 나타냈지만, 재일 조선인의 경우 반대비율은 28.2%, 재중 조선족의 경우 결혼 반대 비율은 30.7%였으며, 더욱이 탈북자의 경우는 결혼 반대비율은 그 보다 높은 39.3%였다. 그렇다면 왜 이런 식의 차이를 보이는 것일까? 그것은 일차적으로 앞에서 본 바와 같이 재미-재일-재중-탈북자 순으로 나타나는 반대 비율이 현재 경제적으로 부강한 국가들의 순서와 일치한다는 점이다. 따라서 이것은 당위적 차원에서의 민족적 동일성에도 불구하고 체험적 차원에서의 경제주의적 가치가 작동하고 있음을 보여주는 것이다.

또한, 결혼반대 비율의 폭이 크게 상승하는 곳이 재미와 '재일-재중' 사이, 그리고 '재일-재중'과 탈북자 사이라는 점에 주목할 필요가 있다. 이것은 과거 반공주의 시절에 횡행했던 적성분자에 대한 인식과 동일하다.[1] 따라서 코리언 디아스포라와의 관계에서 불통을 유발하고 있는 아비투스는 크게 보면 분단현실에서 몸에 밴 대한민국 국가주의, 한국 위주로 민족문화를 사고하는 데 익숙한 자문화중심주의, 급속한 근대화 과정에서 내면화된 경제중심주의로 나눌 수 있다.

2) 한국인의 아비투스: 대한민국 중심의 국가, 문화, 경제

대한민국 국가주의는 냉전기에 훈육된 국적과 체제를 통해 민족을 바라보는 경향을 가리킨다. 1990년대 이후 민주화와 경제발전에 힘입어 냉전기와 구별되는 대한민국 국민으로서의 긍지와 자부심이 높아졌지만, 반공 국가주의는 분단 상황의 첨예한 남북대결에 기초하여 끊임없이 재생산되고 있다. 게다가 남북관계의 진전은 한국 사회 내부에서의 남남갈등으로 비화할 정도로 분단체제의 아비투스가 체화되어 있기 때문에 탈냉전과 상관없이 오늘날도 한국인의 일상적 삶에서 대한민국 중심의 국가주의는 많은 영향을 미치고 있다.

그런데 이런 대한민국 중심의 국가주의는 대한민국 국가=민족의 대표성이라는 적대적인 냉전체제에서 체화된 민족과 국민의 동일시로 나타나기 때문에 한국인이 코리언 디아스포라와 접촉할 때 한국인들은 그들이 가진 국가와 민족이라는 이중정체성을 이해하지 못하고 자신들의

---

1) 김성민·박영균, 「분단의 트라우마에 관한 시론적 성찰」, 『시대와 철학』 제21권 2호, 2010, 320쪽.

아비투스를 통해서 봄으로써 불통과 충돌을 야기하는 것이다. 예를 들어 종종 범해지는 오류 중에 하나가 코리언 디아스포라에게 거주국과 한국이 축구 경기를 하면 누구를 응원하겠는가와 같은 질문을 던지고 거주국을 응원한다는 응답을 하면 마치 민족 정체성을 상실한 사람인 것처럼 취급하는 경우이다. 즉, 한국인들은 그 동안 분단현실에 길들여져 국가와 민족을 일체화함으로써 중국 국민, 러시아 국민으로 살아가는 디아스포라에게 단일 정체성을 요구하는 편향을 낳고 있는 것이다.

또한, 한국인들이 현재 코리언들에 대해 지니고 있는 편견이나 선입견은 과거 반공이데올로기에 의해 만들어진 이미지에서 연유하는 바가 크다. 한국인이 느끼는 코리언 디아스포라에 대한 이미지는 냉전적 분단 상황 속에서 한국의 국민 만들기 과정에서 발전되었다. 예를 들어 반공군사독재정권에 의한 재일 조선인 간첩 만들기가 재일 조선인에 대한 한국사회의 반공주의적 편견을 형성하는 데 커다란 영향을 미쳤다.[2] 이는 특히 '조선적'을 가지고 있는 재일 조선인을 친북적 존재로 이해하는 한국인이 여전히 많다는 점에서 잘 드러난다.

둘째, 대한민국 자문화중심주의는 한국사회에 익숙하게 통용되는 가치관과 생활문화를 표준으로 코리언 디아스포라의 문화변용을 민족문화 순수성의 변질 혹은 이질화로 인식하는 경향을 말한다. 인지적 차원에서 민족개념이 변화되었다고 하지만, 코리언 디아스포라와 실제로 접촉할 경우, 일상적 삶 속에서 내면화된 한국인의 자문화중심주의적인 경향은 곧잘 표출된다. 자신의 문화를 표준으로 여기면서 코리언 디아스포라의 문화변용을 재단하는 것은 한국인과 코리언 디아스포라 사이에 또 다른 불통의 지점을 만들어낸다. 대표적으로 탈북자들의 언어에

---

2) 권혁태, 「'재일조선인'과 한국사회-한국사회는 재일조선인을 어떻게 '표상'해 왔는가」, 『역사비평』제78호, 역사비평사, 2007, 253쪽.

대해 느끼는 한국인들의 생경함이 그러하다. 따라서 "하나의 한인 정체
성을 기준으로 하여 전세계 한인을 그 기준에 부합시키려는 일원화 논
의"는 "한반도의 한인과 다른 코리언 사이에 정상적 대화를 가로막는
다."3)

그리고 이런 자문화중심주의적 태도가 해외 거주 코리언들에 대한 체
험적 정서상에서의 이질감으로 표현되는 것이다. 예를 들어 한국인들은
해외 거주 코리언들을 89.7%가 같은 민족이라고 생각하면서도, 한국 땅
에서 실제로 접했을 경우 '우리 민족처럼 느껴지지 않았다'고 답한 사람
이 무려 29.5%나 되었다. 또, 그 이유에 대해 '언어와 관습 등 문화적 이
질감'을 선택한 비율이 46.7%에 달했다. 이는 의식적 차원에서 같은 민
족으로 생각하면서도 막상 국내에 들어온 코리언들과 실제로 접촉하면
서, 자기 몸에 밴 한국문화와 전혀 다른 문화적 이질감을 실감했기 때문
이다.

그러나 한국사회 역시 국가 주도의 '압축적 근대화' 과정에서 탈북자
나 재중 조선족의 변화를 훨씬 상회할 정도로 의식주, 명절, 관혼상제
등 전통적 생활풍습의 커다란 변화를 겪었다. 심지어 한국인들의 전통
적 생활양식의 보존 정도는 결코 해외 거주 코리언들보다 높다고 말할
수 없다. 그럼에도 불구하고 한국인들은 자문화중심주의가 몸에 배어
자신들의 문화적 변용은 망각한 채, 자신들의 문화를 민족 전통의 문화
인 것처럼 착각을 하면서 코리언 디아스포라의 생활 문화적 변용을 전
통 문화의 훼손 내지는 문화적 이질감으로 받아들이며 그들을 다른 민
족처럼 느끼고 있는 것이다.

셋째, 대한민국 경제(중심)주의는 한국사회의 '압축적 근대화' 과정 속

---

3) 한 발레리(Valery Han), 「중앙아시아 한인들의 정체성 문제」, 권희영 · Valery
　Han · 반병률, 『우즈베키스탄 한인의 정체성 연구』, 한국정신문화연구원,
　2001, 118쪽.

에서 내면화된 경제주의적 가치관을 통해 코리언 디아스포라를 평가하는 경향을 가리킨다. 경제주의는 북과의 정통성 경쟁에서 벌어진, 이른바 국가총력전에 버금가는 압축적 근대화의 역사 속에서 우리의 몸과 마음에 배어들어 모든 사회적 문제를 경제로 환원시켜 이해하는 삶의 방식이다. 이러한 경제주의적 관점이 무의식적으로 스며들어 같은 한(조선)민족이지만 한국보다 경제적으로 열등한 중국 조선족이나 탈북자에 대한 차별을 낳는 주된 요인으로 작용하고 있다. 따라서 해외에 거주하는 코리언 디아스포라에 대한 차별과 편견을 낳는 것에는 국적과 체제의 차이에서 오는 이데올로기적 선입견, 문화적 이질감뿐만 아니라, 경제적 수준에 대한 가치평가도 포함된다.

특히, 한국인들이 가지고 있는 경제주의적 가치관은 탈북자나 국내에 들어와 있는 재중 조선족에 대한 '차가운 시선'과 '편견'을 형성하는 주된 요인이라고 할 수 있다. 한국인은 인지적 차원에서는 비록 같은 민족인 코리언 디아스포라를 차별해서는 안 된다고 믿고 있지만, '압축적 근대화' 과정에서 한국인의 몸에 밴 경제주의적 삶의 방식 때문에 경제적 수준을 기준으로 코리언 디아스포라를 차별하고 있는 것이다. 따라서 탈냉전과 세계화의 진전에 힘입어 한국인의 민족개념은 외연적, 내포적 변화과정을 겪었지만, 이상에서 살펴본 것처럼 정치적, 문화적, 경제적 차원에서 '대한민국 중심주의'가 일상적 삶에서 무시할 수 없을 정도로 뿌리를 내리고 있으며 이것이 '차별, 소외, 무관심'을 낳고 있다고 할 수 있다.

그러나 해외 거주 코리언들에 대한 대한민국 중심주의는 한국인의 차원에서만 작동하고 있는 것은 아니다. 대한민국이라는 국가는 코리언들이 세운 국가임에도 불구하고 한(조선)반도 전체를 포괄하지 못하는 분단국가이다. 그런데 대한민국이라는 국가는 조선(북)이라는 다른 반쪽

〈표 25〉 북쪽으로부터 차별, 소외, 무관심을 경험한 적이 있는 경우
그 내용은 무엇인가?

	재중 조선족	재러 고려인	재일 조선인
무관심	27.0	**34.8**	13.3
같은 민족으로 취급하지 않는 태도	**29.7**	17.4	**33.3**
우월감을 가지고 무시하는 태도	21.6	4.3	0.0
편견과 선입견을 가진 태도	21.6	13.0	**46.7**
기타	0.0	13.0	0.0

과의 대결 속에서 자신을 유일한 코리언들의 국가로 상징화해야 했다. 이것은 조선(북) 또한 마찬가지였다. 여기서 민족은 대한민국이라는 국가에 의해 대표되며 민족은 분단국가인 대한민국과 조선 둘 중 하나에 의해 배타적으로 독점된다. 그리고 이를 따라 분단체제의 아비투스들이 분단국가에 의해 남쪽 사람들과 북쪽 사람들에게 체화되어 왔던 것이다. 이것은 다음의 조사에서도 확인된다.

해외 거주 코리언들이 비록 남쪽에 비해 북쪽으로부터 차별, 소외, 무관심을 경험한 비율이 적다고 답변하기는 했지만 이것은 앞에서 말한 바와 같이 남쪽에 비해 북쪽이 해외 거주 코리언들과의 접촉 빈도가 떨어지기 때문이다. 이것은 위의 〈표 25〉에서도 간접적으로 확인 가능하다. 왜냐하면 북쪽으로부터 차별, 소외, 무관심의 주요 항목이 남쪽의 대표적 사례들인 '같은 민족으로 취급하지 않는 태도', '우월감을 가지고 무시하는 태도'가 아니라 '무관심'과 '같은 민족으로 취급하지 않는 태도' 이기 때문이다. 특히, 이 중에서도 남쪽과 북쪽의 차이를 명료하게 보여 주는 것은 '무관심'이다. 이것은 남쪽의 경우에는 거의 선택하지 않았던 항목이다.

무관심은 같은 동포임에도 불구하고 서로 연락이나 접촉이 없어서 서

로에 대해 아는 바가 별로 없다는 것을 의미하기도 한다. 실제로, '무관심'을 가장 높은 비율로 선택하고 있는 재러 고려인들은 대부분 중앙아시아 출신들로 북쪽과 관계를 가질 수 있는 기회가 별로 없었던 사람들이었다. 따라서 '무관심' 비율이 높다는 것은 서로 접촉할 수 있는 기회가 적었다는 것을 역으로 보여주는 것이라고 할 수 있다. 이런 점에서 북쪽으로부터 당한 차별, 소외, 무관심의 비율이 남쪽에 비해 북쪽이 떨어지는 것은 북쪽의 국가주의가 남쪽보다 결코 약하기 때문이 아니다.

바로 이런 점에서 위의 〈표 25〉를 볼 필요가 있으며 이 때 주목해서 보아야 할 것은 역사적으로 북쪽과의 접촉 빈도가 높았던 재중 조선족이나 재일 조선인이다. 그 중에서 재일 조선인의 답변에 주목할 필요가 있는데, 이것은 재중 조선족이 중국의 개혁-개방 이후, 북쪽보다는 남쪽과의 접촉이 많은 반면 재일 조선인들은 아직도 북쪽과의 관계가 긴밀하기 때문이다. 그런데 이렇게 보았을 때, 재일 조선인들의 답변은 남쪽으로부터의 차별, 소외, 무관심의 내용과 거의 동일하다는 점이 드러난다. 재일 조선인들은 남쪽으로부터 겪는 충돌로 '같은 민족으로 취급하지 않는 태도'와 '편견과 선입견을 가진 태도'를 1, 2위로 꼽았는데, 북쪽에 대해서도 동일한 항목을 1, 2위로 꼽았다. 따라서 재일 조선인들이 남쪽 사람과 북쪽 사람에게 경험하는 충돌은 동일하다고 할 수 있다.

그러나 그 강도와 내용에서 미묘한 차이가 있다. 재일 조선인은 남쪽에 대해서 '같은 민족으로 취급하지 않는 태도' 37.4%, '편견과 선입견을 가진 태도' 30.9%로 각각 1, 2위로 선택한 반면 북쪽에 대해서는 '편견과 선입견을 가진 태도' 46.7%, '같은 민족으로 취급하지 않는 태도' 33.3%를 1, 2위로 선택하고 있다. 이것은 남쪽에 대해 '같은 민족으로 취급하지 않는 태도'에 대한 불만이 더 높은 반면, 북쪽에 대해서 '편견과 선입견을 가진 태도'에 대한 불만이 더 높다는 것을 의미한다. 따라서 남쪽에서만 해외 거주 코리언들과의 관계에서 분단체제의 국가주의가 작동하면서 충돌을 낳는 것이 아니라 민족 자주와 같은 민족의 주체성을 강조하는 북쪽에서도 동일하게 작동하고 있으며 이는 그들의 접촉 빈도가 높아지면 동일한 문제가 발생하게 될 것이라고 예상해 볼 수 있다.

그러므로 이 문제는 결코 한국·한국인만의 문제가 아니다. 그것은 본질적으로 '분단체제'가 작동시키고 있는 남과 북의 분단국가가 만들어내는 상징체계, 그리고 이런 것들에 의해 체화된 분단체제의 아비투스들의 문제라고 할 수 있다. 분단체제의 아비투스들은 남과 북의 국가=국민의 정체성을 곧 민족의 정체성으로 일원화한다. 그러나 코리언들의 본국인 한(조선)반도에는 두 개의 국가가 존재하며 해외 거주 코리언들에게 대한민국이나 조선은 둘 다 동일한 코리언일 뿐이다. 따라서 해외 거주 코리언들이 한국·한국인과의 관계에서 상처를 입는 것은 한국인들의 아비투스만이 아니라 대한민국 또는 조선이라는 분단국가가 서로의 적대성을 작동시키는 분단체제 그 자체이기도 하다.

3) 분단체제의 아비투스: 민족이라는 상징의 배타적 독점

강만길이 박정희 정권의 '주체적 민족사관'을 '분단국가주의'로 규정한 것처럼 대한민국의 민족주의는 국가주의의 다른 이름이라고 할 수 있다. 분단체제는 "한반도의 분단구조가 '체제'라고 불릴 만큼의 일정한 자생력과 안정성을 확보했다는 점"[4]에서 그것을 작동시키는 아비투스를 생산한다. 여기서 은폐되어야 하는 것은 '민족의 분단' 그 자체이다. 따라서 분단체제에서 남과 북의 분단국가는 민족이라는 상징을 '국가'가 배타적으로 독점함으로써 민족이 아니라 오히려 국가의 차원에서 민족

---

4) 백낙청, 『한반도식 통일, 현재진행형』, 창비, 2006, 45쪽.

주의를 분단국가 내부로 흡수해왔으며 민족주의를 국가주의로 전치시키고 있다. 이것은 한(조선)반도에 거주하는 코리언들의 민족주의가 강할수록 오히려 그 반대가 된다는 점에서 드러나고 있다.

특히, 북쪽의 강한 민족주의는 오히려 그 반대로 전화하고 있다. 그들은 일제하 항일무장투쟁 전통을 국가의 통치이데올로기로 바꾸어 놓고 반외세 자주를 주체사상의 핵심으로 만들어놓았다. 그러나 그들의 해외 거주 코리언들에 대한 정서적 동질감은 남쪽에 비해 현저하게 떨어진다. 즉, 당위적 차원에서 한국인과 조선에 거주했던 사람들(탈북자)이 가지고 있는 '동질감'은 둘 다 약 89%로 차이가 나지 않는 반면 체험적 차원에서 같다고 느끼는 한국인 대 탈북자의 비율은 51.4% 대 29.5%로, 21.9%나 차이가 나며 다르다고 느끼는 사람은 한국인 69.5% 대 탈북자 48.6%로, 20.9%나 차이가 난다. 따라서 '민족'을 강조하고 '민족주의'를 내세운다고 해서 그것이 진정으로 코리언들을 하나의 민족으로 만드는 것이 아니다.

〈표 26〉은 남의 정권, 북의 정권이 자신들의 이해관계에 따라 해외동포들을 이용하고 있다고 생각하는가에 대한 물음의 답변 수치이다. 이에 대해 재중 조선족은 남의 정권이 '그렇다'고 답변한 사람들은 51.5%로 '그렇지 않다'보다 높았던 반면에 북의 정권이 '그렇다'고 한 사람은 28.6%로, '그렇지 않다'보다 낮았다. 또한, 재러 고려인도 남의 정권이 '그렇다'(35.0%)고 한 사람이 북의 정권이 '그렇다'(17.8%)고 한 사람보다 높았지만 남이든 북이든 '모르겠다'가 50%를 훌쩍 상회할 만큼 높았다. 이와 반대로 재일 조선인은 남의 정권이 '그렇다'와 '그렇지 않다'가 거의 유사한 비율을 보이는 반면 오히려 북의 정권이 '그렇다'(46.2%)는 경우가 '그렇지 않다'(18.2%)는 경우보다 훨씬 높았으며 탈북자는 이보다 더욱 그 격차가 커졌다.

〈표 26〉 남(북)의 정권이 자신들의 이해관계에 따라
해외동포들을 이용하고 있다고 생각하는가?

집단	남의 정권				북의 정권			
	재중 조선족	재러 고려인	재일 조선인	탈북자	재중 조선족	재러 고려인	재일 조선인	탈북자
그렇다	51.5	35.0	28.7	27.5	28.6	17.8	46.2	60.6
그렇지 않다	18.2	11.3	28.3	35.8	39.1	22.7	18.2	12.8
모르겠다	30.3	53.4	41.7	34.9	32.3	58.6	34.1	26.6

그렇다면 왜 이런 식의 상반된 답변 추이를 보이는 것일까? 우선, 해외 거주 코리언들이 남과 북, 또는 한국인과 맺는 관계에서 느끼는 '차별, 소외, 무관심'과 '피해의식'은 그들 관계의 접촉 빈도에 따라 다르기 때문이다. 북쪽 사람들과의 관계보다 남쪽 사람들과의 관계에서서 '차별, 소외, 무관심'을 많이 느끼는 것은 그만큼 접촉 빈도가 높기 때문이다. 이것은 재러 고려인들이 재중 조선족이나 탈북자에 비해 현저하게 낮으며 '남이나 북의 정권이 해외 동포들을 이용하고 있다'는 물음에 대해서도 '모르겠다'가 높다는 점에서도 드러나고 있다. 물론 예외적인 경우로, 재미 한인들이 있지만 이들은 대부분 한국에서 태어난 미국으로 건너간 1세대 또는 1.5세대였다는 점에서 한국인들과 정체성에서 큰 차이가 없다. 따라서 남과 북의 '차별, 소외, 무관심'의 격차는 남쪽이 유달리 북쪽보다 더 국가중심주의이거나 문화적 동질성이 강하기 때문은 아니다.

둘째, 남쪽 사람과 북쪽 사람에게서 느끼는 '차별, 소외, 무관심'의 구체적 내용이 서로 다른데, 이것은 각 집단과 남/북의 경제력 및 국력의 격차, 현재 서로가 맺는 관계가 다르기 때문이다. 해외 거주 코리언들이 한국인과 맺는 관계에서 느끼는 '차별, 소외, 무관심'은 '우월감을 가지고

무시하는 태도'와 '같은 민족으로 취급하지 않는 태도'였다. 반면 북쪽 사람들과 맺는 관계에서 그들이 느끼는 것은 '무관심'(재중 조선족 27.0%, 재러 고려인 34.8%), '편견과 선입견을 가진 태도'(재중 조선족, 21.6%, 재일 조선인 46.7%), '같은 민족으로 취급하지 않는 태도'(재중 조선족 29.7%, 재일 조선인 33.3%)였다. 따라서 남쪽 사람들에게 느끼는 '우월감을 가지고 무시하는 태도'는 북쪽 사람들과의 관계에서는 상대적으로 작은 반면 북쪽 사람들에게 느끼는 '무관심'은 남쪽 사람들과의 관계에서 느끼는 것보다 상대적으로 크다. 이는 상호 국제적 지위 및 경제력 격차 등을 반영하고 있다고 할 수 있다.

이와 유사하게 셋째, 분단체제의 상호 적대성이 작동하는 남/북의 국가 권력과의 관계에서 해외 거주 코리언들이 느끼는 '피해의식' 또한 그들이 거주하는 국가(중국, 러시아, 일본)와 한국(남) 또는 조선(북)이라는 국가와 맺는 관계 및 여론의 향방에 따라 형성된 것이라고 할 수 있다. 예를 들어 재중 조선족은 역사적으로 조선과 우호적인 관계를 맺고 있는 중국에 거주하는 집단인 반면, 재일 조선인은 상호 적대적인 일본에 거주하는 집단이다. 또한, 탈북자들은 북을 이탈해서 남쪽으로 온 사람들이기 때문에 이에 대한 반감도 작동했을 것이라고 판단할 수 있다. 따라서 남과 북이라는 분단국가의 적대성 및 분단체제를 둘러싼 동북아의 국제정세가 한국-한국인(남), 또는 조선-조선인(북)과 해외 거주 코리언들의 관계에 직간접적인 영향을 미치고 있다고 할 수 있다.

그럼에도 불구하고 넷째, 이들이 느끼는 피해의식이 무조건 근거 없는 것이라고 할 수 없다. 왜냐하면 재일 조선인의 경우에는 북의 '북송사업'과 같은 역사적 경험을 가지고 있으며 탈북자들의 경우에도 남쪽이 '그렇지 않다'와 거의 유사한 수치로 '모르겠다'를 많이 선택한 반면, 북쪽의 경우에는 그런 선택을 하고 있지 않기 때문이다. 또한, 이와 관

련하여 한국인들도 '남(북)의 정권이 자신들의 이해관계에 따라 해외동
포들을 이용하고 있다고 생각하는가?'라는 질문에 대해 남쪽 정권의 경
우, '그렇다' 34.9%, '그렇지 않다' 27.5%, '모르겠다' 36.9%로 그렇다는 답
변이 많았으며 북쪽 정권의 경우, '그렇다' 42.1%, '그렇지 않다' 18.2%,
'모르겠다' 38.7%를 선택하고 있다. 따라서 한(조선)반도의 분단체제는
해외 거주 코리언들과의 관계에서 '민족의 정서적 정체성'에 직간접적으
로 부정적인 영향을 미치고 있다고 할 수 있다.

하지만 다섯째, 이런 부정적인 영향은 해외 거주 코리언들이 특별히
한국-한국인(남) 또는 조선-조선인(북)에 대한 이데올로기적 적대성 때
문이 아니라 오히려 '민족적 동일성'이라는 환상을 가지고 있기 때문에
나타나는 것이라고 할 수 있다. 예를 들어 재중 조선족과 재러 고려인은
남(한국)에 가장 바라는 점으로 '같은 동족으로의 존중과 대우'를 각각
62.3%, 27.3%로 가장 많이 선택하고 있다. 또한, 이것은 해외 거주 코리
언들이 남이든 북이든 간에 '같은 민족으로 취급하지 않는 태도'를 많은
사람들이 공통적으로 선택하고 있다는 점에서도 드러나고 있다.

그러나 이런 동일화의 욕망이 좌절되는 방식은 각 집단의 역사성 및
현재의 관계성에 의해 다른 형태를 지니며 그것이 남쪽의 경우에는 '우
월감을 가지고 무시하는 태도'로, 북쪽의 경우에는 '무관심' 및 '편견과
선입견' 등으로 나타나는 것이라고 할 수 있다. 이런 점에서 해외 거주
코리언들과의 관계에서 분단체제의 작동 방식은 남쪽의 경우, '자본주의
적 가치-생활방식'과의 충돌로, 북쪽의 경우, '국가-민족주의적 정치 이
데올로기적 통일성'과의 충돌로 나타나고 있다고 할 수 있다.

북쪽의 경우, 해외 거주 코리언들은 '북에 대해 가장 먼저 떠오르는
인상'으로, 모두 다 '폐쇄적인 나라'를 가장 많이 선택하고 있다는 점에
서, 그리고 탈북자들이 탈북 전 북쪽에서 해외 거주 코리언들을 만났을

때 같은 민족이라는 느끼지 못하는 이유로 '국적과 체제가 다른 데서 오는 이질감'을 가장 많이 선택하고 있다는 점에서 북의 민족주의가 오히려 같은 민족이라고 생각하는 코리언들에 대한 동일화의 욕망을 박탈하는 요인이 되고 있다는 것을 알 수 있다. 즉, 북은 '김일성 민족', '우리 민족 제일주의' 등을 내세움으로써 민족을 '분단국가'가 전유하고 그 국가를 통해서 민족을 내세움으로써 오히려 코리언 디아스포라와의 관계에서 충돌을 만들어내고 있는 것이다.

바로 이런 점에서 코리언 디아스포라와 민족적 소통이 이루어지기 위해서는 무엇보다도 먼저, 복합적으로 교차하고 있는 코리언 디아스포라의 한(조선)민족정체성을 대한민국이라는 특정 공동체에 고유한 민족개념의 틀로 일방적으로 판단하거나 규정하는 태도에서 벗어나, 코리언 디아스포라의 이중정체성을 있는 그대로 이해하고 그들이 이룩한 문화변용을 '변질'로 보지 않으려는 시각이 요구된다. 둘째, 이런 시각에서 그들의 이중정체성 또는 다중정체성을 비판적으로 볼 것이 아니라 오히려 그들의 이중정체성을 통해서 두 개의 분단국가로 분열되어 있으면서도 각기 자신의 국민정체성을 민족정체성으로 내세우면서 상호 적대적 관계를 생산하고 있는, 우리 자신의 분단체제를 바라보면서 민족정체성 자체를 해체적으로 재구성할 필요가 있다.

2. 민족정체성의 해체적 재구성: 삼중적 어긋남과 민족공통성

1) 국민정체성=민족정체성의 해체

코리언 디아스포라의 이중정체성을 있는 그대로 이해하고 그들이 이

록한 문화변용을 '변질'로 보지 않기 위해서는 무엇보다도 먼저 해외 거주 코리언들의 국가, 민족 정체성의 삼중적 어긋남을 보아야 한다. 일반적으로 디아스포라들은 국가와 민족의 관계에서 이중의 어긋남을 가지고 있다. 이것은 자신이 태어나고 자란 국가와 이주해서 살고 있는 국가가 서로 다르기 때문이다. 그러나 코리언 디아스포라는 이중적 어긋남이 아니라 삼중적 어긋남을 가지고 있다. 이것은 그들의 고국이라고 여겨지는 한(조선)반도가 분단되어 있기 때문이다. 따라서 코리언 디아스포라의 이중정체성을 이해하기 위해서는 이중의 어긋남만이 아니라 삼중의 어긋남을 보아야 한다.

해외 거주 코리언들은 다른 디아스포라들처럼 거주국과 자신의 민족 정체성을 일치시키지 않는다. 하지만 이외에도 그들은 또 다른 어긋남을 가지고 있는데, 그것은 남과 북의 국가 어느 한쪽으로 자신을 일치시킬 수 없기 때문이다. 여기서 삼중적 어긋남은 거주국의 국민정체성≠민족정체성, 한국(남)의 국민정체성≠민족정체성, 조선(북)의 국민정체성≠민족정체성으로 구성되어 있다. 그런데도 남쪽 사람들이나 북쪽 사람들은 자신의 분단국가가 가지고 있는 국민정체성을 민족정체성으로 체화하고, 이것을 가지고 해외 거주 코리언들의 민족정체성을 반사적으로 판단하기 때문에 충돌은 이중정체성에서만 오는 것이 아니라 삼중적 어긋남으로부터 온다.

하나는 국민정체성=민족정체성이라는 등식을 가진 남쪽 또는 북쪽 사람들의 한(조선)반도 중심성에서 오는 충돌이며 다른 하나는 한(조선)반도의 분단으로 인해 민족정체성 자체가 어느 하나의 국가로 고정될 수 없음에도 불구하고 한국(남)의 국민정체성=민족정체성 또는 조선(북)의 국민정체성=민족정체성으로 고정시키고자 하는 분단체제의 적대성에서 오는 충돌이다. 따라서 코리언 디아스포라들과 민족적인 소통

을 진행하고 상호 상생적인 관계를 형성하기 위해서는 국민정체성=민
족정체성이라는 이중정체성에 따라 민족정체성을 해체하기만 하면 되
는 것이 아니라 더 나아가 민족정체성 그 자체를 한(조선)민족의 현실적
인 삶에 맞게 새롭게 재구성해야 한다.

일반적으로 사람들은 민족(nation)과 국가(states)를 동일한 개념으로
인식하는 경향이 있다. 그러나 국가와 민족은 동일하지 않다. 국가와 민
족을 동일하게 만들어 온 것은 근대 이후의 국민국가 건설과 함께 시작
되었으며 역사적으로 민족과 국가는 동일하지 않았다. 서구는 말할 것
도 없고 에릭 홉스봄(Eric Hobsbawm)이 "역사적 국가의 희귀한 사례"[5]
라고 말한 한(조선)반도에서도 국가와 민족은 일치하지 않았다. 코리언
들이 적어도 고려시대 이후로 종족적 단위와 정치적 단위가 일치하는
'역사적 국가(historical states)'를 형성했다는 것은 사실이지만 이 경우에
도 국가는 고려, 조선, 대한제국 등으로 변화해왔다. 따라서 민족과 국
가는 일치하지 않는다.

그런데도 남쪽이나 북쪽사람들이 국가와 민족을 일치시키면서 자신
의 국가를 민족의 정치공동체로 제시하는 것은 '상징자본을 독점한 국
가'의 아비투스가 그들의 신체에 체현되어 있기 때문이다. 하지만 그런
그들조차도 '앞으로 살고 싶은 나라'에 대한 물음에 대해 14.4%가 '제3국'
을 선택한 것처럼 하나의 민족이 꼭 하나의 국가를 이루고 살아야 하는
가에 대해서는 분열적인 틈새를 드러내고 있다. 따라서 민족과 국가의
균열은 해외 거주 코리언들뿐만 아니라 한국인 그 자신에게서조차도 강
도의 차이는 있지만 분명 가지고 있다. 여기서 민족(nation)과 국가
(states)는 언제나 분열적이다. 그럼에도 불구하고 그것이 드러나지 않는

5) 에릭 홉스봄(Eric Hobsbawm), 강명세 옮김, 『1780년 이후의 민족과 민족주의』,
창작과 비평사, 2008, 94쪽.

것은 국가가 민족을 호명하면서 그들을 묶어세워야 하기 때문이다.

즉, 인지적 정체성의 차원에서 민족정체성은 각 국가의 국민정체성과 중첩되며 국가는 민족을 그 국가의 코드 안으로 포획하는 것이다. 따라서 민족과 국가의 균열은 인지적 정체성보다 정서적이고 신체적인 정체성의 차원에서 그 모습을 보다 더 명료하게 드러낸다. 하지만 그런 인지적 정체성조차 국가와 민족을 완전히 하나로 만들 수 없다. 이런 대표적인 사례가 재일 조선인이다. 재일 조선인은 고국과 모국을 묻는 질문에서 어느 하나도 일본을 많이 선택하지 않았다. 오히려 현저하게 낮은 비율로 선택하고 있다. 따라서 코리언들이 가지고 있는 인지적 정체성의 차원에서조차 민족정체성과 국민정체성의 관계는 코리언이 살아온 삶의 역사적 환경, 특히 거주국과의 관계에 따라 조화롭게 공존할 수 있고 반면 갈등하고 대립할 수도 있다.

재중 조선족과 재러 고려인은 공존과 조화의 유형을, 재일 조선인과 탈북자는 대립과 갈등의 유형을 보여주고 있다. 재중 조선족과 재러 고려인은 높은 국민정체성을 지니면서도, 이중정체성이 공존, 조화를 이루고 있다. 재중 조선족의 높은 국민정체성은 항일무장투쟁을 같이 하면서 오늘날 중국의 혁명과 건설에 기여했던 삶의 역사성을 반영하고 있기 때문에 중국 공민으로서의 자부심이 매우 강하다. 그러나 다른 한편으로 그들의 민족정체성 또한 매우 높다고 할 수 있다. 특히, 그들은 '연변 조선족 자치주'를 형성하고 살면서 자신의 문화와 언어 등 전통적 생활양식을 계승할 수 있었기 때문에 정서적-신체적 정체성도 매우 높은 수준에서 유지할 수 있었다.

또한, 재러 고려인들은 1937년 중앙아시아 강제이주 이후 생존을 위해 러시아어를 배우는 등 구소련 사회에 동화되면서 '모범적인 소비에트인'으로 살아가려고 노력했기 때문에 높은 국민정체성을 가지고 있지만 다른 한편으로 강제이주와 혹독한 고난의 역사를 겪었으면서도, 높은 생활수준과 교육수준 등 '성공한 소수민족'으로서의 긍지를 가지고 있다. 따라서 재러 고려인들에게 근면과 성실에 바탕을 둔 성공한 소수민족이라는 이미지는 혹독한 고난과 억압적 삶의 조건을 극복한, '모범적인 소비에트인'과 '성공한 소수민족'이라는 자긍심으로 표출된 것이라고 할 수 있으며6) 이는 그들이 높은 국민정체성에도 불구하고 높은 민족정체성을 가지고 있음을 보여준다.

반면 재일 조선인과 탈북자는 국민정체성과 민족정체성이 공존과 조화를 이룬다기보다 대립, 갈등하는 양상을 보이고 있다. 재일 조선인은 조국과 모국 선택에서 일본을 선택하는 비율이 각각 16.9%와 3.2%로 매우 낮았다. 그 이유는 재일 조선인이 다른 지역의 코리언에 비해 거주국 일본의 차별이 심해 일본에 대한 소속감이 매우 낮기 때문이다. 재일 조선인은 일본사회에 살면서도 일본 국적을 박탈당하여 최소한의 권리를 보장받지 못했을 뿐만 아니라 일본의 순혈주의적 민족정책으로 인해 한(조선)민족의 전통적 생활문화를 줄곧 부정당해왔다. 서경식은 이러한 일본사회에서 자행되는 차별과 소외를 일제시대의 '민족말살정책'이 현재까지도 계속되고 있다는 의미에서 '문화적 대학살'이라고 부르고 있다.7)

거주국의 억압은 민족적 저항을 동반한다. 재일 조선인은 인지적 정체성에서 다른 어떤 집단보다도 낮은 국민정체성과 높은 민족정체성을

6) 그러나 권희영은 '소수민족의 성공'이라는 신화는 고려사람이나 한국사람들의 자존심을 만족시켜줄지 모르지만, 이런 성공신화는 일종의 강박으로, 체제에 대한 과잉적응, 민족과 개인의 정체성의 희생과 그 궤를 같이 한다며 부정적으로 평가하고 있다. 권희영, 「중앙아시아 한인들의 역사적 외상과 그 영향 분석」, 권희영·Valery Han·반병률,『우즈베키스탄 한인의 정체성 연구』, 한국정신문화연구원, 2001, 64-65쪽.
7) 서경식 지음, 임성모·이규수 옮김,『난민과 국민 사이』, 돌베개, 2006, 131쪽.

가지고 있었다. 이것은 그들의 한(조선)민족 소속감이 일본의 '국민정체
성'에 대한 저항이라는 역사적 맥락을 가지고 있기 때문이다. 즉 재일
조선인의 민족정체성은 일본사회의 차별과 억압에 대한 저항의 기호라
고 할 수 있다. 윤건차가 민족개념에서 언어와 혈연 같은 종족적 차원보
다 식민지 지배에서 유래하는 역사의식을 중시하는 것도 이와 관련된
다.[8] 또한, 이러한 역사의식은 일제 식민지 시기에는 일본침략에 대한
반발, 저항의식이며, 해방 후는 일본사회의 차별과 소외에 대한 반발,
저항이라는 역사적 맥락 속에서 형성된 의식이라고 할 수 있다.

한국 입국과 동시에 대한민국 국민이라는 법적 지위와 국가적 지원
을 받음에도 불구하고 탈북자들의 대한민국 귀속정도는 확고하지 않았
다. 비록 대한민국 국적을 지녔지만 국가 귀속정도가 확고하지 않은
비율이 전체 응답자의 52% 정도가 된다는 것은 법적 신분과 현실적
국가 소속감의 괴리를 드러내고 있다. 그러나 북-제3국-남으로 이어지는
유랑의 체험 속에서 급격한 국민정체성의 변화를 겪었지만 한(조선)민
족이라는 민족적 소속감은 강고하게 지속되었다.[9] 이는 '남한 주민과

---

8) "민족이란 이미 생물학적 인종 및 혈연, 지연과 연관되는 종족(ethnic)을 의미
하는 것만은 아니다. 오히려 앞서 이야기했듯이, 실질적으로는 일본의 조선
식민지 지배에서 유래하는 출신이나 내력과 관련된 의식이라고 이해하는 편
이 좋다." 윤건차, 「재일동포의 민족체험과 민족주의」, 『시민과 세계』 제5호,
2004, 80쪽.

9) 이병수·전영선, 「탈북자의 정체성 이해와 민족의 평등한 유대」, 건국대학교
통일인문학연구단 편, 『코리언의 민족정체성』, 선인, 2012, 122-126쪽. 여기서
52%는 '살고 싶은 나라'와 '호감도'를 교차분석한 결과이다. '남한에 살고 싶지
만 남한에 비호감이거나 중립'인 이들이 19.2%, '통일한반도에 살고 싶지만
남한에 호감'인 이들이 14.7%, '통일한반도에 살고 싶고 남한에 비호감이거나
중립'인 이들이 18.3%를 합해 전체 응답자의 52% 정도가 대한민국 국민으로
서의 소속감을 온전히 느끼지 못하는 것으로 나타났다. 이 비율에는 북에 두
고 온 가족과 고향에 대한 그리움, 한국 사회에 살면서 느끼는 모순과 부적
응, 그리고 이와 관련된 탈북자들의 자기정체성에 대한 고민이 포함되어 있
다.

같은 민족으로 느낀다'는 응답률이 98.1%('항상 느낀다' 86.2%, '가끔 느
낀다' 11.9%)인 데서 잘 드러난다.

그러므로 국민정체성과 민족정체성의 관계는 그들의 거주 환경 속에
서 그들이 맺는 관계를 통해서 다른 형태를 가질 수 있으며 국민정체성
=민족정체성이라는 도식에 대한 해체가 이루어져야 한다. 더 나아가 거
주국의 국민정체성과 코리언의 민족정체성은 상반된다는 우리의 통념
을 해체하는 데에까지 진행되어야 한다. 일반적으로 한(조선)반도에 거
주하는 사람들은 재중 조선족의 중국 공민의식이 높으면 그의 민족의식
은 그만큼 더 약할 것이라고 생각하는 경향이 있다. 그러나 이것은 우리
가 민족과 국가를 구분하지 않고 국민정체성=민족정체성이라고 전제하
면서 중국 공민의식=중국 민족의식으로 보기 때문이다. 재러 고려인과
재중 조선족의 사례는 이것이 틀렸다는 것을 보여주고 있다.

마찬가지로 우리는 한국 국민의식=한국 민족의식이라고 생각하는 경
향이 있지만 한(조선)민족에 대한 자긍심이 높다고 해서, 그것이 곧 한
국 또는 조선이라는 국가에 대한 자긍심이 높다는 뜻은 아니다. 한국의
경제발전과 민주화 이후 1990년대 들어 한국인들의 민족적 자긍심은 높
아졌지만 아이러니하게도 한국이 아닌 제3국에 살고 싶다고 하는 사람
들의 비율 또한 높아지고 있다. 이것은 민족적 자긍심에 대한 답변 비율
에서 연령별 차이가 별다른 변수가 아니었음에도 불구하고 '앞으로 살
고 싶은 나라'로 '한국'을 선택하고 있는 연령별 비율이 60대 이상 90.7%,
50대 71.4%, 40대 59.8%, 30대 55.8%, 20대 57.4%, 10대 39.7%로 급격하게
떨어지고 있으며 제3국을 선택한 연령별 분포도를 보면 10대 27.0%, 20
대 20.8%, 30대 12.5%, 40대 14.7%, 50대 8.9%, 60대 이상 1.3%로, 나이가
적을수록 높다는 점에서도 드러나고 있다.

게다가 '제3국을 선택한 이유'를 묻는 답변을 보면 한국인들의 국민정

체성과 민족정체성이 균열되는 이유 또한 드러난다. '제3국이라고 선택한 이유는?'이라는 질문에 대해 이들은 '이 땅에 사는 한 통일이 되든 안되든, 삶이 불안정할 것이기 때문'을 45.8%가 선택했으며, '북한 독재체제도 싫지만 삶의 질과 안정이 보장되지 않은 남한사회도 싫기 때문'을 37.5%가 선택하고 있다. 이것은 오늘날 한국인들이 치열한 경쟁에 지쳐가고 있으며 그 희망을 잃어가고 있음을 보여주는 것이라고 할 수 있다. 따라서 국민정체성은 민족정체성과 달리, 그들이 거주하고 있는 국가의 정책 및 비전, 그리고 그 사회 안에서의 삶의 조건 및 환경과 관련된다고 할 수 있다.

그럼에도 불구하고 살고 싶은 나라로 '한국'을 선택한 한국인 61.9%, 탈북자 64.2%를 뒤이어 가장 높은 비율을 보인 것은 '통일한반도'였다. 통일한반도에 살고 싶다고 한 한국인은 23.2%, 탈북자 33.0%로 제3국에 살고 싶다는 비율보다 훨씬 높았다. 게다가 한국인 중에 통일한반도에 살고 싶다고 답변한 이유로 '전쟁 불안을 해소하고 우리 민족이 평화롭게 살기를 바라기 때문' 49.6%, '우리민족이 약소국 설움을 극복하고 강대국이 되기를 바라기 때문' 21.4%, '이산가족 등 분단이 초래한 숱한 고통이 극복되기를 바라기 때문' 15.4% 등을 들고 있다. 따라서 경쟁사회의 피로감 못지않게 한(조선)반도의 분단이 한국인과 탈북자들의 국민정체성과 민족정체성 사이에 균열을 내고 있다고 할 수 있다.

그러므로 해외 거주 코리언들이 가지고 있는 국민정체성≠민족정체성이라는 어긋남만이 아니라 민족정체성 그 자체의 어긋남에도 주목할 필요가 있다. 해외 거주 코리언의 민족정체성은 '남 또는 북의 국가'에 자신의 정체성을 일치시키지 못하고 있다. 그것은 그들의 민족정체성이 유동하는 민족정체성이라는 점을 드러낸다. 그러나 이것은 해외 거주 코리언의 민족정체성에만 해당하는 것은 아니다. 비록 해외 거주 코리언들처럼 분명하게 드러나는 것은 아니라고 할지라도 한국인이나 탈북자의 경우에도 민족정체성은 그들이 거주하는 국가, 즉 한국의 국민정체성으로 환원되지 않고 있기 때문이다.

2) 남북 분단과 유동하는 민족정체성

우리와 같이 분단되어 있지 않은 국가에서 다른 나라로 이주한 디아스포라의 경우, 그들의 모국이나 민족적 귀속의식은 비교적 단순화될 수 있다. 그러나 해외 거주 코리언들에게 '모국'을 물었을 때, 코리언들의 답변은 남과 북, 한(조선)반도로 나누어졌다. 재중 조선족의 모국 선택은 남 8.8%, 북 36.0%, 한(조선)반도 23.9%였고, 재러 고려인의 모국 선택은 남 15.3%, 북 9.5%, 한(조선)반도 36.2%였으며, 재일 조선인의 모국 선택은 남 40.4%, 북 2.5%, 한(조선)반도 43.9%였다. 물론 예외적인 경우가 있다. 그것은 재미 한인이다. 재미 한인의 조국(=모국) 선택은 남 85.4%, 북 0.3%, 한(조선)반도 6.0%였다.

그러나 재미 한인의 민족정체성이 남과 북 그리고 한(조선)반도로 분열되지 않고 한국사회로 거의 일원화된 이유는 설문조사의 대상이 된 재미 한인의 대부분이 한국에서 태어나 미국으로 이민을 간 1세대와 1.5세대이기 때문이다. 여기서 알 수 있는 것은 첫째, 코리언의 국민정체성이 거주국으로 일원화되어 있는 반면, 재미 한인을 제외한 코리언의 민족정체성은 한(조선)반도의 특정국가로 고정되어 있는 것이 아니라 남과 북 그리고 한(조선)반도로 분열되어 있다는 점이다. 즉, 코리언의 민족정체성은 남과 북이라는 하나의 국가로 환원되는 고정된 민족정체성이 아니라 남과 북, 한(조선)반도로 갈라지는 '유동하는 정체성'이라고 할 수 있다.

코리언의 민족정체성이 남과 북의 어느 한쪽으로 편향되지 않고 유동하고 있다는 점은 탈북자에게도 확인된다. 탈북자의 민족정체성은 같은 민족이라는 능동적인 정서와 같은 민족에게서 받는 차별과 편견이라는 수동적인 정서, 두 가지 요인의 결합정도에 따라 다양한 분화를 겪는다. 두 요인의 결합정도에 따라 북한 사회를 그리워하거나, 남한 사회에로 동화하려는 방향, 혹은 남북에 거리를 두면서 통일한반도를 선호하는 방향, 탈남하여 제3국으로 이주하려는 방향 등 탈북자 정체성의 다양한 분화가 이루어진다.[10] 이러한 다양한 분화는 그들의 민족정체성이 남북 어느 한 쪽에 편향된 것이 아니라 남과 북 그리고 한(조선)반도로 갈라지는 유동적인 성격을 드러내고 있다.

둘째, 코리언 민족정체성의 유동적 성격은 일본, 러시아, 중국에 거주하는 코리언들이 모국을 선택할 때, '한(조선)반도'의 비율이 높다는 점과 특히 관련되어 있다. 재중 조선족의 23.9%, 재러 고려인의 36.2%, 재일 조선인의 43.9%가 남이나 북이 아니라 '한(조선)반도'를 모국으로 선택하고 있다. 남도 아니고 북도 아닌 한(조선)반도라는 모국선택 비율이 이처럼 높다는 것은 코리언들이 분단 극복의 열망을 강하게 지니고 있음을 의미한다. 즉, 코리언들의 상당수가 분단된 남과 북의 국가 어느 한 쪽이 아니라 장차 건설되어야 할 통일된 한(조선)반도를 지향하고 있다.

이런 점에서 코리언 민족정체성의 유동성은 분단현실을 반영하고 있으며 통일에 대한 강력한 지향 의지를 가지고 있다고 할 수 있다. 이 점은 탈북자에게도 드러난다. '살고 싶은 나라'가 통일한반도라고 응답한 탈북자의 비율이 44.4%, '북한 호감 및 남북 호감 동일'이라고 응답한 비

---

10) 이병수·전영선, 「탈북자의 정체성 이해와 민족의 평등한 유대」, 건국대학교 통일인문학연구단 편, 『코리언의 민족정체성』, 선인, 2012, 145-146쪽.

율 40.3%라는 것은 이들의 민족정체성 또한 분단현실과 밀접히 관련되어 있다는 점을 보여주고 있기 때문이다.[11] 따라서 해외 거주 코리언들의 유동하는 민족정체성은 그들에게만 나타나는 경향이 아니라 잠재적이지만 한(조선)반도 거주 코리언들에게도 동일하게 나타나고 있다고 할 수 있다.

셋째, 그러나 코리언의 유동하는 민족정체성은 거주국의 정치경제적 특성, 이주경험에 따른 차이, 그리고 결정적으로 남 또는 북의 국가와의 관계성에 따른 차이를 보여주고 있다. 이를 각 집단별로 보면 다음과 같다. 재중 조선족의 경우, 모국선택에서 '한국'(8.8%)에 비해 압도적으로 '조선'(36.0%)을 더 많이 선택하고 있으며, 이는 '한(조선)반도'를 모국으로 선택하는 비율(23.9%)보다 높다. 따라서 재중 조선족의 민족정체성은 '한(조선)반도' 지향의 정체성을 가지고 있는 사람들과 북 지향의 정체성을 가지고 있는 사람들로 분열되어 있다. 이것은 재중 조선족이 '북쪽' 출신이 많을 뿐만 아니라 항일무장투쟁이라는 역사적 전통을 같이 했으며, 북과 역사적으로 많은 유대관계를 유지했다는 측면에서 이해될 수 있다.[12]

재일 조선인의 경우, 모국 선택에서 '한(조선)반도'가 가장 높으며 (43.9%) 다음으로 '한국'(40.4%)을 선택하고 있다. 따라서 재일 조선인의 민족정체성은 한국 지향의 정체성과 한(조선)반도 지향의 정체성으로 양분되어 있다고 할 수 있다. 모국 선택에서 '한국'의 비율이 높은 이유는 설문조사 응답자 가운데 다수가 한국 국적을 가졌기 때문이다.[13] 그

---

11) 이병수·전영선, 「탈북자의 정체성 이해와 민족의 평등한 유대」, 건국대학교 통일인문학연구단 편, 『코리언의 민족정체성』, 선인, 2012, 126쪽.

12) 박영균·허명철, 「재중 조선족의 '국민' 그리고 민족의 이중정체성」, 건국대학교 통일인문학연구단 편, 『코리언의 민족정체성』, 선인, 2012, 173쪽.

13) 전체 재일 조선인 구성비를 보면, 한국 국적:조선적:일본 국적의 비율이 65:

러나 한국 국적을 지닌 재일 조선인은 모국 선택에서 한국을 45.1%, 한(조선)반도를 42.75%로 선택하고 있는데, 이는 한국 국적을 지녔다고 하더라도 한(조선)반도 지향성이 매우 높다는 점을 보여준다. 재일 조선인이 다른 어떤 코리언보다 한(조선)반도를 선택하는 비율이 높은 이유는 그들이 남북 분단의 직접적인 영향을 받고 있는 점과 깊이 관련되어 있다.

반면 재러 고려인의 경우, 모국 선택 경향은 남과 북으로 치우쳐 있지 않으며, '한(조선)반도'(36.2%)와 '러시아와 한반도'(15.0%)를 합해 51.2%가 한(조선)반도 지향성을 보여주고 있다. 그러나 재러 고려인들은 한(조선)반도를 '전승된 기억 속의 고향'으로 상상할 뿐, 1937년 강제이주 이전의 거주지인 연해주를 자신의 고향으로 인식한다. 대다수의 고려인들, 특히 중앙아시아 출신 연해주 거주 고려인들은 오랜 기간 동안 거주국과의 동화를 경험하였기 때문에 구체적인 하나의 나라로서 모국의 의미는 서서히 사라졌으며, 그 대신 전승된 기억 속의 근원적 고향으로서 '한(조선)반도'를 인식하고 있다. 따라서 그들의 모국은 '남한'과 '조선'보다는, '한반도', '러시아-한반도'처럼 한반도적 뿌리를 강조하는 방향으로 향하고 있다.[14]

그러므로 코리언 디아스포라의 민족정체성이 남과 북 그리고 한(조선)반도로 나누어져 유동한다는 사실은 탈민족주의에서 말하는 민족정체성 해체현상, 탈민족화를 의미하는 것이 아니라, 한(조선)반도의 민족사적 특수성에서 연유하는 역사적 트라우마를 반영하고 있다. 한(조선)

5:30이다. 그러나 설문조사 응답자의 국적 비율은 한국 국적:조선적:일본 국적 비율이 80:8:12였다. 김익현 · 나지영, 「재일 조선인의 민족정체성과 경계인」, 건국대학교 통일인문학연구단 편, 『코리언의 민족정체성』, 선인, 2012, 275쪽.

14) 박민철 · 정진아, 「재러 고려인의 민족정체성과 민족적 자긍심」, 건국대학교 통일인문학연구단 편, 『코리언의 민족정체성』, 선인, 2012, 238쪽.

반도의 특정한 국민정체성으로 환원되지 않는 코리언의 유동하는 민족정체성은 거주 지역에 따른 상대적 차이는 있지만, 일제 식민지와 이로부터 생겨난 분단과 이산이라는 역사적 경험의 산물이라고 할 수 있다. 또한, 코리언의 유동하는 민족정체성은 남과 북의 어느 한 쪽에 수렴되지 않는 한(조선)반도라는 통일 공동체를 향하고 있다는 점에서 분단극복의 지향을 지니고 있다고 할 수 있다.

하지만 이런 분단극복의 지향성은 과거와 같은 '동질성의 회복으로서 통일'이라는 관점에서 수렴될 수 있는 것이 아니다. '동질성의 회복으로서 통일'이라는 관점은 전통적인 민족주의자들이 가지고 있는 '동일성으로서의 민족정체성'에 근거하고 있다. 그러나 해외 거주 코리언들이 보여주고 있는 민족정체성은 민족=국가처럼 하나의 국가로 수렴될 수 없는 정체성이다. 물론 통일은 두 개의 분단국가로 분열되어 있는 현재의 상태를 극복하고 하나의 국가를 창출한다는 점에서 한(조선)반도에 하나의 통일국가를 건설하는 것이다. 그러나 그렇다고 이 통일국가가 모든 민족을 포괄하는 것은 아니다. 그것은 해외 거주 코리언들을 민족으로부터 배제하는 결과를 낳을 것이기 때문이다.

바로 이런 점에서 코리언 디아스포라의 이중정체성과 유동하는 민족정체성은 전통적인 종족적 민족 개념을 벗어난 새로운 민족정체성에 대한 접근을 요구하고 있을 뿐만 아니라 근대적인 민족국가의 개념을 벗어난 새로운 민족정체성에 대한 재구성을 요구하고 있다. 이것은 '분단극복과 통일'이라는 문제에서도 마찬가지이다. 한(조선)반도의 통일은 역사적으로 일제 식민 지배로부터 시작된 민족≠국가라는 어긋남과 이산의 상처를 극복하는 문제이기 때문이다. 따라서 통일한(조선)반도를 건설하는 문제는 남과 북이라는 두 개의 국가가 하나의 국가를 형성하는 문제를 넘어서 코리언 디아스포라를 포함하는 그들의 차이를 '민족적 합력'으로 만들어 갈 수 있는 새로운 원리를 요구하고 있다.

3) 민족정체성의 새로운 구성: 가족유사성으로서 민족공통성

일반적으로 사람들이 말하는 민족정체성이 변질되었다거나 해체되었
다고 하는 것은 본질적으로 어떤 고정된 정체성을 가정하는 것으로 근
대정신의 산물이라고 할 수 있다. 그러나 비트겐슈타인은 가족을 보라
고 말한다. 어느 한 가족의 닮음은 어느 하나의 지표, 즉 눈, 코, 입 등의
단일한 속성으로 환원될 수 없다. 오히려 그들 각각은 다르다. 그럼에도
불구하고 가족이 닮아 있는데, 그것은 구성원 모두에게 적용되는 닮음
의 공통적인 지표는 없지만 누구와 누구는 눈의 색깔이 닮고, 누구와 누
구는 귀의 모양이 닮듯이, 닮음의 방식이 서로 겹치고 교차하기 때문이
다. 따라서 비트겐슈타인은 동일한 하나의 닮음으로 환원하는 본질주의
를 비판하면서 "나는 이러한 유사성들을 '가족 유사성'이라는 낱말에 의
해서 말고는 더 잘 특징지을 수 없다"[15]고 하면서 '가족유사성(family
resemblance)'이라는 개념을 내세웠다.

코리언 디아스포라의 민족정체성 연구가 보여주는 결과 또한 마찬가
지이다. 코리언들은 가족처럼 서로 닮아 있지만 어느 하나의 닮음을 가
지고 있는 것이 아니라 다양한 차이를 지니고 있다. 그럼에도 불구하고
그들 간에는 서로의 닮음이라는 흔적과 집단적 공유의 끈을 가지고 있
다. 코리언들은 정치체제와 생활환경이 다른 지역에 흩어져 살면서 정
체성의 다양한 요소들을 변형시켜 왔지만, 집단적 유대의 끈을 유지하
면서 한(조선)민족의 구성원으로 어떤 닮음의 중첩적 구조들을 만들어

---

15) Ludwig Wittgenstein, *Philosophical Investigations*, Basil Blackwell Oxford, London,
    1978, p.32.

〈표 27〉 싫든 좋든 내가 한(조선)민족이라는 것을 어디에서 느끼는가?

	한국인	탈북자	재중 조선족	재러 고려인	재일 조선인	재미 한인[16]
정서적인 공감대	28.5	11.0	16.5	1.5	15.9	48.6
같은 언어	21.6	41.3	32.3	6.4	7.6	57.5
비슷한 생활풍습	12.8	20.2	21.2	14.7	19.1	34.3
타민족과의 만남을 통한 차이	8.8	4.6	13.8	26.4	8.9	10.5
같은 핏줄	21.2	15.6	14.1	40.8	21.0	20.0
비슷한 사고방식에서	4.8	3.7	2.0	3.1	4.8	20.0

내고 있다. 따라서 코리언 디아스포라의 민족정체성은 '혈통, 언어, 생활풍습'과 같은 어떤 하나의 잣대가 아니라, '닮았지만 어느 하나의 닮음'으로만 환원할 수 없는 가족유사성을 지니고 있다. 이것은 '싫든 좋든 내가 한(조선)민족이라는 것을 어디에서 느끼십니까?'라는 질문에 대한 답에서 찾아볼 수 있다.

〈표 27〉에서 보듯이 '한국인'과 '탈북자', '재중 조선족', '재러 고려인', '재일 조선인'이 한(조선)민족이라는 유대를 발견하는 지점은 각기 다르다. 그럼에도 불구하고 서로서로가 공유하는 지점들이 있다. 예를 들어 한국인과 탈북자, 재중 조선족과 재미 한인은 '같은 언어'를 공유하며 한국인과 재러 고려인, 재일 조선인은 '같은 핏줄'을 공유한다. 또한, 탈북자와 재중 조선족은 '비슷한 생활풍습'을 공유한다. 따라서 각자가 독특하게 가지고 있는 특징들, 예를 들어 한국인은 '정서적인 공감대', 탈북자와 재중 조선족은 '비슷한 생활풍습', 재러 고려인들은 '타민족과의 만남을 통해 차이를 느껴서'와 같은 특징들이 있음에도 불구하고 이들은

---

16) 재미 한인의 경우, 설문항목에서 두 가지를 선택하도록 질문하였기 때문에, 다른 코리언들에 비해 2배 정도 높은 응답률을 보였다.

민족이라는 하나의 '가족'을 형성하고 있는 것이다.[17] 따라서 이들의 차이는 민족정체성 그 자체를 해체하는 것은 아니다.

또한, 그러하기 때문에 코리언들 간의 만남이 소통과 상생을 만들어내는 관계가 되기 위해서는 이들의 차이를 배제하거나 억압하는 것이 아니라 오히려 그 차이를 민족적 합력으로 바꾸어 가는 데에서 시작해야 한다. 여기서 민족정체성은 혈연이나 과거의 유산, 전통들에 의해 주어진 것이 아니라 오히려 그런 것들의 변용 속에서 중첩되면서 차이들을 공통적인 것들로 만들어가는, 그 실천적 과정에 주어지는 것이다. 따라서 민족정체성은 과거 본질주의적 관점을 내재하고 있는 '정체성=동일성(identity)'이 아니라 오히려 차이를 통해서 생산되는 '공통성(commonality)'이라는 개념에 의해 새롭게 재구성되어야 한다.

'공통성'은 특정한 역사 속에서 형성되어 온 특정한 '공동체(community)' 안에 내재되어 있는 어떤 것, 특정한 가치나 사고방식이든 전통적 생활양식이든 간에 특정하게 표준화될 수 있는 지표로부터 정체성을 규정하는 것이 아니라, 오히려 각기 다른 공동체들 상호 간의 마주침과 공명, 그리고 접속을 통해서 각 공동체 외부에서, 그들의 '사이'에서 만들어지는 것이다. 따라서 여기서 '차이'는 오히려 공통성을 만들어내는 '자원'이며 서로를 변화시키는 잠재적인 것일 뿐만 아니라 '정체성'은 이미 존재하는 것이 아니라 앞으로 생성되어야 할 것으로 규정된다.

게다가 해외 거주 코리언들은 앞에서 보았듯이 재중 조선족 중 23.9%가, 재러 고려인 중 36.2%가, 재일 조선인 중 43.9%가 남도 북도 아닌 '한(조선)반도'를 모국으로 선택하고 있다. 따라서 이들의 민족정체성은 한(조선)반도에 거주하는 주민들의 남=한(조선)민족, 북=한(조선)민족이라

---

17) 김성민·박영균, 「분단의 트라우마에 관한 시론적 성찰」, 『시대와 철학』 제21권 2호, 2010, 319쪽.

는 적대의 정치학을 벗어나 있으며 '통일한(조선)반도'라는 미래를 향해 있는, 고정되어 있지 않은 정체성이다. 하지만 그렇기 때문에 동북아 거주 코리언들은 미래의 고향으로서의 통일한(조선)반도 건설에서 남과 북의 체제 대립을 벗어나는 위치를 가지고 있다. 그들은 현실에 존재하는 남과 북이 아니라 '통일한(조선)반도'라는 상상 속의 공동체를 향한다는 점에서 분단극복과 통일이라는 민족적 합력의 창출의 주체가 될 수 있다.

하지만 그렇게 되기 위해서는 무엇보다도 먼저 '민족≠국가'라는 어긋남이 만들어내는 상호간의 갈등과 충돌, 적대적 감정을 민족적 고통과 아픔 위에서 미래 생산적인 민족적 합력으로 바꾸어가는 노력이 필요하다. 예를 들어 재중 조선족, 재러 고려인, 재일 조선인 등 동북아 거주 코리언들이 가지고 있는 '민족적 유대'에 근거한 욕망은 오히려 한국이나 한국인에 대한 상처와 증오로 변화될 수 있다. 왜냐하면 그들은 다른 사람들과 달리 '형제'로서의 특권을 요구하는 욕망을 가지고 있기 때문이다. 따라서 코리언의 민족정체성 비교 연구는 한편으로 통일한(조선)반도의 건설이라는 목표를 중심으로 하면서도, 다른 한편으로 이들이 가지고 있는 욕망의 흐름을 파악하고 이 속에서 민족적 합력을 창출하는 정치-경제-문화적 네트워크를 창출하는 연구가 되어야 한다.

3. 코리언의 민족정체성과 분단-통일의식 비교 연구의 필요성

1) 코리언의 역사-존재론적 특수성

해외 거주 코리언들은 거주국의 국가정체성을 가지고 있으며, 다문화적으로 변용된 신체적 정체성을 가지고 있음에도 불구하고 거주국의 다수 종족과 다른 종족정체성을 가지고 있으며 그들의 조상이 살았던 한(조선)반도를 향한 귀속의식과 뿌리에 대한 강한 애착을 가지고 있다. 그러나 그들의 민족정체성 및 한(조선)반도로의 귀속의식은 하나의 국가를 향해 있지 않다. 이것은 한(조선)반도가 분단되어 있기 때문이다. 따라서 그들은 민족정체성은 남, 북, 통일국가 등등으로 분열되어 있으며 그 분열을 극복하기 위해 한(조선)반도의 분단을 통일로 만들어가려는 강한 열망을 가지고 있다.

그렇다면 다원적으로 변용된 종족정체성에도 불구하고 한(조선)반도와의 생활문화, 정서적 유대가 지속되며, 한(조선)반도의 통일에 대한 관심이 지대하게 유지되는 이유는 무엇일까? 오늘날 탈민족을 주장하는 사람들은 '민족'이라는 상징이 근대 이후 국민국가에 의해 만들어진 것으로 '상상적인 것'에 불과하며 공동체 내부에 존재하는 다양한 문제들로 인해 고통을 받고 있는 개인들을 '동일성'으로 통합함으로써 그 안에 존재하는 억압과 차별을 배제한다고 주장하고 있다. 따라서 이들은 '탈민족'을 주장하면서 해외 거주 코리언들이 가지고 있는 민족정체성과 분단극복의 통일의지를 부정하면서 그들이 지닌 역사적으로 만들어온 역사-존재론적 성격을 보지 못하고 있다.

그러나 이것은 서구에서 형성되어 온 민족국가의 역사를 그대로 한(조선)반도의 역사에 기계적으로 적용하고 있는 것으로, 서구를 보편적인 것으로 전제하는 서구중심주의가 낳은 편향일 뿐이다. 무엇보다도 먼저 코리언들의 민족정체성이 가지고 있는 특수성은 그것이 한(조선)반도에서 전개되어 온 특수한 역사적 산물이라는 점에 주목할 필요가 있다. 한(조선)반도는 서구의 근대민족국가와 달리 오랫동안 종족적 단위와 정치적 단위가 일치하는 '역사적 국가(historical states)'를 만들고 이 속에서 살아왔다. 영국의 역사학자 에릭 홉스봄(Eric John Hobsbawn)은 한(조선)반도를 중국·일본과 함께 "역사적 국가의 희귀한 사례"로 규정했다. 그러나 그도 보지 못한 것은 한(조선)민족의 '역사적 국가'는 중국, 일본과도 매우 다르다는 점이다.

중국의 국가들은 다양한 이민족들의 침입과 지배, 그리고 동화의 역사라고 할 수 있다. 원나라를 세운 몽고, 청나라를 세운 만주족은 모두 중국의 다수종족인 한족이 아니었으며 근대 이전의 가장 최근 국가가 청나라라는 점에서 최근까지도 중국은 하나의 종족이 하나의 국가를 이루고 살아온 것이라고 평가할 수는 없다. 또한, 비교적 단일 종족이 단일 국가를 이루고 살아온 일본조차도 한(조선)민족과 다르다. 그들이 북해도 지역의 아이누족과 독립왕국을 이루고 살아온 오키나와를 통합한 것도 비교적 최근의 일이며 일본 안에는 여전히 이들 소수종족과의 갈등 문제가 남아 있다.

그러나 한(조선)반도에서 살고 있는 한(조선)민족은 최소한 고려시대 이후 다른 민족이 국가를 세우고 지배하거나 대규모적인 이민족의 통합 없이 천 년 이상을 비교적 단일한 종족이 단일한 정치공동체를 이루고 살아왔다. 물론 몽고나 청, 일본 등의 침략전쟁이 있었으며 몽고나 청과의 전쟁에 패배함으로써 복속되었으며 전쟁 중 유입된 이민족이 있었다. 그러나 이 경우에도 한(조선)반도의 국가 그 자체를 그들이 직접 지배하지는 않았으며 이들 이민족이 그들만의 집단을 이루고 산 적이 없다. 따라서 한(조선)민족은 서구나 중국, 심지어 일본과 달리 역사적으로 이미 고려시대부터 서구 근대국가가 만들어낸 국경선을 갖추고 있었으며, '정치공동체'로서 단일 국가에 의해 언어, 혈연, 문화적 공동체를 형성해갈 수 있었다.

바로 이런 점에서 해외 거주 코리언들의 민족정체성과 통일에 대한 강한 열망은 우연적인 것이 아니라 한(조선)민족의 특수한 역사와 관련되어 있다고 할 수 있다. 즉, 오랜 세월 동안 하나의 정치공동체를 이루고 살면서 형성된 비교적 동질성이 강한 정치-경제-문화적 공동체적 성격 때문이라고 할 수 있다. 또한, 해외 거주 코리언들이 한(조선)반도에 거주하는 남북 주민과 더불어 그들이 통일국가에 대해 강한 관심을 가지는 것은 한(조선)반도의 역사에서 적어도 고려시대 이후로는 하나의 국가가 존재했기 때문이다. 따라서 코리언들이 분단을 작위적이며 오히려 통일을 자연스러운 것으로 받아들이는 정서는 이런 역사적 국가의 오랜 전통에서 비롯된 것이라고 할 수 있다.

게다가 한(조선)민족은 19세기 일본의 제국주의에 의해 식민지가 되었으며 국권을 박탈당하고 일본 제국주의의 직접 통치 하에 놓이게 되었다. 그것은 고려시대 이후 하나의 국가를 이루고 살아온 한(조선)민족에게는 이제까지 없었던 대사건이었다. 왜냐하면 그것은 한(조선)민족의 자연스러운 욕망, 장구한 역사 속에서 하나의 역사적 국가를 이루고 살아오면서 가지게 된 정치공동체=종족공동체라는 집단적 열망 즉, 민족적 리비도[18]의 흐름을 근본적으로 억압한 것이었기 때문이다. 따라서 둘째, 코리언 디아스포라의 강한 민족적 정서와 유대, 그리고 통일의지는 그들의 존재 자체가 20세기 한(조선)반도가 겪었던 망국의 역사적 경험과 밀접하게 연결되어 있다는 점에서도 그 이유를 찾을 수 있다.

일본 제국주의 지배는 코리언들이 오늘날 겪고 있는 고통인 민족≠국가라는 어긋남이 시작된 역사적 기원이었다. 일본은 한(조선)민족에게서 국가를 빼앗아감으로써 한(조선)민족의 정치공동체를 그들의 권력으

---

18) "특정한 시대의 정신을 만드는 원초적인 질료, 토양은 집단적인 리비도이며 이 리비도의 흐름이 사회적 성격이다. 마찬가지로 민족적 단위에서의 리비도적 흐름이 있으며, 이것을 '민족적 리비도'라고 규정할 수 있다." 김성민·박영균, 「인문학적 통일담론과 통일인문학」, 『철학연구』 제92집, 2011, 158쪽.

로 바꾸어 놓았으며 민족≠국가라는 어긋남을 만들어냈다. 그러나 민족
≠국가라는 어긋남은 단지 일본 제국주의의 식민지 지배 시절에만 존재
하고 있는 것이 아니다. 이것은 오늘날 해외 거주 코리언들의 '이산'이
만들어내는 민족≠국가라는 어긋남과 분단으로 인해 한(조선)민족≠한
국, 한(조선)민족≠조선이라는 어긋남에서 동일하게 반복되고 있다.

게다가 일제의 식민지 지배는 오늘날 코리언 디아스포라 형성의 가장
중요한 역사적 원천이었다. 그것은 연해주, 연변, 일본, 그리고 남과 북
에 거주하던 사람들이 식민지 시기에 일본이라는 같은 국적을 지니고
있었지만, 일본이 패전하자 살던 지역에 따라 국적이 나누어진 데서 확
인할 수 있다. 또한 코리언 디아스포라는 그 지정학적 위치성에 주목할
때, 미소 냉전의 산물이기도 한 한반도의 분단과 밀접한 관계를 지닌다
는 점 역시 간과할 수 없다. 그것은 오늘날 코리언 디아스포라의 대다수
가 일본, 중국, 구소련 국가들, 미국 등 지정학적으로 한반도 냉전 및 분
단과 직접 관련 있는 국가들에 거주하고 있는 데서 확인된다.

그러므로 해외 거주 코리언들의 이산 현실은 식민지배와 분단이라는
한(조선)반도의 비극적 역사와 관련되어 있다. 때문에 코리언의 민족정
체성 역시 식민지배와 분단의 역사적 경험과 상처를 반영할 수밖에 없
다. 따라서 '분단극복과 통일'은 남과 북의 국민들만이 가지고 있는 역사
적 과제가 아니며 해외 거주 코리언들도 역사적으로 '분단극복과 통일'
의 역사적 주체라고 할 수 있다. 그리고 이런 관점에서 분단극복과 통일
은 남북을 넘어서 해외 거주 코리언을 포함하는 '민족적 합력'의 창출과
정을 통해서 일제 식민지 이후 어긋났던 민족≠국가라는 균열을 극복하
는 것, 즉 미래지향적인 통일한(조선)반도를 건설하는 것이라고 다시 정
의될 수 있다. 코리언 디아스포라의 민족정체성 연구가 '코리언의 민족
≠국가라는 어긋남과 분단-통일에 관한 비교연구'가 될 수밖에 없는 것

도 이 때문이다.

2) 한민족공동체론과 코리언 디아스포라 연구의 문제점

코리언 디아스포라의 이중정체성과 유동하는 민족정체성을 새로운 '민족공통성'의 창출로서 바라보는 관점은 '민족동질성'에 기초한 단일민족국가건설이라는 기존의 통일담론과는 다른 새로운 통일 패러다임의 전망을 열어준다. 왜냐하면 민족공통성의 형성은 남북의 코리언들만의 문제가 아니라 식민지배와 분단 체제로 인해 고통을 겪어왔던 한(조선)민족 전체의 문제들로 바라보기 때문이다. 코리언 디아스포라를 포괄하는 민족공통성을 형성하려는 시각에서 볼 때, 통일은 일반적으로 사람들이 생각하는 '1민족=1국가'의 단일형 국민국가를 건설하는 것이 될 수 없다. 오히려 그것은 가치체계와 생활문화 상에서 차이가 나는 코리언들이 소통과 상호교감을 통해 식민지배의 상처와 남북의 이념적 적대를 극복하고 민족 공통의 가치와 생활문화를 만들어가면서 미래지향적인 통일한(조선)반도의 민족국가를 건설해 가는 것을 의미한다.

게다가 해외 거주 코리언들의 약 90%가 한(조선)반도의 분단과 직접적 관련이 있는 주변 4대 열강, 미-일-중-러에 거주한다는 점에서 국제정치학에서 매우 중요한 역할과 책임을 부여받고 있다. 물론 코리언 디아스포라는 현재 남북의 적대와 갈등에 직접 연루된 당사자가 아니며, 통일한(조선)반도의 필연적 구성원이 될 남북 주민과 같은 차원에서 통일과 관련한 책임과 부담 그리고 권리를 지닌 존재도 아니다. 하지만 한(조선)반도 통일 이후에 비록 거주국 국민으로서의 삶을 영위한다고 하더라도 코리언들은 스스로를 한(조선)민족 구성원으로 여기면서 분단극복의 문제에 깊은 관심과 이해관계를 지니고 있다. 통일의 중요성, 분단

극복의 정책적 비전, 통일한(조선)반도의 미래적 상 등 코리언들의 분단
-통일의식은 통일한(조선)반도에 대한 강한 열망을 드러내고 있는 동시
에, 남북이 상호이질감과 적대성을 극복하고 상호신뢰성을 회복하는 통
일의 관점과 지혜를 제공하고 있다.

　그러나 기존에 코리언들의 민족적 네트워크 및 공동체를 만들고자 했
던 논의들은 '대한민국 중심주의'에 빠져 이런 코리언 디아스포라가 가
지고 있는 역사-존재론적 특수성과 지정학적 위치를 고려하지 못함으로
써 그들이 분단극복과 통일에서 수행할 수 있는 역량들을 제대로 다루
고 있지 못한다. 그런 대표적인 논의가 '한민족공동체론'이다. 한민족공
동체론은 민족의 혈통, 역사, 문화의 '공유' 및 '단일성' 등 객관화된 특질
을 근거로 해외에 흩어져 살고 있는 한(조선)민족이 서로 협력하는 공동
체를 이룩해야 한다고 주장한다. 그러나 해외 거주 코리언을 그들의 국
적과 관계없이 한(조선)민족이라는 단일 카테고리로 묶는 데는 장애가
따를 수밖에 없다. 혈연과 문화의 동질성을 강조하는 전통적 민족개념
으로는 모국과의 유대가 약하고 거주국의 사회문화에 점차 동화되어가
는 디아스포라 3, 4세를 포괄할 수 없기 때문이다. 게다가 한(조선)민족
의 일원이 될 자격을 혈연, 언어, 문화의 공유로 규정할 경우 수많은 디
아스포라는 민족공동체의 구성원으로 수용하기가 어려워진다.

　그럼에도 불구하고 한민족공동체론은 해외 거주 코리언들을 향해 모
국어와 전통문화 교육의 필요성을 강조하며, 한(조선)민족의 동질성과
소속의지를 지닌 민족구성원이 되기를 당위적으로 요구하는 경향이 있
다. 이것은 한(조선)반도를 중심으로 하여 해외 거주 코리언들의 민족정
체성을 판단하기 때문이다. 따라서 그들은 해외 코리언들이 보여주는
민족정체성의 다양한 변용들을 단일한 민족정체성을 약화시키는 병리
적 현상으로 이해하면서 현지 민족어, 민족풍습 교육과 같은 한(조선)민

족 공동체로 결속시킬 수 있는 다양한 처방들을 제시한다. 하지만 이러한 당위적 요구와 처방의 제시는 디아스포라의 객관적 처지와 주체적 요구를 존중하지 않기 때문에 공동체 내외부의 타자성과 차이를 인정하지 않는 동일성의 지배논리로 귀착되며 이에 반해 분단극복과 통일의 문제는 해외 거주 코리언들의 문제가 아니라 한(조선)반도에 거주하는 남과 북의 문제로만 간주하는 경향이 있다.

반면 동일한 종족적 논리에 기반하고 있지만 해외 코리언을 한(조선)민족의 구성원으로 포괄하려는 한민족공동체론과는 달리, 문화적 측면에서 민족 동질성이 탈각되어가는 준종족집단으로 추인하자는 입장도 있다.[19] 이 입장에 따르면 '재일 조선인', '재러 고려인' 등의 명칭은 우선적으로 거주국 내의 소수종족의 집단정체성을 가리키는 말이다. 그리고 한(조선)민족의 단일 종족성을 강조하는 한민족공동체론은 이민족과의 결혼 증가, 정서적 유대감 약화 등 한(조선)민족의 문화적 특징들이 해체 혹은 변질되고 있는 디아스포라 현실을 반영하지 못한다고 본다. 따라서 이 입장은 해외 코리언이 한(조선)민족과 동일한 종족집단이 아니라 준종족화되고 있는 현실을 인정해야 한다고 본다.

그러나 한민족공동체론이나 준종족론은 모두 민족정체성을 혈연과 문화적 동질성론에 근거하여 판단하고 있으며, 해외 거주 코리언들에게서 그 동질성이 변질 혹은 약화되고 있다는 인식을 공유하고 있다. 다만 한민족공동체론이 이러한 디아스포라 현실을 극복하려는 지향을 갖고 있다면 준종족론은 이를 추인한다는 점에서 다를 뿐이다. 그러나 한 집단의 역사적인 경험과 상처는 사라지는 것이 아니라 전승을 통해 기억의 일부로 남아 집단의식의 저변에 쌓이게 된다. 그것은 부모 세대가 자

---

19) 남근우, 「한민족의 준종족화와 문화분절화」, 『국제정치연구』 제15집 1호, 2012, 235쪽.

식 세대에 전해줌으로써 민족정체성 형성의 중요한 자원이 된다. 망국과 분단, 디아스포라 현상은 분리된 것이 아니라 20세기 한(조선)반도가 겪은 동일한 역사적 과정과 결합되어 있다. 즉, '억압된 것은 반드시 회귀한다'는 프로이트의 모토처럼 이런 역사적 기억과 상처의 흔적들을 가지고 있다는 것이다.

그리고 바로 이런 측면에서 그들은 일반적으로 사람들이 가지고 있는 리비도와 다른, 민족적인 사랑이라는 독특한 리비도를 가지고 있다. 그것은 다른 인종이나 민족과 맺는 관계와 다른 특별한 관계, '형제애'를 요구한다. 바로 이 형제애가 코리언의 연대를 이끌어내는 고리이자 한(조선)반도의 통일을 이끌어가는 '힘'이다. 그러나 그렇기에 역으로 이 '힘'은 한국이나 조선, 또는 한국인이나 조선인 등 본국에 거주하는 코리언이나 국가들에 대한 상처와 증오로 변환될 수도 있다. 여기서 이 '힘'을 민족적 합력의 창출로 바꾸어내는 것은 그들의 민족애적 욕망과 형제애로서의 특권 요구를 이해하고 그들의 욕망에 맞는 국제적인 코리언 네트워크를 만들어내는 것이다. 따라서 '코리언의 민족≠국가라는 어긋남과 분단-통일에 관한 비교연구'는 이런 코리언들 각각이 가지고 있는 역사적 트라우마의 전이-전치의 구조를 파악하고 각 집단이 가진 구조의 독특성에 맞추어 '상호 형제애적 리비도의 흐름'이 다시 흐르도록 하는 방향을 찾는 것이자 그런 과정을 통해서 트라우마를 치유하는 방향을 찾는 것이라고 할 수 있다.

3) 보르메오의 매듭으로서 민족

일반적으로 민족=국가를 같은 것으로 생각하는 사람들은 민족을 국가로 포획하는 데 성공하지 못한 재일 조선인과 같은 경우에서만 민족정체성을 발견한다. 그러나 민족을 국가로 포획하는 데 매우 성공적인 것으로 보이는 재중 조선족과 재러 고려인조차 높은 국민정체성에도 불구하고 이와 다른 민족정체성을 가지고 있다. 이것은 국가가 자신의 국민정체성으로 민족을 포획하는 데 성공하는 경우조차 민족정체성을 완전히 국민정체성 안으로 포획하여 하나로 만들 수 없으며 단지 그들 사이의 조화를 만들어낼 수 있을 뿐이라는 것을 보여준다. 게다가 이것은 해외 거주 코리언들에게 나타나는 것이 아니다. 그것은 한국인에게도 나타난다.

　일반적으로 한국인들은 민족과 국가를 구별하지 않기 때문에 자신이 가지고 있는 민족과 국가가 분열적이라는 것을 명료하게 인식하지 못한다. 그러나 그것조차도 '앞으로 살고 싶은 나라'에 대한 물음에 대해 14.4%가 '제3국'을 선택하고 있는 것처럼 분열적인 틈새를 드러낸다. 그런데도 오늘날 탈현대론자들 중에는 '민족'이라는 개념을 사용하면 무조건적인 알레르기적 반응부터 보이는 사람들이 있다. 그들은 세계화가 이산을 부추겨 '민족'을 해체하고 있다고 말한다. 또한, 그들은 '민족'이란 근대국가에 의해 '상상적으로 구성'된 것이라고 말한다. 물론 그들의 주장처럼 '전통'은 언제나 새롭게 창조되는 것이며 근대국가가 '민족'이라는 상상적 공동체를 불러내어 '전통'을 만들어냈다고 말할 수 있다.

　그러나 이렇게 주장하면서 그들은 오직 한 측면만을 너무 과장해서 보고 있을 뿐이다. 그들은 20세기 민족주의가 불러일으킨 참화, 특히 서구의 나치즘이라는 광기에 겁을 먹고 그것을 역사 속에서 지우고자 하면서 엄연하게 존재하는 대중적 욕망을 부정하고 있다. 팀 에덴서가 말했듯이 "이 때문에 민족정체성이 힘을 잃어버린 것처럼 보일 수도 있다. 그러나 이는 여러 가지 이유에서 전혀 사실이 아니다. 우선 정체성이 너무나도 유동적이고 공간적·문화적 영속성이 부족하다는 점 때문에 담론적이고 감정적인 차원에서 장소 구속감이 다시 요구될 수 있다. 어떤 불확실성을 느끼게 되면 굳건한 대지가 필요해질 것이며, 민족정체성은 이미 마련된 정박지가 되어 줄 것이다. 이 같은 두려움은 회귀적인 정치적 민족주의자들에게 비옥한 기반이 된다."[20] 따라서 문제는 민족주의 그 자체가 아니다.

장소 구속감을 요구하면서 민족이라는 정박지를 불러일으키는 것은 현실의 불확실성이지 민족주의가 아니다. 그들은 마치 민족주의, 민족이라는 감정이나 정서, 관념이 민족주의적 폭력을 생산한다고 생각하는 것처럼 보인다. 그러나 사람들이 집단적 광기에 사로잡힐 때, 그것은 그들 모두가 그런 관념과 정서를 가지기 때문이 아니다. 오히려 문제는 그들이 그런 관념과 정서를 가질 수밖에 없도록 만드는 현실이다. 독일의 파시즘을 불러온 것은 독일 민족의 자연스러운 감정이 아니라 그 당시의 독일 현실이었다. 따라서 탈민족 담론의 '민족'에 대한 강박적 과민반응은 문제의 출발점을 현실이 아니라 사람들이 가지고 있는 관념과 상징에서 찾는다는 점에서 지식사회학적으로 말하면 관념과 상징들을 다루고 있는 지식인의 '스콜레'를 반영하고 있을 뿐이다.

하지만 그럼에도 불구하고 이들은 민족의 신화가 만들어낼 수 있는 '폭력의 위험성'을 과도하게 과장하면서 다른 한편으로 엄연하게 살아 숨 쉬고 있는 '욕망', '장소 구속감'으로서의 민족이라는 고향의 이미지, 집단적 유대의 욕망을 부정하고 있다. 가라타니 고진이 말한 것처럼 민족(nation)이란 자본과 국가(states)를 묶는 '보르메오의 매듭'이다. 자본은 공동체를 파괴한다. 반면 민족은 국가와 결합하면서 파괴된 공동체를 '상상된 공동체'로 바꾸어 놓는다. 사적 소유의 보존을 제일의 목표로

---

20) 팀 에덴스(Tim Edensor), 박성일 옮김, 『대중문화와 일상, 그리고 민족 정체성』, 이후, 2008, 75쪽.

삼는 근대국가가 공공성을 이야기하면서 공동체를 보존하고 이에 대한 정책을 실시할 수 있었던 것은 바로 이런 '민족'이라는 보르메오의 매듭이 있었기 때문이다.

그러나 만일 국가가 이것을 수행하지 못하고 권력을 따라 자본과의 결탁을 강화한다면 어떻게 될 것인가? 그것은 대중들로 하여금 '민족이라는 환상체계'를 불러오는 사후복수를 감행할 수밖에 없다. 즉, 현실의 불안정성과 불확실함, 삶의 피폐함이 커질수록 대중들은 이런 엄혹한 현실 속에서 살아가기 위해 '집'이라는 환상적 비유가 제공하는 민족을 향한 열망을 키울 수밖에 없으며 이럴 경우, 대중들이 가진 자신의 현실에 대한 분노는 '민족주의적 광기'로 전화되면서 다시 집단적 광기는 '권력'으로, 그 외의 타자들에 대한 폭력으로 바뀔 수밖에 없다. 따라서 '민족'이라는 환상은, 그것이 광기로 전화되어 전제적 권력으로 승화되기 전까지는 오히려 해독제일 수 있다.

민족이라는 환상체계는 우리가 관념적으로 부정한다고 부정되는 것이 아니라 현실적으로 존재하는 것이며 자연스러운 감정적인 발로라는 점에서 출발할 필요가 있다. 그것은 대중의 현실이며 감정이다. 재중 조선족처럼 중국 국민으로 살면서도 '한족'에 비해 한(조선)민족이 문화적으로 우수하다는 자부심을 갖거나 여전히 한(조선)반도로의 귀속의식을 가지고 있는 것도 바로 이런 자연스런 감정의 발로라고 할 수 있다. 따라서 문제는 이것을 인위적으로 부정하거나 해체하려고 시도하는 것보다 민족과 국가의 균열지점에 주목하면서 그것이 가지고 있는 결합의 욕망, 에로스적 욕망을 생성의 힘으로 바꾸어가는 '길'을 모색하는 것이다.

제5장 분단국가의 균열과 코리언의 역사-민족-국제적 통일의식[1]

1. 코리언의 분단-통일 연구의 방향

1) 민족정체성 연구와 분단-통일 연구의 결합

분단국가는 한(조선)반도라는 지역 전체를 대표하지 못한다. 그러나 남과 북에 거주하는 사람들은 한국=민족, 조선=민족이라는 공식을 가지고 있기 때문에 이 공백, 균열을 보지 못한다. 그들은 '민족'이 아니라 '국가'를 먼저 생각하며 국가를 통해 민족을 전유하기 때문에 국가의 균열을 사유하지 못한다. 일제 식민지 치하에서 건설하고자 했던 국가는 '민족국가'이다. 그것은 그 당시 한(조선)민족 전체의 사회적 욕망이었

---

[1] 코리언 통일인식 비교에서 재미 한인을 제외한 것은 다음과 같은 이유 때문이다. 우선 현지 조사 파트너와 협의 하면서 처음 계획은 100문항으로 진행하려고 했으나 45문항으로 줄어들었기 때문에 다른 코리언들과 같은 질문을 할 수 없었다. 또한 재미 한인이 식민지하에서 이주하지 않았으며, 동북아 지역에 거주하고 있지 않다는 점을 고려한 측면도 있다.

다. 여기서 '민족국가'라는 것은 본래 어떤 '민족에 의해 세워진 국가'라는 의미로, 민족이 주체가 되어 세운 국가를 의미했다. 여기서 주동적 위치에 서는 것은 국가가 아니라 민족이다.

그러나 오늘날 남과 북의 국민들이 가지고 있는 '한국=민족, 조선=민족'이라는 등식에서 나타나고 있는 것은 이런 '민족'과 '국가'의 자리가 상호 역전되어 있다는 점이다. '민족국가'에서 주동적 위치에 서 있던 '민족'(민족=국가)은 '국가'와 자리를 바꾸어 '국가'(국가=민족)가 앞에 서고 민족은 뒤로 밀려난다. 따라서 여기서 민족국가라는 기호의 의미사슬은 역전된 형태를 취한다. 즉 '민족=국가'는 '민족'이라는 상징을 통해서 국가의 정당성을 확보한다면 '국가=민족'은 '국가'를 통해서 '민족'을 불러낸다. 따라서 '민족=국가'는 '민족주의'적 의미사슬이라면 '국가=민족'은 '국가주의'적 의미사슬이라고 할 수 있다.

이런 점에서 남과 북의 국민들이 가지고 있는 '한국=민족, 조선=민족'이라는 등식으로 표현되는 민족정체성은 '민족=국가'를 '국가=민족'으로 전치시킴으로써 형성된 국가(국민)정체성이라고 할 수 있다. 그렇다면 한(조선)반도에서는 왜 이런 국가주의적 의미사슬이 오히려 민족을 대표하게 되었는가? 그것은 분단국가가 자신의 정당성, 권력의 정통성을 부여받을 수 있는 것이 '한(조선)민족'이라는 상상적 공동체임에도 불구하고 그들은 한(조선)반도 전체를 포괄하지 못함으로써 결핍된 존재로서의 민족국가를 만들어가야 했기 때문이다.

분단국가가 가지고 있는 결핍은 민족국가라는 관점에서 매우 치명적인 결점이다. 따라서 남과 북이라는 두 개의 분단국가는 그 결핍을 감추고자 했으며 이런 결핍을 '국가=민족'이라는 전치를 통해서 봉합하면서 다른 반쪽을 '적'으로 바꾸어 놓았다. 여기서 반쪽은 '민족의 반쪽'이 아니라 '민족의 원수, 또는 적'으로 존재하며 분단국가의 결핍은 상호 적대성을 통해서 상대를 부정함으로써 감추어지는 것이다. 그러나 그렇다고 주어진 현실이 바뀌는 것은 아니다. 이에 분단국가의 '국민 만들기'는 '분단국가의 국민'을 생산하는 과정이었으며 이는 강력한 정치-군사·사법-이데올로기적 강압통치를 수반했으며 끊임없이 '민족'을 표상하면서 통일운동을 하는 세력과 충돌할 수밖에 없었다.

역사적으로 분단국가는 '국가우선주의적 시각'에서 통일 문제를 다루어왔으며 민중운동들은 '민족우선주의적 시각'에서 정부의 통일론이나 정책들을 비판해왔다. 또한, 한국의 민주화와 더불어 '민족우선주의적 시각'이 성장했으며 이와 더불어 남북문제가 '남남갈등'을 일으키는 뜨거운 이슈가 되어가고 있다. 따라서 해외 코리언들의 민족정체성 비교 연구는 단순히 그들의 민족정체성이 가진 삼중적 어긋남의 관계를 분석하는 데 멈출 수 없으며 오히려 오늘날 한(조선)반도에 살고 있는 우리의 문제, 즉 민족≠국가의 어긋남이라는 분단국가의 자기 결핍, 즉 분단과 통일이라는 문제로 되돌아올 수밖에 없으며 해외 거주 코리언들을 포함한 분단-통일 연구가 되어야 한다.

2) 코리언들의 분단-통일 연구가 지닌 의미들

해외 거주 코리언들을 포함한 분단-통일에 대한 연구가 지니고 있는 의미는 무엇보다도 먼저, 해외 거주 코리언들의 남북 분단에 대한 의식 및 사고 연구가 오늘날 한(조선)반도에 살고 있는 사람들이 가지고 있는 분단의 아비투스를 해체하는 해독제가 될 수 있으며 감추어진 결핍과 적대성의 작동 메커니즘을 드러내는 거울이 될 수 있다는 점에 있다. 오늘날 한(조선)반도에 거주하는 사람들은 분단국가의 국민이다. 따라서 그들의 신체는 이미 '분단된 사회적 신체'로서, 분단국가의 아비투스를 체현하고 있다. 반면 해외 거주 코리언들은 민족, 국가와 관련하여 삼중의 어긋남을 가지고 있으며 한(조선)반도에 거주하는 코리언과 민족≠국가라는 어긋남을 공유하고 있다.

특히, 동북아 거주 코리언과 한(조선)반도 거주 코리언들의 민족≠국가라는 어긋남의 존재론적인 공유는 동일한 역사적 맥락 속에 만들어진 것이다. 동북아 거주 코리언들의 다수는 조선말 근대화 시기와 일제 식민지 치하에서 이주한 사람들의 후손이며 한(조선)반도의 분단국가가 가지고 있는 '민족≠국가'라는 어긋남의 역사적 기원 또한 '일제 식민지 지배'로부터 시작되었다. 따라서 '이산'과 '남북 분단'은 서로 매우 다른 것처럼 보이지만 '일제 식민지'라는 역사적 지점을 공유하고 있으며 이 지점을 통해서 서로 다른 차이에도 불구하고 중첩되면서 오늘날의 한(조선)민족사를 만들어내고 있다.

역사는 기억이고 과거의 사건들이 남긴 충격들을 통해서 특정한 시·공간을 살고 있는 사람들의 신체에 흔적을 남긴다. 동북아에 거주하는 코리언들은 비록 한(조선)반도의 분단과 통일에서 직접적인 당사자는 아니지만 그들의 역사-존재론적인 민족정체성의 다중성은 일제 식민지 지배라는 사건으로부터 시작되었다. 이 점에서 그들은 일제 식민지 지배가 남긴 민족≠국가의 균열이라는 트라우마적 사건의 흔적들을 간직하고 있다. 여기서 '일제의 강제 합병과 한(조선)반도의 강점'은 "트라우마적 사건이나 정체성의 기원이 되는…사건"2)으로서 '근원적인 트라우마'를 낳았던 사건들이라고 할 수 있다.

따라서 동북아 거주 코리언들과 한(조선)반도 거주 코리언들이 가진 민족정체성의 차이에도 불구하고 이들 사이에는 이런 역사적 아픔과 고

---

2) 도미니크 라카프라(Dominick LaCapra), 육영수 엮음, 『치유의 역사학으로: 라카프라의 정신분석학적 역사학』, 푸른역사, 2008, 288쪽.

통이 만들어내는 또 다른 유대의 끈이 있다. 이런 유대의 끈은 일제의 식민지배로부터 시작된 '민족≠국가'라는 어긋남을 극복하고자 하는 의지이다. 바로 이런 점에서 둘째, 해외 코리언들의 분단-통일 연구는 한(조선)반도의 통일을 코리언들의 역사적 트라우마를 극복하고 민족적 합력을 창출하는 것으로 자리매김하는 것이라는 점이다. 재일 조선인 학자인 서경식은 코리언의 민족정체성과 관련하여 다음과 같이 말한 적이 있다.

"여기서 내가 말하는 '민족'은 '혈통'이나 '문화'나 '민족혼'처럼 소위 '민족성'이라는 실체를 독점적으로 공유하는 집단이 아니다. 내가 말하는 '민족'은 고통과 고뇌를 공유하면서 그 고통에서 해방되기를 지향함으로써 서로 연대하는 집단을 가리킨다. 말하자면 나는 '민족'이라는 개념을, '민족성'이라는 관념에서가 아니라 역사와 정치상황이라는 하부구조에서 이해하려는 것이다."[3]

그렇다면 오늘날 코리언들의 민족정체성 또한 소위 민족성이라는 실체를 공유하는 집단이 아니라 민족의 고통과 고뇌를 공유하고 있으며 그 고통에서 해방되기를 지향하는 연대의 끈을 가지고 있는 집단이라는 측면에서 바라볼 수 있지 않을까? 그리고 그 고통과 고뇌가 한(조선)반도의 일제 식민지 지배와 분단이 가지고 있는 민족≠국가의 어긋남이라면 우리에게 민족정체성은 이 어긋남을 극복하고자 하는 민족적 욕망 또는 의지로 다시 정의될 수 있는 것은 아닐까? 바로 이런 점에서 '분단과 통일의 문제'는 분단체제의 현장인 한(조선)반도에 살고 있는 남과 북의 문제만이 아니라 코리언들 전체의 문제라고 할 수 있다.

게다가 셋째, 동북아에 거주하는 코리언들의 경우에, 그들은 지정학적으로 한(조선)반도의 분단과 직접적인 관련을 가지고 있는 국가들에

---

3) 서경식, 임성모·이규수 옮김, 『난민과 국민 사이』, 돌베개, 2006, 11쪽.

거주하고 있다. 해외 거주 코리언들 중 거의 90%에 육박하는 코리언들이 미국, 일본, 중국, 러시아에 거주하고 있다. 그런데 한(조선)반도의 분단이 그러했듯이 통일 또한 국제적인 정치 없이 현실적으로 가능하지 않다. 따라서 이들 코리언들은 한(조선)반도의 분단 극복과 통일에서 국제 정치 역학상 매우 중요한 역할을 수행할 수 있는 집단들이라고 할 수 있다. 바로 이런 점에서 이미 송두율은 '미래의 고향'으로서 통일을 이야기하고 있으며 백낙청은 '범세계적 민족공동체'와 더불어 '복합국가'의 건설로서 통일을 이야기하고 있다.

그러나 이때의 통일은 남과 북이라는 두 개의 분단국가가 체제 통합을 이룩하는 것을 넘어서 식민지 치하에서 한(조선)반도를 떠나야만 했던 해외동포들까지 포함하는 미래기획적 성격을 띨 수밖에 없다. 그렇기 때문에 통일 연구는 과거의 전통으로 회귀하는 것을 의미하거나 '한국인'인 우리를 중심으로 한 연구가 될 수 없으며 해외 거주 코리언을 포함하여 민족공통성의 창출 차원에서 보는 분단-통일 연구가 되어야 한다. 그러나 그렇게 되기 위해서는 무엇보다도 먼저 '민족≠국가'라는 어긋남이 만들어내는 상호간의 갈등과 충돌, 적대적 감정을 민족적 고통과 아픔 위에서 미래 생산적인 민족적 합력으로 바꾸어가는 노력이 필요하다.

3) 분단-통일 연구의 방향

해외 거주 코리언들은 일제 식민지 이후 '민족≠국가'라는 어긋남을 경험한 사람들로, 여기서 비롯되는 역사적 트라우마를 공유하고 있기 때문에 남과 북에 거주하는 사람들과 동일한 분단 극복의 욕망을 가지고 있다고 하더라도 그것은 동일한 하나의 지점으로 환원될 수 없다. 왜냐하면 그들이 가진 욕망은 그들이 살아가는 사회역사적 맥락 속에서 형성된 독특한 방어기제를 통해서 '변형'된 것으로, 각기 다르기 때문이다. 따라서 '민족≠국가라는 어긋남과 분단-통일 연구'는 이들 특수성을 배제한 채, 어떤 하나의 입장이나 가치, 관점들을 중심으로 이루어질 수 없으며 오히려 그들이 가지고 있는 생각의 차이들을 드러내면서 그 차이들이 근거하고 있는 그들의 욕망을 그들의 사회역사적 맥락에서 해명하는 것이 되어야 한다.

예를 들어 동북아 거주 코리언들은 분단 책임이나 통일을 위한 정책 및 통일의 가치나 방향에서 동일한 견해를 가지고 있지 않을 뿐만 아니라 심지어 자기 스스로 모순적인 정책이나 방향을 가지고 있기도 하다. 따라서 어떤 사람들은 이들의 분단-통일의식을 일관성이 없는 혼란된 것으로, 가치 없는 것으로 치부할 수도 있다. 특히, 분단체제 하에 살고 있는 당사자들인 남과 북의 사람들은 이들의 견해가 별 의미 없는 것으로 간주하는 경향이 있다. 그러나 이것은 한(조선)반도에 거주하는 사람들의 분단-통일의식 또한 그런 일관성을 결여하고 있으며 국제 정치 및 거주 환경의 정세적 변화에 민감하다는 사실을 보지 못하고 있는 것이다.

보다 정확히 보자면 해외 거주 코리언들보다 한(조선)반도 거주 코리언들이 분단체제에 관해서는 더 역사적 환경과 국내외 정세 변화에 더 민감하며 더 많은 영향을 받는다. 그것은 그들이 분단체제의 두 축인 남쪽의 국가와 북쪽의 국가에 살고 있을 뿐만 아니라 분단체제의 적대적 상호의존성 메커니즘을 직접적으로 체험하는 당사자이기 때문이다. 따라서 '코리언의 분단-통일 연구'는 ① '민족 동일성이라는 욕망과 민족≠국가의 어긋남이라는 분단 극복의 욕망'이 심층에 흐르고 있음에도 불구하고 그것이 작동하는 각각의 코리언들이 거주하는 사회역사적 환경의 독특성, 즉 ② 거주하는 국가의 국내적 환경이나 역사적 체험을 중심으로 하여 ③ 그들 국가 및 사회가 맺고 있는 국제적 관계, 그리고 ④ 분단체제와 그들의 국가 및 사회적 관계, 그리고 ⑤ 남북관계에 의해 이루어지는 '정세'의 변화 속에서 읽혀져야 한다.

하지만 그렇다고 해서 그들의 분단-통일의식이 자신이 거주하는 국가의 여론과 정책들에 완전히 종속되어 있는 것도 아니다. 동북아 거주 코리언들이 보여주듯이 '분단-통일' 문제와 자신의 이해관계를 연결하고 있을 뿐만 아니라 남과 북을 하나의 민족으로, 분단 그 자체를 그들에게는 하나의 아픔으로 기억되고 있다. 따라서 그것은 그들의 분단극복 의지나 통일의 욕망을 생산한다. 그러나 그렇기 때문에 이런 분단극복 의지 또는 통일의 욕망은 그들의 독특한 역사적 체험과 사회적 분위기, 정세적 효과들 속에서 있는 그대로 표현되는 것이 아니라 오히려 일정한 변형과 왜곡을 겪을 수밖에 없다. 동북아에서의 미-중의 각축전과 북의 핵-미사일 개발들에 대한 그들의 인식은 이런 모순적인 여론의 변용과 왜곡을 보여주고 있다.

또한, 그들이 거주하고 있는 지역의 이해관계는 한(조선)반도에 살고 있는 사람들의 이해관계와 다르다. 그들이 처해 있는 위치가 다르기 때문에 그들의 이해관계에 따라 분단-통일의식은 각기 다른 형태를 가진다. 예를 들어 '탈북자'들은 북에 두고 온 가족들 때문에 '대북 경제 지원'에 찬성하면서도 이것과는 전혀 상반되는 '대북봉쇄정책'을 주장한다. 또한, 사할린과 연해주에 거주하는 재러 고려인들은 자신들에 대한 보다 적극적인 투자를 기대하면서 '대북 경제 지원'에 반대하는데, 이와 모순적으로 '대북봉쇄정책'에 대해서는 반대의 입장을 피력하기도 한다. 이것은 분명 논리적으로 볼 때 비일관적이며 모순적인 것이라고 할 수 있다.

하지만 이런 논리적 모순과 비일관성은 그들이 한(조선)반도의 분단
이나 통일에 무관심하기 때문에 발생하는 것이 아니다. 오히려 이런 모
순은 그들이 '하나의 민족'이라는 동일성의 욕망을 가지기 때문이다. 예
를 들어 재러 고려인들은 그들이 살고 있는 지역이 보유하고 있는 사할
린의 가스나 연해주의 광활한 토지, 그리고 한반도종단철도와 시베리아
횡단철도 연결 사업에 대한 민족적 협력이라는 기대치를 가지고 있다.
그러나 남북의 적대적 냉전 관계로 인해 이 사업은 추진되지 못하고 있
다. 따라서 그들은 남쪽이 북에 대한 경제적인 지원을 하는 것을 반대하
면서도 이와 모순적으로 다른 한편으로는 북에 대한 봉쇄정책 또한 반
대하는 것이다.

즉, 한국(남)이나 조선(북)이라는 국가에 대한 민족적 욕망이 만들어
내는 기대치가 있음에도 불구하고 동북아의 국제 정세 및 한(조선)반도
내에서 작동하는 남/북 관계가 이들의 욕망을 에로스적으로 연결시키거
나 타나토스적으로 좌절시키기 때문에 그와 관련된 정서가 그들이 거주
하는 국가의 정치경제적 환경 및 사회 여론에 따라 일정한 변용을 가지
게 되는 것이다. 따라서 이들의 분단-통일의식에 대한 읽기 및 연구에서
중요한 것은 그들의 의식을 단순히 조사해서 수치화하는 것이라고 할
수 없다. 그들이 스스로 가지고 있는 의식은 그들의 욕망을 있는 그대로
반영하고 있는 것이 아니다. 오히려 중요한 것은 그들이 가지고 있는 역
사적 트라우마와 그것을 극복하려는 욕망, 그리고 통일에 대한 열망과
정서가 어떤 국제적-국내적 환경, 그리고 남북관계에 의해 변동되는지
를 읽어내는 것이다.

그러므로 '코리언의 분단-통일 연구'는 코리언의 민족≠국가라는 어긋
남과 관련하여 가지고 있는 코리언들의 집단적 욕망에도 불구하고 이런
코리언들 각각이 가지고 있는 역사적 트라우마의 전이-전치의 구조를

파악하고 각 집단이 가진 구조의 독특성에 맞추어 '상호 형제애적 리비도의 흐름'이 다시 흐르도록 하는 방향을 찾는 것이자 그런 과정을 통해서 트라우마를 치유하는 방향을 찾는 것이라고 할 수 있다. 또한, 그렇기에 이와 같은 연구는 민족공통성이라는 관점에서 남과 북뿐만 아니라 코리언 디아스포라들의 차이들을 그대로 긍정하는 다양성의 인정에서 더 나아가 그 차이들을 서로의 삶과 문화를 변화시키면서 그 속에서 새롭게 통일한(조선)반도의 문화와 가치를 창출할 수 있는 방안을 연구하는 것이라고 할 수 있다.

또한, 바로 이런 점에서 '코리언의 분단-통일 연구'는 삼중의 창을 통해서 그들을 보는 것이라고 할 수 있다. 일반적으로 한국과 한국인들은 해방 후 대한민국의 정치적, 경제적, 문화적 성취를 "'한국'이라고 부르는 남한의 국가가 그 자체로서 하나의 자족적인 국가이자 주권국가로서 성장한 한국현대사"[4]의 역사를 보여준다는 관점에서 보는 경향이 있다. 그러나 이것은 대한민국 중심주의의 전형적 입장으로, 민족을 배제한 분단국가의 상징체계가 만들어내는 아비투스일 뿐이다. 여기에는 남쪽에서 분단국가를 만들고 정치경제적으로 성공한 한국인들의 특권화된 관점이 놓여 있으며 이와 더불어 식민지 이후 이산되었던 다른 코리언들이 겪어왔던 아픔과 고통, 민족적 동일화의 욕망은 배제되고 있다.

그러나 만일 이들과 우리를 나누지 않고 이 모든 역사를 한(조선)민족의 역사라는 관점에서 보자면 앞의 관점과 반대로, 우리는 "대한민국의 건국을 해방정국에서 분단의 공식화과정으로 평가하고, 대한민국의 미래를 통일한국의 전망으로부터 읽어"내면서 "'분단의 창'을 통해 대한민국을 바라보려는"[5] 자세를 가질 필요가 있다. 이것은 '민족≠국가의 어

---

4) 최장집, 「해방 60년에 대한 하나의 해석: 민주주의자의 퍼스펙티브에서」, 『시민과 세계』 제8호, 참여연대, 2006, 22쪽.

긋남'이란 코리언들이 공통적으로 가지고 있었던 민족=국가를 향한 민족적 리비도의 좌절을 통해서 한(조선)민족의 역사를 보는 것이다. 그리고 그렇게 되었을 때, 대한민국은 해외 거주 코리언들과 마찬가지로 동일한 한(조선)민족 역사의 일부가 되며 대한민국이 그 동안 이룩한 성취와 한계는 '분단의 창'만이 아니라, '식민의 창'과 '이산의 창'이라는 삼중의 창을 통해서 드러나게 된다.

또한, 그렇게 되었을 때 한국사회의 정치적, 경제적, 문화적 성취 그 자체도 한국사회에 지배적인 정치경제적 관점, 가치와 문화의 틀 중심으로 바라보는 것이 아니라 남과 북 그리고 코리언 디아스포라를 포함한 한(조선)민족 전체가 이룩한 역사적 문화적 성취와 '민족적 합력'을 창출하는 맥락에서 볼 수 있게 된다. 그러므로 해외 거주 코리언을 포함하는 '코리언의 분단-통일 연구'는 이런 삼중의 창을 통해서 분단을 '민족≠국가의 어긋남'이라는 역사적 트라우마의 극복으로, 민족적 유대의 끈을 통해서 남과 북의 분단을 한(조선)민족 전체의 민족적 합력 창출이라는, 미래 기획적인 실천적 과제로 바꾸어 놓는 것이라고 할 수 있다.

2. 코리언의 분단과 통일의식: 역사적-민족적-국제적 중요성

1) 통일의 역사적 중요성: 식민의 상처와 코리언의 역사적 트라우마

코리언들은 '역사적으로 분화된 집단'이면서 그 나름의 정체성을 '형성, 변형, 유지'[6] 해왔다는 점에서 코리언들이 가지고 있는 분단과 통일

---

5) 박순성, 「한반도 분단과 대한민국」,『시민과 세계』제8호, 참여연대, 2006, 99
쪽.

〈표 28〉 일제 식민지 지배가 우리 민족에게 남긴 가장 큰 문제는 무엇인가?

분류	한국인	탈북자	재중 조선족	재러 고려인	재일 조선인
남북 분단	33.7	36.7	40.7	69.6	51.6
러시아·중국과 미국·일본 등 외세 의존	12.2	4.6	9.1	6.4	7.6
경제적인 가난	5.8	8.3	12.5	1.2	7.6
전통문화의 훼손과 단절	39.3	35.8	11.4	5.2	11.8
한민족의 세계 각지로의 이산	6.0	14.7	26.3	12.6	8.6

의식에 대한 답변은 다음의 두 가지 측면에서 해석되어야 한다. 한편으로 이들의 답변 경향은 각각의 상이한 사회역사적 맥락을 가지기 때문에 하나의 잣대로 해석할 수 없다. 그럼에도 불구하고 다른 한편으로 이들의 답변 경향은 코리언이라는 민족적 동일화의 욕망 속에서 해석되어야 한다. 그러나 이것은 모순적이지 않은데, 왜냐하면 이들이 분단과 통일에 대해 가지고 있는 견해는 한(조선)민족이라는 집단 정체성에 근거하고 있는 것으로, 이와 같은 상이함은 역사 속에서 형성되어 온 상처의 문제와 관련되어 있기 때문이다.[7]

각 집단의 차이에도 불구하고 동북아 거주 코리언들에게 가장 큰 상처를 남긴 것은 '일제 식민지 지배'였다. 게다가 동북아 거주 코리언들에게 있어 일제 식민지 지배는 그들의 선조가 이주하게 된 이산의 원인이

---

6) 본 연구단은 코리언들의 정체성을 국가 정체성이나 민족 정체성으로 환원할 수 없다는 논의와 함께 이를 '멀티 정체성' 혹은 '이중정체성'이라 명명하였다. 그것은 역사적으로 이들의 정체성이 형성, 변형, 유지라는 고정된 수순이나 일회적 과정을 겪는다는 의미가 아니다. 오히려 과거에도 그러하였고 현재에도 또 미래에도 끊임없이 '변화'의 운동과정을 겪는다는 말이다. 이에 대해서는 마찬가지로 이병수·김종군, 「코리언 정체성 연구의 방법론」, 건국대학교 통일인문학연구단 편, 『코리언의 민족정체성』, 선인, 2012, 42쪽을 참조할 것.

7) 이에 대해서는 건국대학교 통일인문학연구단 편, 『코리언의 역사적 트라우마』, 선인, 2012를 참조할 것.

자 분단의 역사적 기원이었다. 따라서 그들에게 분단과 동아시아의 평화·공존은 분리된 것이 아닐 뿐만 아니라 그들의 이산과도 맥락을 같이 한다. 바로 이런 점에서 '일제 식민지 지배가 우리 민족에게 남긴 가장 큰 문제는 무엇인가?'라는 물음은 일제 식민지 지배가 남긴 상처 중 자신들에게 유독 큰 상처를 남긴 것이 무엇인가를 알아보는 물음이라고 할 수 있다.

그런데 그 결과를 보면 가장 먼저 드러나는 것은 한국인과 그 외의 코리언들 사이에 존재하는 차이이다. 한국인은 첫 번째로 '전통문화의 훼손과 단절'(39.3%)을 가장 많이 선택했으며 뒤이어 약 6%의 차이로 '남북 분단'(33.7%)을 꼽음으로써 '남북 분단'을 두 번째로 선택했다. 반면 탈북자, 재중 조선족, 재러 고려인, 재일 조선인은 정도의 차이를 가지고 있기는 있지만 여러 선택지 중에서 '남북 분단'(각각 33.7%, 40.7%, 69.6%, 51.6%)을 가장 많이 선택하고 있다. 따라서 한국인을 제외하고 코리언들이 생각하는 '일제 식민지 지배'로부터 받은 가장 큰 상처는 '남북 분단'이라고 할 수 있는 반면 한국인은 그렇지 않다고 할 수 있다.

그런데 이것은 매우 아이러니한 결과라고 할 수 있다. 왜냐하면 한국인과 탈북자는 남북 분단의 적대성을 가장 생생하게 체감하고 있는 자들인 반면 해외 거주 코리언들은 그렇지 않음에도 불구하고 해외 거주 코리언들은 '남북 분단'을 1위로 선택한 반면, 한국인은 그렇지 않았으며 탈북자도 다른 해외 거주 코리언들보다 상대적으로 높지 않았기 때문이다. 한국인과 탈북자들은 분단으로 인해 발생하는 문제들을 일상적으로 겪고 있는 집단이라는 점에서 상식적으로 볼 때, 코리언 디아스포라보다 '남북 분단'을 선택하는 비율이 압도적으로 높을 것이라고 생각할 수 있다. 그러나 〈표 28〉에서 보는 것처럼 한국인과 탈북자는 코리언 디아스포라에 비해 '남북 분단'(각각 33.7%, 36.7%)을 선택하는 비율이 낮았다.

그렇다면 이것은 무엇 때문일까? 우선, 이 문제를 풀기 위해서는 이들 한국인과 탈북자들이 '남북 분단' 대신에 '전통문화의 훼손'(각각 39.3%, 35.9%)을 다른 집단에 비해 많이 선택하고 있다는 점에 주목할 필요가 있다. 물론 이것은 일제 식민지 지배로 인해 전통문화가 많이 파괴되었다는 점에서 납득이 될 수도 있다. 그러나 다른 한편으로 남북 분단으로 인해서 남과 북의 주민들이 겪는 고통은 일상적인 삶의 안정을 위협할 수준이며 극도의 긴장감을 반복적으로 재생산하는 것이기에, '전통문화의 훼손'과 '남북 분단' 둘 중 하나를 선택한다면 '남북 분단'을 더 많이 선택하는 것이 자연스러운 결과인 것처럼 보인다. 하지만 이들은 남북 분단보다 전통문화의 훼손을 더 많이 선택하고 있다.

바로 이 점에서 주목해야 할 것은 그들이 분단된 한(조선)반도의 두 적대적 국가에 살고 있는 주민들이라는 점이다. 여기서의 주민은 한(조선)민족이면서도 그 나라의 국민이다. 이 때문에 그들은 분단을 직접적으로 체험하는 당사자이면서도 그 분단의 체험은 있는 그대로 드러나서는 안 된다. 왜냐하면 분단을 있는 그대로 체험한다면 그것은 민족의 분열로만 드러나게 되면서 분단국가가 결여하고 있는 민족의 대표성이 상실되기 때문이다. 바로 이런 점에서 민족의 분열은 각기 그들이 살고 있는 분단국가에 의해 대표되는 민족으로 통합되어야 하는데, 이것이 바로 '민족'이라는 상징의 국가주의적 전유라고 할 수 있다.

역사적으로 한(조선)반도의 분단은 '민족=국가'를 건설하고자 하였던 열망의 좌절을 낳았다. 그러나 남과 북에 건설된 국가는 민족 전체를 대표해야 한다. 따라서 남과 북 각각의 국가는 '민족≠국가'라는 결핍을 감추고, 국가 정당성을 확보하기 위해 서로를 민족 문화의 순수성을 훼손하는 집단 또는 미·소의 괴뢰집단으로 단죄할 필요가 있었다.[8] 이러한 관점에서 두 개의 분단국가는 역사적으로 일제 식민지배 하에서 훼손된 전통문화의 복원과 순수성을 자신의 민족정통성과 연결시키고 나아가 전통문화에 대한 우수성의 과잉강조를 통해 자기문화의 우월성을 입증하려 해 왔다. 따라서 한국인과 탈북자가 '전통문화의 훼손'을 유독 많이 선택한 것은 이런 분단국가에서의 아비투스가 작동한 결과라고 할 수 있다. 대신에 '남북 분단'에 대한 답변 비율이 낮은 것은 분단을 '민족의 분열'이 아니라 상대 국가에 의한 불법적 점유 또는 강점으로 전치시켜야 했기 때문이다.

역사적으로 분단 체제 하에서 두 분단국가는 분단이 일제 식민지 지배의 결과로서 발생한 것임에도 불구하고 이런 결과를 일제 식민지배와 관련시키기 보다는 서로 상대방에게 그 책임을 전가시키고 이를 통해서 상대를 '적'으로 상징화하는 방식을 취해왔다. 따라서 남과 북에 사는 사람들에게 분단은 일제 식민지배의 결과가 아니라 남에게는 북의 책임으로, 북에게는 남의 책임으로 체화되어 왔던 것이다. 그러므로 〈표 28〉에서 한국인과 탈북자가 코리언 디아스포라에 비해 '남북 분단'을 덜 선택하면서 '전통문화의 훼손'을 많이 선택하는 것은 이들이 일제 식민지 지배와 분단으로부터 입은 트라우마가 약하기 때문이 아니라 그것의 분단국가의 국가주의적 코드화를 통해서 '남북 분단'을 일제의 식민지배가 아니라 남과 북의 국가 문제로 전가하는 방식을 취하고 있기 때문이다.

그러나 해외 거주 코리언, 특히 동북아 거주 코리언들은 한(조선)반도의 분단체제에서 살고 있지 않다. 따라서 이들에게 '분단'은 체험적 요소가 한국인이나 탈북자보다 낮음에도 불구하고 대신에 있는 그대로 '분단'을 '민족의 분단'으로 인식할 수 있었으며 이것이 '남북 분단'을 1위로

---

8) 박영균, 「분단의 아비투스에 관한 철학적 성찰」, 『시대와 철학』 제21권 3호, 2010, 380-402쪽.

선택하는 결과를 낳은 것으로 보인다. 또한, 그런 의미에서 해외 거주 코리언들의 분단-통일의식의 흐름은 분단체제 하에서 살고 있는 남과 북의 사람들이 가지고 있는 분단의 아비투스를 드러내는 반성적 성찰의 계기를 제공하고 있으며, 그들 또한 통일의 주체라는 점을 보여주고 있다고 할 수 있다.

그러나 그렇다고 이들 해외 거주 코리언들이 한국인이나 탈북자보다 더 통일의지나 욕망을 가지고 있다고 할 수 있는 것은 아니다. 또한, 이들의 답변이 모두 다 동일한 것도 아니다. 사실, 이들에게도 일정한 아이러니가 있다. 그것은 해외 거주 코리언들이 조상의 나라인 한(조선)반도를 떠나 다른 종족이 지배하는 국가에 살고 있다는 것은 고통이자 아픔임에도 불구하고, 재중 조선족을 제외한 다른 집단에서 '이산'을 그리 많이 선택하지 않고 있기 때문이다. 코리언 디아스포라 중에서 오직 재중 조선족만이 '한민족의 세계 각지로의 이산'(26.3%)을 높은 비율로 선택하고 있다. 반면 재일 조선인 경우에는 이들 집단 중에서도 가장 낮은 8.6%만이 '이산'을 선택하고 있다.

그러나 이것은 재일 조선인이 이산의 아픔이 적기 때문이라고 할 수 없다. 왜냐하면 이들은 '이산' 대신에 '남북 분단'을 선택하고 있는데, 이것이 바로 그들이 거주하는 국가의 환경과 분단의 관계를 보여주기 때문이다. 재일 조선인은 재중 조선족과 다르게 분단체제의 적대성이 재일 조선인 사회 내부에서 민단 대 총련이라는 갈등과 충돌로 비화되는 역사적 경험을 가지고 있다. 게다가 일본은 한국과 국교정상화를 한 반면, 조선과는 아직도 국교정상화를 하지 않고 적국으로 대립하고 있는 상태이기 때문에 조선인의 저항을 '조선(북)'의 주민으로 코드화하고 이를 통해서 국가-사회적인 차별을 생산해왔다. 따라서 이들이 겪는 '이산의 고통'은 '분단'이라는 국제 정치적 대립의 코드로 전치되어 있으며 이로부터 고통을 받고 있다고 할 수 있으며 이것이 '남북 분단'에 대한 높은 비율의 답변으로 나타난 것이라고 할 수 있다.

반면 재중 조선족이 다른 해외 거주 디아스포라보다 이산을 많이 선택하고 있는 것은 조상의 나라와 경계를 두고 있는 과계민족(跨界民族)으로서 지리적으로 가장 근접하여 거주하고 있으며 최근 한-중 수교 이후 한국으로 일자리를 구하러 오는 조선족들이 늘어나면서 '이산'을 피부로 느끼는 체험적 요소가 증가했기 때문일 것이다. 특히, 본 조사 대상지역이 연변이었기 때문에 조-중 국경을 사이에 두고 같은 민족이 다른 국가에 소속되어 살아가는 것을 체험하면서 이산을 피부로 느꼈을 가능성이 높으며 한-중 교류의 증가와 함께 한국인과의 만남에서 같은 민족이면서도 그와 다른 가치와 문화를 가진 문화충돌을 경험했을 가능성이 높고, 또한 이것이 '이산'을 많이 선택하는 결과로 이어진 것이다.

탈북자의 경우에도 그들이 북을 이탈해서 남쪽으로 왔기 때문에 '이산'을 재중 조선족 다음으로 높게 선택한 것은 자연스럽다고 할 수 있다. 하지만 탈북자의 경우, 비록 재중 조선족 다음으로 높은 비율로 선택을 하기는 했지만, 재중 조선족보다는 현저히 낮은, 단지 14.7%만이 '이산'을 선택하고 있다. 이것은 그들의 '이산'이 '분단'의 산물이기 때문이다. 하지만 탈북자의 경우에는 한국인 다음의 낮은 비율로 '남북 분단'을 선택하고 있다는 점에서 '이산'이 재일 조선인처럼 '남북 분단'으로 옮겨가지는 않았다. 오히려 그들은 한국인의 답변 경향과 마찬가지로 '전통문화의 훼손과 단절'을 많이 선택하고 있다. 그렇다면 이것은 왜 일까? 탈북자들은 한국으로 들어온 이후 한국인과의 만남에서 문화 충돌을 경험했으며, 그것이 북쪽에 살면서 그들이 가졌던 전통문화와 다른 남쪽의 문화를 전통문화의 훼손으로 느꼈던 것이라고 할 수 있다.

그런데 이 경우 문화 충돌은 재중 조선족이 한국인과의 접촉에서 느낀 문화 충돌과 같은 것이 아니다. 왜냐하면 그것은 북에서 체화된 문화 =전통 문화라고 생각하는 그들이 남쪽 사람들의 문화 양식에서 이질성을 느끼고 있는 것이라고 할 수 있기 때문이다. 따라서 분단이라는 요소가 탈북자에게도 일제 식민지 지배가 남긴 상처와 연결되는 데 가장 중요한 항목이기는 하지만, 그것은 '남북 분단'으로 나타나지 않고 오히려 분단체제 하에서 습득된 '분단된 사회적 신체'의 결과인 '전통문화의 훼손과 단절'로 나타났던 것이다. 반면 재중 조선족은 그것을 전통문화의 훼손이나 단절이 아니라 '이산'으로 직접 표현했던 것이다. 따라서 각 선택 성향에 대한 분석은 그들의 현재적 위치 속에서 해석되어야 한다. 이는 재러 고려인들의 답변에서도 그대로 나타나고 있다.

일제 식민지 지배가 남긴 문제로 '남북 분단'을 가장 많이 선택한 집단은 재러 고려인이었다. 그러나 이것은 매우 아이러니한 것이라고 할 수 있다. 왜냐하면 연해주에 거주하는 재러 고려인들은 중앙아시아에서 살다가 최근에 다시 재이주한 사람들이기 때문이다. 이들은 재일 조선인처럼 분단체제의 적대성으로 인해 그들 사회 내부가 분열되어 반목해 온 역사를 가지고 있었거나 재중 조선족과 같이 한(조선)반도와 국경을 두고 거주하는 집단이라고 할 수 없다. 따라서 이들은 분단체제와 상대적으로 거리가 멀고 직접적으로 체험할 기회도 상대적으로 적은 집단이었다. 그런데도 이들은 '남북 분단'을 다른 코리언들에 비해 압도적으로 높은 비율로 선택하고 있다.

그렇다면 이것은 무엇을 의미하는 것인가? 바로 여기에서 볼 수 있는 것은 역사적으로 겪은 상처의 기억들이 그대로 드러나는 것이 아니라 지금 살고 있는 그들의 사회역사적 공간 속에서 그들의 위치와 관련하여 드러난다는 점이다. 특히, 이번 조사 대상자들이 연해주와 사할린에 거주하고 있다는 점을 감안한다면, 이런 높은 답변 비율은 남·북 또는 북-일을 둘러싼 정세변화에 민감한 지역적 특성이나 한-러 수교 이후 공론화되고 있는 시베리아 철도 연결이나 가스관 등의 경제적인 관계에 따른 반응이라고 할 수 있다. 따라서 코리언들이 '일제 식민지 지배'와 관련하여 가지고 있는 역사적 트라우마는, 단지 과거의 상처에 의해서만 결정되는 것이 아니라 현재 그들이 살아가고 있는 삶의 사회역사적 공간에 의해 결정된다고 할 수 있다.

하지만 그럼에도 불구하고 〈표 28〉에서 나타나는 일제 식민지 지배와 그것이 낳은 폐해로 선택하고 있는 분단과 이산 등은 '상상된 기억' 혹은 '조작적 기억'과 같이 순전히 의식적인 이데올로기적 효과라고 할 수 없다. 그것은 오히려 '지금', '여기'를 살아가고 있는 집단 내 앞 세대와 뒷 세대 간의 부딪힘 속에서, 다시 말해 역사적 전승을 통해 신체에 내면화된 기억과 관련되어 있다고 할 수 있다. 더구나 이들의 기억이 앞서 분석한 것처럼 일제 식민지 지배라는 '과거'를 이들의 삶 속에서 야기되는 '현재'의 문제와 연결시키고 있다는 점에서 이는 의식의 문제를 넘어 있다고 할 수 있다.

나아가 이러한 기억이 '상처'에 관한 것이라는 점과 그것이 과거에 머무르지 않고 자신들의 독특한 삶의 유형에 따라 현재형으로 반복된다는 점에서, 다시 말해 현재적 계기를 통해 과거로 회귀하는 듯한 '비동시성의 동시성'이라는 특징을 보인다는 점에서 라카프라의 용어를 빌리자면 "역사적 트라우마(Historical Trauma)"[9]를 지니고 있는 것이라고 할 수 있

---

9) 도미니크 라카프라(Dominick LaCapra), 육영수 엮음, 『치유의 역사학으로: 라카프라의 정신분석학적 역사학』, 푸른역사, 2008, 239쪽. 라카프라는 프로이트의 이론을 역사학에 도입하여 정신분석학적으로 역사방법론을 정립하고자 하였다. 그는 역사적으로 외상적 체험을 한 사람들이 한 집단 내에서 정서적으로 전이(감염)되면서 대부분의 집단 구성원이 트라우마적 증상을 보이게 된다고 설명한다. 하지만 그의 이론은 첫째, 개인적 트라우마에서도 피해자의 가족이 비슷한 증상을 보일 수 있기에 변별되는 개념이 될 수 없으며 둘

〈표 29〉 일제 식민지 지배를 청산하기 위해서 해야 할 가장 중요한 과제는 무엇인가?

분류	한국인	탈북자	재중 조선인	재러 고려인	재일 조선인
분단 극복과 통일	24.8	45.0	51.5	63.5	43.3
자주적 외교	17.4	17.4	14.1	7.7	8.9
한국 내의 친일파 청산	23.6	12.8	9.1	2.5	2.5
북·일, 북·미 수교		6.4	8.1	12.9	20.7
민족적 자존감의 회복	29.5	17.4	17.2	7.7	10.2

다. 그러나 그런 트라우마의 발현 양식은 그들의 독특한 사회역사적 과
정과 위치에 의해 다르게 나타나고 있다. 이러한 점은 〈표 29〉에서 '일
제 식민지 지배를 청산하기 위해서 해야 할 가장 중요한 과제는 무엇인
가?'라고 물었을 때도 잘 드러나고 있다.

  〈표 29〉에서 '남북 분단'을 많이 선택한 코리언 디아스포라는 이 물음
에 대해도 동일한 답변의 흐름을 보이고 있다. 한국인을 제외한 코리언
들은 모두 다 '분단 극복과 통일'을 가장 많이 선택하고 있으며 그 비율
은 40%에서 60%까지 이어지고 있다. 반면 한국인은 이들과 다르게 일제
식민지 지배 청산을 위한 방안에 대한 여론이 '분단 극복과 통일'에 집중
되기보다는 다양한 답변들로 넓게 분산되어 있다. 이것은 한국인들이
일제 식민지 지배에 대한 청산이 제대로 이루어지지 못해 발생한 다양
한 문제들에 대한 비판적 의식이 결합된 결과라고 할 수 있다.

  그럼에도 불구하고 이 물음은 일제 식민지배와 이들 문제가 연결되어

째, 뒷 세대와 같이 시간이 많이 흐른 후의 비경험자 역시 유사한 증상을 보
이는 이유를 명확하게 설명하고 있지 않다는 점에서 한계가 있다. 이에 대해
서는 박영균·김종군, 「코리언의 역사적 트라우마에 관한 연구방법론」, 건국
대학교 통일인문학연구단 편, 『코리언의 역사적 트라우마』, 선인, 2012, 19-69
쪽을 참조.

있다는 점을 확인하는 데 있는 것이 아니라 이런 문제들 중에서 그들이 가장 중요하게 여기고 있는 문제가 무엇인지를 확인하는 것이라는 점에서 한국인들의 답변 성향은 '분단 극복과 통일', '한국 내 친일파 청산', '민족적 자존감의 회복'을 거의 동일한 비중으로 다루고 있음을 보여준다. 또한, 이것은 한국인들이 분단국가 하에서 분단을 일제 식민지 지배보다 남/북 두 국가의 적대성에서 찾는다는 점에서 논리적으로 일관적이라고 할 수 있으며, '분단의 사회적 신체'라는 분단의 아비투스를 작동하고 있음을 드러낸다고 할 수 있다.

그러나 그렇다고 해서 한국인이 일제 식민지 지배 청산에 대한 의지나 욕망이 떨어진다고 할 수는 없다. 오히려 이에 대한 의지나 욕망은 다른 어떤 집단보다도 높다고 할 수 있다. 한국인과 탈북자들에게 일제 식민지 지배 청산의 문제는 곧 그들이 거주하고 있는 한(조선)반도의 문제이다. 따라서 한국인과 탈북자들이 해외 거주 코리언들보다 더 다양한 답변들을 선택하고 있다는 것은 역으로 그만큼 더 많은 다양한 부분에서 일제 식민지 지배 청산의 문제가 남아 있음을 인식하고 있다고 할 수 있다. 그럼에도 불구하고 문제는 이런 일제 식민지 지배 청산의 문제가 한국 내부, 즉 '한국 내의 친일파 청산', '민족적 자존감 회복', '자주적 외교' 등과 같은 문제들에 집중되고 있다는 한계를 가지고 있는 점이다.

그러나 이것은 한국인만의 문제는 아니다. 해외 거주 코리언들도 그들의 위치와 관점에서 일제 식민지 지배를 바라본다. 이것을 가장 잘 보여주는 집단은 재일 조선인이다. 재일 조선인은 '일제 식민지 지배가 우리 민족에게 남긴 가장 큰 문제는 무엇인가?'라는 물음에 대해 재러 고려인 다음으로 높은 51.6%가 '남북 분단'을 들었다. 그런데 '일제 식민지 지배를 청산하기 위해서 해야 할 가장 중요한 과제는 무엇인가?'라는 물음에 대해서는 '분단극복과 통일'을 선택한 비율이 43.3%로 떨어지고 대신에 '북·일, 북·미 수교'를 다른 집단에 비해 현저히 높은 20.7%가 선택하고 있다. 이것은 앞에서 본 것처럼 일본에서 재일 조선인이 겪는 고통이 북일, 북미 관계가 정상화되지 못하면서 양자 간의 적대성이 재일 조선인에 대한 탄압으로 전화하고 있는 상황과 관련되어 있기 때문이다.

그러므로 문제는 이들의 답변이 보이는 특징들을 특정한 욕망의 결여나 의지의 정도가 약함으로 해석하는 것이 아니라 그들이 가지고 있는 욕망을 그들이 살고 있는 사회역사적 공간에서 형성된 것으로 해석하는 것이다. 또한, 이를 통해서 각자의 차이를 오히려 우리의 관점을 개방하고 더 넓히는 반성과 성찰의 기제로 삼는 것이다. 예를 들어 우리는 우리 안에서 일제 식민지 지배 청산을 보기 때문에 재일 조선인이 선택하고 있는 '북·일, 북·미 수교'가 '분단 극복과 통일'에 기여하는 중요성을 인식하지 못한다. 반면 재일 조선인은 '한국 내의 친일파 청산'이 가지는 의미의 중요성을 소홀히 하는 측면을 가지고 있다. 따라서 이런 차이들을 무시할 것이 아니라 오히려 '성찰의 거울'로 삼으면서 각기 자신을 개방해 가는 자세가 필요하다.

2) 통일의 민족적 중요성: 사회역사적 공간과 상처의 재생산

코리언들은 각기 다양한 답변 경향을 보이고 있음에도 불구하고 공통적으로 '분단 극복과 통일'에 대한 강한 열정을 드러내고 있다. 그러나 그 열정이 드러나는 방식은 다양하다. 이것은 코리언들이 공통적으로 가지고 있는 역사적 경험인 '민족=국가'에 대한 열망의 좌절에도 불구하고 그 좌절을 드러내는 각 집단의 양태는 그들이 살아가고 있는 사회역사적 공간의 구체적 현실에 의해 결정되기 때문이다. 프로이트가 말했듯이 억압된 것은 사라지는 것이 아니라 되돌아온다. 하지만 그 때 되돌아오는 것은 다른 대체물을 형성한 증상을 통해서 드러난다.[10] 따라서 코리언들이 겪은 역사적 트라우마와 그런 트라우마를 낳았던 리비도의 좌절은 동일한 것이라고 할지라도 그들이 그 후 '외상 후 스트레스 장애'를 앓으면서 드러내는 대체물과 증상들은 서로 다를 수밖에 없다. '일제 식민지 지배가 남긴 상처'에 대한 답변이 그러하듯이 '분단과 6·25전쟁이 남긴 상처' 또한 마찬가지이다.

'한(조선)반도의 분단과 6·25전쟁으로 우리 민족은 피해를 입었다'고 생각하는가라는 물음에 대해 코리언들은 '매우 많은 피해를 입었다'와 '다소 피해를 입었다'를 합해 전체적으로 95% 이상이 피해를 입었다고 생각하고 있었다. 이것은 매우 높은 수치라고 할 수 있다. 하지만 더욱 놀라운 것은 조사 대상자들 대부분이 해방 이후 진행된 분단과 6·25전쟁을 직접 경험한 사람들이 아니라는 점이다. 그런데도 그들 대부분은 분단과 6·25전쟁으로 인한 피해의식을 가지고 있었다. 이것은 코리언들에게 분단과 6·25전쟁은 과거 그것을 경험했던 세대의 문제가 아니라는 점을 보여주고 있을 뿐만 아니라 오늘날에도 여전히 살아 있는 '현재적 사건'이라고 할 수 있다.

하지만 엄밀하게 말해서 이 '현재적 사건으로서의 역사'는 과거 사건으로서의 역사와 동일한 것은 아니다. 왜냐하면 역사적 상황의 구성 배열과 요소들은 변화했기 때문이다. 따라서 과거의 사건은 사라져버렸음에도 불구하고 남아 있는 것은 그 사건이 이후 생산하는 '의미(sense)'들이라고 할 수 있다. 예를 들어 분단과 6·25전쟁은 이미 지난 사건이지만 그것이 남긴 '상처'는 특정한 기표들에 달라붙어 의미로 재생산되고

---

10) 지그문트 프로이트(Sigmund Freud), 윤희기·박찬부 옮김, 「억압에 대하여」, 『정신분석학의 근본 개념』, 열린책들, 2012, 148쪽.

〈표 30〉 한(조선)반도의 분단과 6·25전쟁으로 우리 민족은 피해를 입었다

분류	한국인	탈북자	재중 조선족	재러 고려인	재일 조선인
매우 많은 피해를 입었다.	93.4	94.5	65.7	59.8	87.9
다소 피해를 입었다.	5.6	3.4	29.6	32.8	10.2
피해를 입지 않았다.	0.4	1.8	4.7	4.0	0.6

있다는 것을 의미한다. 하지만 그렇기 때문에 이것이 단순히 비실체의 관념, 상상이라고 할 수 없다. 그것은 특정한 역사적 사건이 없다면 생성되지 않았을 뿐만 아니라 위의 표에서 보듯이 지금도 현재적인 것으로 작동하고 있기 때문이다.

그러나 동일한 사건에 대해 코리언들이 느끼는 정서·느낌 등이 동일한 강도를 가지고 있는 것은 아니다. 개인들이 동일한 사건에 대해 그것을 '공포', '아픔' 등으로 표현하였다고 할지라도 그것이 그들 각자에게 미치는 영향력의 크기는 다를 뿐만 아니라 극복의 시간대 또한 다르다. 마찬가지로 이 물음에 대해 각각의 코리언 집단이 지니고 있는 피해의식의 강도 또한 다르다. 이것은 〈표 30〉에서 보듯이 '매우 많은 피해를 입었다'를 선택한 비율에 있어서는 코리언들 간에 차이를 보이고 있다는 점에서 잘 드러나고 있다. 피해의식의 강도 차이는 '탈북자(94.5%) → 한국인(93.4%) → 재일 조선인(87.9%) → 재중 조선족(65.7%) → 재러 고려인(59.8%)' 순이었다.

그런데 이렇게 보면 두 가지의 특징이 드러난다. 첫째는 탈북자와 한국인처럼 한(조선)반도 거주 코리언들과 그 밖의 코리언들 간의 격차이다. 이것은 이들이 거주하고 있는 '공간의 차이' 때문이라고 생각할 수 있다. '한국인'과 '탈북자'에게 있어 분단과 6·25전쟁은 자신들의 거주지역에서 벌어진 것이지만 나머지 코리언들은 한(조선)반도와 거리를

〈표 31〉 '매우 많은 피해를 입었다'에 대한 세대별 선택비율

	10대	20대	30대	40대	50대	60대 이상
탈북자	100.0	95.1	88.9	96.4	100.0	100.0
한국인	93.7	90.1	92.3	97.1	96.4	92.0
재일 조선인	81.8	80.4	93.0	91.7	92.3	84.4
재중 조선족	46.9	60.0	69.5	65.5	79.2	83.3
재러 고려인	42.1	52.7	61.0	52.8	65.4	70.0

두고 있는 지역에 거주하고 있었기 때문에 상대적인 느낌의 강도가 다를 수밖에 없기 때문이다. 하지만 이런 공간적인 거리감의 차이로만 환원할 수 없는 부분도 있다. 위의 답변이 보여주는 또 하나의 특징은 재일 조선인과 재중 조선족 사이의 강도 차이가 큰 폭으로 달라진다는 점이다. 이것은 한(조선)반도에 거주하는 한국인과 그 밖에 거주하는 재일 조선인 사이의 격차보다 훨씬 더 크다. 그렇다면 이것은 무엇을 의미하는가? 이것은 단순한 공간적 거리감을 표현하는 공간적 차이로 설명할 수 없는 것이다. 여기에는 공간 이외의 요소가 개입되어 있다고 할 수 있다. 이를 위해 공간적 거리감이 아니라 시간적 격차를 확인해 볼 수 있는 세대별 차이 즉, 세대별로 '피해의식'을 느끼는 정도의 차이를 확인해 볼 필요가 있다.

일반적으로 사람들은 어린 세대일수록 그 '기억'이 약하기 때문에 '피해의식'의 강도가 더 낮을 것이라고 생각한다. 하지만 위의 표에서 보듯이 이런 통념은 재중 조선족과 재러 고려인의 경우 어느 정도 들어맞지만 재일 조선인의 경우에는 맞지 않다. 〈표 31〉에서 보듯이 30대의 답변률(93.0%)이 오히려 그 이상의 세대보다 더 높으며 10, 20대의 답변률 역시 '60대 이상'과 큰 차이를 보이지 않기 때문이다. 물론 이에 대해 어떤

사람들은 직접적인 체험은 없었다고 하더라도 '역사교육'과 같은 간접체험을 통해서 이를 습득하고 있을 수 있다고 반론을 제기할 수도 있다.

그러나 본 조사에서 민족 교육 경험에 대해 물었을 때 재중 조선족 응답자 중 81.5%가 '있다'고 답한 반면 재일 조선인은 이보다 적은 68.5%만이 '있다'고 답했음에도 불구하고 재중 조선족의 답변 비율은 세대별 차이를 보이고 있는 반면에 재일 조선인은 그렇지 않다는 점에서 이와 같은 반론은 적절하지 않다. 왜냐하면 민족 교육 경험이 높은 재중 조선족은 연령별로 별 다른 차이가 안 나야 함에도 불구하고 연령별 차이가 나며 민족 교육 경험이 상대적으로 적은 재일 조선인은 거꾸로 연령별 차이가 나야 함에도 불구하고 그렇지 않기 때문이다. 따라서 이와 같은 피해의식을 '민족 교육'이라는 변수만으로 판단할 수는 없다.

그렇다면 무엇이 이와 같은 '피해의식의 강도'를 결정하고 있는 것일까? 이 점에서 주목해야 할 것은 단순한 공간적 거리감이나 시간적 흐름의 격차가 아니라 공간 그 자체이다. 공간은 텅 비어 있는 것이 아니라 오히려 사회역사적인 공간으로, 역사적으로 특정한 사건들이 축적되면서 사회적으로 생산되는 것이다. 즉, 이들이 거주하는 공간에는 그들의 피해의식을 지속시키거나 강화시키는 그 어떤 구조가 있다는 것을 의미한다. 예를 들어 한(조선)반도라는 공간은 분단과 6·25전쟁의 무대가 되었던 공간이기도 하지만 그 이후 그것의 직접적인 당사자인 남과 북이 두 개의 국가로 나뉘어 적대적 대립을 지속하는 공간이기도 하다는 점에서 그것은 현재의 공간적 구조와 관련되어 있다. 휴전선은 바로 이런 대표적인 공간 중에 하나이다.

하지만 이런 대립적 공간은 휴전선에서만 작동하는 것은 아니다. 오히려 그것은 우리의 일상적 삶을 통해서 작동한다. 예를 들어 반공법과 국가보안법, 5·18광주항쟁 시기 '간첩'은 국가 폭력을 남과 북의 적대성으로 전환시키면서 '국가≠민족'이라는 결핍을 극복하고자 하는 욕망을 억압하는 기능으로 작동했다.[11] 또한, 6·25참상을 떠올리게 하는 의례의 반복, 반공(반북) 기념비 혹은 기념관 등은 사적인 영역으로 침투하여 일상적인 삶 속에서도 지속적인 자기 감시와 통제의 기능을 수행하며 사람들로 하여금 폭압을 통해 분단체제를 내면화하면서 분단국가가 지닌 균열의 지점들을 은폐하여 '침묵' 혹은 '회피'하도록 만들고 있다.[12]

마찬가지로 재일 조선인 역시 이러한 사회역사적 공간을 가지고 있다. 하지만 그것의 구체적 형태는 한(조선)반도와 동일하지 않다. 일본에 거주하는 재일 조선인들은 한(조선)반도를 식민지화했던 일본이라는 국가에 살고 있을 뿐만 아니라 매우 강한 순혈주의를 가지고 있는 일본인들이 다수인 국가에서 살고 있다. 게다가 일본은 북과의 관계에서 여전히 정상적인 외교관계가 없는 적대적 관계를 가지고 있다. 따라서 이들은 역사적으로 일본인의 민족적 차별뿐만 아니라 대북적대라는 적대성의 공간에서 살 수밖에 없었다. 게다가 샌프란시스코 강화조약 이후 재일 조선인은 일본, 한국, 조선 등 여러 국적으로 분화되면서 내적으로는 남과 북이 이용하는 체제경쟁 속에서 자신의 민족을 국가로 귀속시키는 분화들 속에서 첨예한 갈등을 겪어 왔다.

반면에 재중 조선족과 재러 고려인은 재일 조선인과 달랐다. 물론 재중 조선족 역시 '항미원조'라는 기치를 들고 직접 6·25전쟁에 참여하였으며, 많은 희생자를 낸 집단이라는 점에서 재일 조선인이나 한(조선)반도 거주 코리언처럼 강한 피해의식을 가지고 있을 만한 요소를 지니고 있다고 할 수 있다. 하지만 이들이 현재 살고 있는 사회적 공간은 한(조

11) 김성민·박영균, 「분단의 트라우마에 관한 시론적 성찰」, 『시대와 철학』 제21권 제2호, 2010 참조.
12) 박영균, 「분단의 아비투스에 관한 철학적 성찰」, 『시대와 철학』 제21권 제3호, 2010, 380-402쪽.

선)반도나 일본처럼 그들의 역사적 트라우마를 현재화하는, 내부의 적
대성을 재현하는 공간이 아니다. 따라서 그만큼 그들의 피해의식은 상
대적으로 약화되어왔다고 할 수 있다. 또한, 재러 고려인 역시 3번의 이
주와 구소련 내에서 소수민족으로서 살아남기 위한 치열한 생존(인정)
투쟁을 한 역사를 가지고 있지만 이것은 분단 또는 6·25전쟁과 관련이
적을 뿐만 아니라 오히려 이런 탄압이 중앙아시아로의 이주를 낳음으로
써 그들과 한(조선)반도와의 근접성을 약화시키는 결과를 낳았다.

그러므로 코리언들이 가지고 있는 상처는 단순히 과거 상처의 직접성
이나 체험 결과, 공간적 거리감에 의해 결정되는 것이 아니라 그들이 현
재 살고 있는 공간에서 이런 상처들이 한(조선)반도의 분단체제와 관련
하여 어떻게 구조화되어 있으며 재현되고 있는가 하는 현재성에 의해
결정된다고 할 수 있다. 하지만 이것은 그들이 가진 피해의식 또는 상처
의 현재적 강도를 결정하는 것일 뿐, 그 상처 자체가 없다는 것을 의미
하지 않는다. 비록 재중 조선족이나 재러 고려인들이 한(조선)반도에 거
주하는 남과 북의 코리언이나 재일 조선인에 비해 피해의식의 강도가
낮다고 하더라도 그들 또한 95% 이상이 피해의식을 가지고 있다. 따라
서 그것은 재현되지 않을 뿐 잠복되어 있다고 할 수 있다.

그렇다면 왜 코리언들은 강도의 차이는 있지만 이처럼 분단과 6·25
전쟁을 아픈 상처로 기억하고 있는 것일까? 그것은 바로 분단과 6·25전
쟁이라는 사건이 60여 년이 지났음에도 불구하고 그 당시에 형성된 분
단체제가 그들의 '유동하는 민족정체성'에서 보듯이 한편으로 현재 그들
이 가지고 있는 민족적 열망이나 욕망을 억압하고 있기 때문이며 다른
한편으로는 분단체제가 국제적인 관계 속에서 현재 그들의 삶 속에서
삶의 역량을 교란하는 요인으로 남아 있기 때문이다. 따라서 그들은 분
단 상황 자체를 극복하고자 하며 그것을 우리 민족의 발전과 직접적으

〈표 32〉 한(조선)반도의 분단 상황이 현재 우리 민족의 발전에 저해요소가 되었다

분류	한국인	탈북자	재중 조선족	재러 고려인	재일 조선인
그렇다	88.2	92.7	82.2	81.0	83.1
아니다	11.4	7.3	17.8	18.0	15.0

로 관련시키고 있다. 이것은 아래 〈표 32〉와 같이 '한(조선)반도의 분단 상황이 현재 우리 민족의 발전에 저해요소가 되고 있다는 생각하는가?' 라고 물었을 때에 좀 더 분명하게 드러나고 있다.

〈표 32〉에서 보듯이 '분단 상황이 현재 우리 민족의 발전에 저해요소가 된다'고 생각하는 비율이 가장 높은 집단은 탈북자(92.7%)였으며 그 다음이 한국인(88.2%)이었다. 이것은 당연한 결과라고 할 수 있다. 왜냐하면 그들은 분단체제의 냉전적 적대 상황을 그 자신의 일상적 삶에서 그대로 체험할 수밖에 없는 집단이기 때문이다. 그러나 그 외의 집단, 예를 들어 재일 조선인이나 재중 조선족, 재러 고려인들도 그 중 80% 이상이 분단 극복과 민족의 발전을 직접적으로 관련시키고 있다. 이것은 매우 높은 수치이다. 따라서 이것은 응집의 정도에서 수준의 차이가 있기는 하지만 코리언들 대다수가 한(조선)반도의 분단 극복을 우리 민족의 발전과 직접적으로 연결시키고 있다는 것을 의미한다.

그러나 그렇다고 〈표 33〉에서 보듯이 코리언들 전체가 분단 극복 또는 통일을 자신의 생활적 이득 및 삶의 개선과 직접적으로 관련시키고 있는 것은 아니다. 우선, '남과 북의 통일이 나(해외동포)의 삶을 보다 윤택하게 만들 것이라고 생각하는가?'라는 물음에 대해 탈북자들은 다른 어떤 지역의 코리언들보다 높은 비율로 '그렇다'는 답변을 선택하고 있다. 게다가 그들은 '한(조선)반도의 분단 상황이 현재 우리 민족의 발전에 저해요소가 되었다'는 물음보다도 더 높은 비율로 '그렇다'는 답변

〈표 33〉 남과 북의 통일이 나(해외동포)의 삶을
보다 윤택하게 만들 것이라고 생각하는가?[13]

분류	한국인	탈북자	재중 조선족	재러 고려인	재일 조선인
그렇다	37.1	94.5	83.5	88.7	78.3
아니다	61.5	5.5	16.5	10.7	18.2

을 선택하고 있다.

　그런데 '한(조선)반도의 분단 상황이 현재 우리 민족의 발전에 저해요소가 되었다'는 물음에 대해 '그렇다'고 선택한 비율보다 '남과 북의 통일이 나(해외동포)의 삶을 보다 윤택하게 만들 것이라고 생각하는가?'라는 물음에 대해 '그렇다'고 선택한 비율이 높은 집단은 탈북자만이 아니다. 재중 조선족, 재러 고려인도 그러하다. 이것은 어떤 측면에서 이상해 보일 수 있다. 왜냐하면 일반적으로 사람들은 한국인이나 재일 조선인처럼 통일을 민족적 당위와 관련시키는 데 익숙한 반면, 자신의 개별적 삶과 연관시키는 데는 덜 익숙함에도 불구하고 탈북자와 재중 조선족, 재러 고려인들 중에는 분단과 통일의 문제를 민족의 발전이라는 보다 추상적인 수준과 연관시키는 사람들보다 자신의 삶이라는 개별적인 문제와 연관시키는 사람들이 더 많다는 것을 의미하기 때문이다.

　그러나 이것은 민족과 개인이라는 두 개의 코드로 보았을 때, 그러하

---

13) 한국인, 탈북자와 코리언 디아스포라 간에는 물음이 약간의 차이를 지니고 있다. 한국인과 탈북자에게는 "남과 북의 통일이 나의 삶을 보다 윤택하게 만들 것이라고 생각하는가?"라고 물은 반면, 코리언 디아스포라에게는 "남과 북의 통일이 해외동포의 삶을 보다 윤택하게 만들 것이라고 생각하는가?"라고 물었다. 하지만 '해외동포'는 코리언 디아스포라를 포함하는 의미이며 나아가 이 물음에 응답한 피설문자 역시 자신을 포함하여 물음을 해석하였을 것이라는 본다. 또한 여기서의 핵심은 통일이 현재 이들이 가지고 있는 개별적 욕망과의 관계를 밝히는 데 사용하고 있는 것이기에 이들을 비교하는 데 문제가 되지 않을 것이다.

다. 우리가 이 질문에서 주목해야 할 것은 '한(조선)반도의 분단 상황이 현재 우리 민족의 발전에 저해요소가 되었다'는 물음이 과거형이라면 '남과 북의 통일이 나(해외동포)의 삶을 보다 윤택하게 만들 것이라고 생각하는가?'라는 물음은 미래형이라는 점이다. 따라서 이처럼 앞의 답변보다 뒤의 답변을 보다 많이 선택하고 있는 탈북자, 재러 고려인, 재중 조선족들의 경우에는, 그들 중에 분단이라는 과거가 우리 민족의 발전을 저해하는 가장 중요한 요소가 아니었음에도 불구하고 현재 그가 꿈꾸는 미래의 삶에서 통일이 그 무엇보다도 중요하다고 생각하고 있는 사람들이 다수 있다는 것이다.

그렇다면 왜 탈북자, 재러 고려인, 재중 조선족들은 통일을 과거의 역사가 아니라 현재의 자신의 삶과 더 많이 관련시키는 것일까? 그것은 자신들이 현재 살고 있는 삶의 현재적 공간의 구조 및 위치가 그러하기 때문이다. 탈북자는 북에서 태어나고 자란 사람들로, 고향을 벗어나 남쪽으로 온 사람들이다. 따라서 이들에게 통일은 잃어버린 고향과 헤어진 친지를 자유롭게 만날 수 있는 결정적인 조건이다. 게다가 2000년대에 들어서 급격하게 유입된 탈북자는 남쪽에서 과거처럼 '귀순용사'라는 영웅이 아니라 '못 살고 호전적인 나라' 북의 주민으로 '북과 동일시되면서 사회적 차별과 배제를 경험하고 있다. 따라서 그들은 '북이라는 국가'가 아니라 '못 살아도 인간적인 관계를 맺었던 북쪽 사람들과의 삶'에 대한 향수를 가지고 있다.

하지만 이보다 더 중요한 것은 국제적 관계에서 남쪽의 경제발전과 관련된 그들의 기대이다. 현재의 남/북 분단은 남과 북의 경제교류 및 협력을 가로막고 있을 뿐만 아니라 재중 조선족이 거주하는 연변이나 재러 고려인이 거주하는 연해주·사할린 지역과의 직접적인 교류 및 협력을 가로막고 있는 결정적 요인이다. 따라서 남/북 분단의 극복은 이들

지역과의 직접적인 경제 교류 및 협력을 만들어낼 수 있는 결정적 계기
이며, 탈북자와 재중 조선족, 재러 고려인들은 이에 대한 기대를 가지고
있기 때문에 '통일'을 분단이라는 과거와 연관시키기보다는 '미래지향적'
으로 연관시키고 있는 것이라고 할 수 있다.

　반면 재일 조선인은 그런 지정학적 위치 및 사회적 공간에 살고 있지
않다. 재일 조선인은 남쪽 보다 훨씬 잘 사는 경제 대국인 일본에 거주
하고 있을 뿐만 아니라 남/북 분단이 그들과의 경제 협력 및 인적 교류
에 장애물로 작동하고 있는 것은 아니기 때문이다. 오히려 재일 조선인
에게 더 큰 문제는 분단체제의 적대성이 재일 조선인 사회 내부의 분열
과 갈등, 적대성으로 전화되고 있다는 점이다. 따라서 그들은 통일을
'분단'이라는 과거와 더 많이 관련시키는 반면, 미래와는 덜 관련시키고
있는 것이다. 이것은 재일 조선인이 '분단이 우리 민족의 발전을 저해하
는 요인'이라고 생각하는 수치가 83.1%로, 해외 거주 코리언 중에 가장
높았음에도 불구하고 '통일이 자신의 삶을 개선시킬 것'이라고 생각하는
수치는 78.3%로 해외 거주 코리언 중에 가장 낮은 데에서 드러나고 있
다.

　그러므로 '통일'에 대한 코리언들의 요구는 '분단'이라는 역사성으로만
환원될 수 있는 것이 아니라 미래지향적 현재성을 포함하고 있다. 하지
만 이렇게 보았을 때, 가장 기이한 선택을 보이고 있는 집단은 '한국인'
이다. 한국인들은 '분단 상황이 우리 민족의 발전을 저해하는 요소가 되
었다고 생각하는가'를 물음에는 88.2%가 '그렇다'고 함으로써 탈북자 다
음으로 높았지만, '남과 북의 통일이 나(해외동포)의 삶을 보다 윤택하
게 만들 것이라고 생각하는가?'라는 미래지향적 물음에는 고작 37.1%만
이 '그렇다'고 답변함으로써 다른 코리언들과 비교해보았을 때, 현저하
게 낮은 답변률을 보이고 있기 때문이다.

그렇다면 이것은 무엇을 의미하는 것일까? 그것은 무엇보다도 먼저 '분단'이 상호 간의 긴장과 불안을 야기할 뿐만 아니라 그것을 통해서 분단국가의 상호 적대적 체제를 강화하는 분단체제의 메커니즘에서 찾아야 할 것이다. 분단국가는 분단된 국가의 국민들을 생산한다. 바로 이런 점에서 분단체제는 상호간의 적대성을 통해서 분단국가의 체제 통합력과 권력을 만들어내며 상호 적대적 의존관계를 가지고 있다. '한국인'들이 분단이라는 역사적 상황이 한(조선)민족의 발전을 저해했다고 봄에도 불구하고 북과의 통일에 대해서는 그것이 자신의 삶을 개선시키지 않을 것이라고 보는 것은 호전적이고 못 사는 나라인 '북'과의 통일이 더 많은 사회적 혼란과 경제적 부담을 야기할 것이라고 생각하기 때문이다.

바로 이런 점에서 한국인들의 모순적인 답변은 분단체제의 적대성이 작동하는 이중성을 보여주고 있다. 분단체제 하에서 분단국가는 한편으로 '민족의 통일'과 '통일의 당위성'을 주장하면서도, 다른 한편으로는 다른 반쪽의 국가를 무시하고 낯선 타자로 만들며 '적대성'을 강화하고 '적'으로 돌려놓는다. 이에 한국인들은 당위적 차원에서 분단이 민족의 발전을 저해하고 비극을 낳는 근본적인 원인이라고 생각하면서도, 막상 그들과 통일을 하려고 하면 기괴한 타자와의 결합이 낳는 불안과 공포에 시달리게 되는 것이다. 그러나 불안과 공포를 유발하는 분단국가의 코드는 역사적으로 달랐다.

1970-80년대는 정치-군사적 적대성이 이와 같은 분단체제의 이중성을 낳았다면, 1990년대 이후로는 이런 이중성이 정치-군사적 적대성보다 경제적인 계산적 합리성으로 탈바꿈되었다.[14] 특히, 독일의 흡수통일은

---

14) 덧붙이자면 이는 가치의 전도 현상이라고 할 수 있다. 현실적으로 겪고 있는 문제가 있고 그것을 극복하고자 하는 대안이 무엇보다 중요한 가치가 되어야 하지만, '비용' 즉, '화폐'가 가지는 가치는 그것을 전복시킨다. 이렇게 본다면

서독에 막대한 경제적 부담을 지웠는데, 한국의 분단국가체제 내부에서 통일 문제를 다루는 많은 사회과학자들과 국가 관료들은 이런 경제적 부담을 자명한 결론으로 간주하면서 '통일비용론'을 제기하였다. 그러나 이것은 독일처럼 상호 경제력 격차나 사회문화적 분단을 해결해가는 과정 없이 일시에 한쪽이 다른 한쪽을 일방적으로 흡수하는 '흡수통일'을 전제로 할 때 성립 가능한 것이다. 그럼에도 불구하고 분단체제의 적대성에 익숙한 사람들은 통일=흡수통일을 전제로 하면서 통일비용을 계산하였다. 이런 식의 논의가 한국 내부에서 국가적으로 정점에 이른 것은 이명박 정권의 '통일세' 논란이었다.

이명박 정권은 북의 붕괴=흡수통일을 전제로 하면서 노무현 정권 시절에 추진되었던 금강산관광을 비롯한 북과의 경제적인 교류-협력을 중단했다. 하지만 이것은 합리적인 것이 아니다. 경제적 측면에서 볼 때에도 이것은 손해이기 때문이다. 남북의 정치-군사적 대결의 고조는 전쟁무기의 수입과 군 인력의 증가 등 경제적으로는 아무 쓸모가 없는 국방비의 지출과 인력의 소모를 가져오는 반면, 남북의 평화적 공존은 군사적 대결을 축소함으로써 군비경쟁과 같은 소모적 비용을 제거한다. 게다가 남과 북이 경제적으로 협력을 한다면, 이를 통해서 얻을 수 있는 경제적 이득은 장기적으로 보았을 때 실로 막대하다고 할 수 있다.

예를 들어 시베리아횡단철도와 한반도종단철도를 연결한다면 동북아와 유럽 간 물류 수송이 훨씬 비싸고 기간이 소요되는 해상이 아니라 값싸고 빠른 철로를 통해 이루어지기 때문에 막대한 이득을 얻을 수 있으며 사할린에 매장되어 있는 천연가스를 남북을 관통하는 송유관으로 연결하여 에너지 문제를 해결할 수도 있다. 하지만 이렇게 생각하지 않는

통일의 문제는 남한의 측면에서만 보았을 때 시장경제체제를 근간으로 하며 나아가 사회 문화적인 인식과 분리할 수 없다.

것은 통일을 상호 우애와 연대 속에서 사유하는 것이 아니라 반대로 한 쪽이 다른 한쪽을 집어삼키는, 적대적인 것으로 생각하기 때문이다. 따 라서 통일의 역사적 당위성과 현실적인 거부감이라는 한국인의 이중성 은 분단체제 하에서 재생산되고 있는 분단의 아비투스가 낳은 결과라고 할 수 있다.

그러나 분단의 아비투스는 여기서만 작동하는 것이 아니다. 분단의 아비투스가 작동하는 가장 내밀한 부분은 '대한민국 중심주의'로, 통일 문제를 다루는 데에서 가장 분명하게 나타난다. 왜냐하면 한국인들은 통일을 남과 북의 문제, 즉 한(조선)반도에 살고 있는 사람들의 문제로 만 보기 때문이다. 이들은 분단이 일제 식민지라는 '근원적 사태'로부터 발생한 것이며 그 근원적 사태가 만들어낸 것은 분단만이 아니라 이산 이기도 했다는 점을 전혀 고려하지 않고 있다. 여기서 코리언이라는 민 족의 정체성은 한(조선)반도에 살고 있는 코리언들로 한정되며 더 나아 가 남과 북의 대립 속에서 대한민국에 살고 있는 코리언들로 한정되어 진다.

그러나 앞에서 보았듯이 분단체제하에서 통일에 대해 오히려 자기 모 순적인 태도를 취하고 있는 것은 한국인 자신이다. 게다가 한국인들의 통일 욕망은 동북아 거주 코리언들의 통일 욕망보다 높기는 하지만 그 것이 현실적으로 작동하는 데에는 그들보다 못한 장애요인, 분단의 아 비투스를 가지고 있다. 반면 동북아 거주 코리언들은 통일을 민족적 차 원에서 그들의 미래적 가치 및 삶과 연결시키고 있을 뿐만 아니라, 통일 을 통해서 조상의 뿌리가 있는 한(조선)반도와의 특별한 우애적 관계 형 성을 원하고 있다. 여기서 통일은 남과 북의 문제를 벗어나며 코리언 디 아스포라를 포함하는 코리언 전체의 문제가 될 수밖에 없다.

3) 통일의 국제적 중요성: 국제적 정세와 신냉전체제

분단 극복과 통일의 문제가 남과 북만이 아니라 코리언 디아스포라 전체를 포함하여 한(조선)민족 전체의 합력을 창출하는 문제라는 것은 그들이 단순히 통일에 대한 열정과 의지를 가지고 있다는 사실에서만 나오는 것은 아니다. 한(조선)반도의 분단이 역사적으로 일제 식민지 지배와 관련되어 있듯이 동아시아에서의 일제 식민지배의 미청산 문제는 동서냉전체제의 형성이라는 역사와 관련되어 있다. 동서냉전체제 하에서 미국은 제국주의 전범 국가인 일본을 자신의 동맹국으로 선택하면서 일본의 식민지 지배 문제를 덮고 넘어갔다. 실례로, 샌프란시스코 강화 조약 때 중국, 조선, 한국은 초청받지도 못했다.

동서냉전체제는 한(조선)반도의 분단 과정 속에서 이미 형성되고 있었다. 미국은 동서냉전체제 하에서 일본과의 동맹관계를 형성하면서 일본의 식민 지배의 미청산이라는 역사를 남겼듯이, 한(조선)반도의 분단은 일본의 식민지배의 미청산과 한-미-일 삼각동맹의 편입과 분단을 축으로 하는 동아시아에서의 냉전체제를 만들어놓았다. 따라서 한(조선)반도의 분단은 국제정치적 관계로 볼 때, 남과 북의 적대성만이 아니라 동서 냉전의 적대라는 국제정치가 부딪히는 지점이자 동아시아의 평화를 파괴하는 핵심 축이 되었다. 바로 이런 의미에서 한(조선)반도의 분단 극복은 동아시아의 평화체제 구축과 연결되어 있다.

그런데 코리언 디아스포라는, 그들의 약 90%가 한(조선)반도의 분단과 동서냉전의 핵심 국가들인 4대 열강에 거주한다는 지정학적 특성을 가지고 있다. 물론 어떤 사람들은 동서냉전체제는 무너졌다고 말하면서 이런 역사는 끝났다고 말하지도 모른다. 그러나 독일통일과 한(조선)반도의 분단이 상징적으로 보여주듯이 유럽과 동북아시아에서의 동서냉

〈표 34〉 남북통일이 동북아시아 지역의 평화와 공존에
매우 중요한 역할을 할 것이다.

분류	한국인	탈북자	재중 조선족	재러 고려인	재일 조선인
매우 그렇다	30.9	48.6	34.3	23.6	41.1
그렇다	58.5	46.8	58.2	67.8	47.1
그렇지 않다	9.2	4.6	7.4	7.1	9.2

전체제의 역사적 결과는 다르다. 동서냉전체제가 붕괴된 이후 동북아시아의 질서는 미국과 중국을 중심으로 한 경쟁체제로 전환되었기 때문이다. 따라서 남북의 통일은 여전히 동북아시아의 냉전 해체와 평화 구축에서 핵이자 코리언 디아스포라는 그런 국제적 질서를 구축하는 데 핵심적인 역량이라고 할 수 있다. 이에 우리는 '남북통일이 동북아시아 지역의 평화와 공존에 매우 중요한 역할을 할 것인가?'에 대해 물었다.

이 물음에 대해 모든 코리언들은 〈표 34〉에서 보듯이 다소 차이가 있지만 대부분 90% 정도가 긍정(매우 그렇다+그렇다)적인 답변을 하고 있다. 이것은 이들이 동북아시아의 국가에 거주하면서 남북이 분단되어 있기에 발생하는 국제적인 마찰을 직접적으로 체감하고 있기 때문으로 보인다. 하지만 이런 답변만을 보았을 때에는 '어떤 의미'에서 이들이 남북통일을 동북아시아의 평화와 공존에서 중요하다고 생각하는지가 구체적으로 드러나지 않는다.

게다가 코리언들이 서로 갈등하기도 하면서 협력하기도 하는 각각의 국가라는 상이한 환경 속에서 거주하고 있다는 점에서, 그리고 각 집단이 거주국 내에서 차지하고 있는 사회적 조건이 상이하다는 점에서 코리언들마다의 특이성을 가지고 있을 수밖에 없기 때문에 그들이 생각하는 평화와 공존의 의미를 구체적으로 밝힐 필요가 있다. 이에 우리는

〈표 35〉 동북아시아지역의 평화에 위협이 되는 요소는 무엇이라고 생각하는가?

분류	한국인	탈북자	재중 조선족	재러 고려인	재일 조선인
일본이 제국주의 침략에 대한 명백한 사죄와 책임 있는 행동을 취하지 않고 있는 것	5.4	2.8	6.4	4.3	13.7
한(조선)반도가 분단된 상태로 대립하고 있는 것	29.7	39.4	18.2	34.4	23.2
미국이 남한, 일본과 손잡고 동북아의 패권을 유지하려는 것	13.0	8.3	60.3	17.8	15.3
중국 경제성장에 대한 미국의 견제	14.0	11.9	10.8	3.7	6.7
북한이 핵과 미사일을 개발하고 있는 것	33.5	37.6	4.4	32.8	21.0

'동북아시아지역의 평화에 위협이 되는 요소는 무엇이라고 생각하는가?'라고 물었다. 그랬더니 이 물음에 대한 코리언들의 답변은 대체적으로 크게 재중 조선족과 이들을 제외한 나머지 코리언들로 나뉘어졌다.

〈표 35〉가 보여주듯이 재중 조선족을 제외한 한국인, 탈북자 그리고 재러 고려인, 재일 조선인은 동북아시아 평화 위협요소로 '한(조선)반도가 분단 상태로 대립하고 있는 것', '북한이 핵과 미사일을 개발하고 있는 것'을 집중적으로 많이 선택하고 있다. 따라서 이들은 한(조선)반도의 '내부' 문제에 중심으로 하여 분단의 적대적 현실이 동북아시아의 평화에 위협이 된다고 생각하는 것으로 보인다. 반면 재중 조선족은 이들과는 판이하게 다르다. 그들은 '미국이 남한, 일본과 손잡고 동북아의 패권을 유지하려는 것'을 압도적으로 많이 선택하면서 한(조선)반도 '외부'에서 그 답을 찾고 있다.

그러나 이것은 표면적으로 드러난 현상일 뿐이다. 오히려 이들의 답변에는 '한(조선)반도의 내부냐 외부냐'라는 차이 이면에 오늘날 형성되고 있는 미/중 간의 패권경쟁이라는 새로운 냉전질서가 놓여 있다. 오늘날 미국은 팍스 아메리카나(Pax Americana)의 헤게모니적 질서를 유지하기 위해 지역 패권으로 성장할 수 있는 국가를 억제하는 신안보전략을 구사하고 있다. 동북아시아에서 중국은 바로 이런 지역 패권 국가로서의 가능성을 가지고 있기 때문에 억제의 대상이다. 하지만 다른 한편으로 미/중은 세계자본주의체제에서 가장 중요한 경제적 파트너이기도 하기 때문에 억제전략은 미/중의 정치군사적인 대립이라는 직접적인 형태로 드러나는 것이 아니라 한(조선)반도의 분단과 남/북의 적대적 긴장이라는 계기를 통해서 작동한다.

　동북아 거주 코리언들은 이런 국제 정치적 열강의 문제를 명료하지는 않지만 인식하고 있다. 위의 〈표 35〉에서 보듯이 한국인, 탈북자, 재러 고려인, 재일 조선인들은 주로 '한(조선)반도 내부에서 동북아시아 지역에서의 위협 요소를 찾고 있음에도 불구하고 미/중 간의 패권경쟁을 반영하는 답변, 즉 '미국이 남한, 일본과 손잡고 동북아의 패권을 유지하려는 것'+'중국 경제성장에 대한 미국의 견제'를 20~27% 정도의 비율로 각각 선택하고 있기 때문이다. 이런 선택 비율은 이들이 1, 2 순위로 선택하고 있는 답변의 비율과 비교해서 볼 때, 10% 내외 정도의 차이밖에 나지 않는 수치이다.

　그렇다면 이것이 보여주는 것은 무엇인가? 그것은 이들이 재중 조선족에 비해 낮기는 하지만, 동북아를 둘러싼 미/중 간의 패권경쟁이 동북아시아의 평화에 위협요소가 된다고 인식하고 있다는 것이다. 따라서 한(조선)반도와 그 주변국에 거주하고 있는 코리언들에게 있어 '평화'의 위협요소에 대한 인식은 북의 미사일 개발 또는 남북 간의 정치·군사적 충돌과 같이 현상적으로 들어나는 정세에만 국한되는 것이 아니다. 비록 그들은 명료하지 않지만 이와 같은 정치·군사적 충돌을 양산하는 국제적인 정치 지형 혹은 구조까지 포함하여 인식하고 있다고 할 수 있다. 이것은 '통일을 하는 데 가장 걸림돌이 되는 나라는 어디라고 생각

〈표 36〉 통일을 하는 데 가장 걸림돌이 되는 나라는 어디라고 생각하십니까

	한국인	탈북자	재중 조선족	재러 고려인	재일 조선인[15]	재미 한인
남한	1.6	2.8	9.8	2.5	1.9	2.5
북한	33.7	33.9	18.2	54.9	31.8	37.5
미국	21.8	12.8	66.3	26.1	28.3	11.1
일본	2.4		3.7	2.5	6.1	1.9
중국	34.7	47.7	2.0	1.2	6.7	43.8
러시아	1.0			1.5	1.6	

하십니까?'라는 물음에 대한 코리언들의 답변 경향에서 보다 분명히 드러나고 있다.

〈표 36〉에서 보듯이 '통일을 하는 데 가장 걸림돌이 되는 나라는 어디라고 생각하십니까?'를 코리언들에게 물었을 때 전체적으로 한국인, 탈북자, 재미 한인이, 그리고 재러 고려인, 재일 조선인이 비슷한 응답 경향을 보이는 그룹을 형성하며 재중 조선족은 이와 다른 태도를 취한다는 점에서, 이런 답변 경향은 앞에서 물은 '동북아시아지역의 평화에 위협이 되는 요소는 무엇이라고 생각하는가?'라는 질문에 대한 응답 경향과 동일한 것처럼 보인다고 할 수 있다.

그러나 이것은 표면상 드러난 것일 뿐이며 이 질문에 대한 답변 경향은 앞의 질문에 대한 응답 경향과 달리 두 개의 그룹이 아니라 세 개의 그룹으로 나누어져 있다. 한국인과 탈북자 그리고 재미 한인은 공통적으로 '중국'(34.7%, 47.7%, 37.5%)을 가장 많이 선택했으며, 두 번째로 '북한'(33.7%, 33.9%, 37.5%)을 많이 선택했다. 반면 재러 고려인과 재일 조선인은 '북한'(54.9%, 31.8%)을 가장 많이 선택하면서 두 번째로 '미

---

15) 재일 조선인의 17.8%가 중복응답을 하였다. 이 글에서는 중복응답과 무응답을 제외하고 분석하지만 그것이 맥락 상 유의미하다고 판단될 경우 포함시켜 논의하도록 한다.

국'(26.1%, 28.3%)을 많이 선택했다. 따라서 이 두 개의 그룹은 재중 조
선족이 '미국'(66.3%)을 압도적으로 많이 선택하고 있는 답변 경향과 대
비해서 볼 때 확연히 다르다는 공통점이 있음에도 불구하고, 내부적으
로 차이를 보이고 있다.

그렇다면 앞의 질문에 대한 답변 경향과 비교해 보았을 때, 이 세 개
의 그룹으로 분화된 답변 경향이 보여주고 있는 것은 무엇인가? 우선,
앞의 물음에 대한 답변과 비교해 보았을 때, 세 그룹으로의 분화를 가져
온 결정적인 계기는 '중국'이냐 '미국'이냐이다. 앞의 물음에 대한 답변에
서는 '한(조선)반도가 분단 상태로 대립하고 있는 것', '북한이 핵과 미사
일을 개발하고 있는 것'(한국인, 탈북자, 재러 고려인, 재일 조선인) 대
'미국이 남한, 일본과 손잡고 동북아의 패권을 유지하려는 것'(재중 조선
족)이라는 '북 또는 한(조선)반도' 대 '미국'으로 답변 경향이 나누어졌다
면 이번 물음에 대한 답변에서는 '미국' 대 '중국' 변수가 부각되면서 답
변 비중이 갈라지고 있기 때문이다.

이런 점에서 이 물음에 대한 답변은 앞의 물음에 답변에서는 잠복되
어 있으면서 명료하게 드러나지 않고 있었던 최근 동북아시아를 중심으
로 형성되고 있는 미/중 간 패권경쟁이라는 국제정세에 대한 코리언들
의 인식 성향을 보다 명료하게 드러내고 있다. 왜냐하면 미/중 간의 패
권경쟁이라는 국제 정세 속에서 이들의 답변 경향은 자신이 거주하는
국가에 대해서 경쟁적인 관계를 가지고 있는 상대 국가를 '통일의 걸림
돌이 되는 나라'로 선택하고 있기 때문이다. 미국에 거주하는 재미 한인
은 '중국'을 가장 많이 선택하고 있으며 이와 반대로 중국에 거주하는 재
중 조선족은 '미국'을 가장 많이 선택하고 있는 점은 이를 보여주고 있
다.

역사적으로 볼 때, 한국인도 '동서냉전체제' 하에서 '북-중-러'라는 북

방삼각에 대항하는 '한-미-일'이라는 남방삼각의 한 축이었을 뿐만 아니라 미/중 패권경쟁이 진행되는 현재에도 미국의 강력한 우방 중에 하나인 한국에 살고 있는 국민이라는 점에서 이해될 수 있다. 특히, 이것은 한국인들이 동서냉전체제 하에서는 '소련'을 통일의 걸림돌로 꼽은 반면, 현재는 '중국'을 통일의 걸림돌로 꼽고 있다는 점에서도 드러나고 있다. 또한, 탈북자도 1위로 '중국'을 지목하고 있는데, 이것은 탈북자도 현재 한국에 거주하고 있으며 한국의 국민이라는 점에서 최근 한국의 여론을 따라 '중국'을 지목한 것으로 이해할 수 있다. 따라서 이와 같은 분석 결과는 첫째, 같은 한민족이라고 할지라도 그들의 분단이나 통일에 관한 인식이 동일한 것이 아니라, 오히려 그들의 거주국이 만들어내는 아비투스의 영향을 강하게 받는다는 점을 보여주고 있다.

그러나 이것은 탈북자가 한국인보다도 더 높은 비율로 '중국'을 지목하고 있다는 점을 설명해줄 수 없다. 마찬가지로 '통일의 걸림돌'로 '중국'을 가장 많이 지목하고 있는 한국인 또한 왜 그런 답변 경향을 보이는지를 설명할 수 없다. '한국인'은 미/중 패권경쟁의 직접적 당사자도 아니며 탈북자처럼 독특한 고난의 체험을 가지고 있는 것도 아니기 때문이다. 따라서 탈북자도 한국인도 그 이외의 요소들을 더 볼 필요가 있다. 이 경우, 탈북자들은 일반적으로 중국을 거쳐 한국으로 들어오는 데 그 과정에서 밀입국자로서 중국공안의 단속을 피하면서 생존해가야 하는 고난을 겪는, 그들의 독특한 체험 때문에 이런 식으로 '중국'을 지목했다고 할 수 있다. 따라서 둘째, 그들의 분단이나 통일에 관한 인식에는 각 집단의 독특한 체험적 요소가 개입되어 있다고 할 수 있다.

그러나 한국인은 이것만으로 부족한데, 왜냐하면 한국인들이 비록 미국과 전통적인 우호관계를 형성하고 있다고 하더라도 굳이 미국의 국제적 관계를 따라 그것을 인식할 이유는 없을 뿐만 아니라, 비록 6·25전쟁 당시 중국의 개입이라는 문제를 가지고 있기는 하지만 탈북자들처럼 중국과의 관계에서 독특한 체험을 가지고 있는 것도 아니기 때문이다. 따라서 문제는 단순히 '동서냉전체제'와 '미/중 간 패권경쟁'이라는 국제 정세로 환원될 수 없다. 오히려 더 본질적인 문제는 그것이 한(조선)반 도의 분단 그 자체로 상징화되어 있다는 점이다. 한국인들이 한-미 동맹 을 열렬하게 지지하면서 '미국'의 편을 드는 것은, 미국이 지구상에서 가 장 광신적인 전쟁광인 '북'으로부터 우리의 자유를 지켜주는 우방국이라 고 믿고 있기 때문이다.

그러므로 한국인들의 '중국' 지목은 그것의 현상적인 답변 비율과 달 리 동서냉전체제-미/중 간의 패권경쟁에 있는 것이 아니라, 오히려 그것 이 현재의 분단체제의 적대성을 통해서 작동하고 있다는 데 있다. 바로 이런 점에서 셋째, 현재 코리언들이 보여주고 있는 답변 태도는, 과거의 동서냉전체제뿐만 아니라 현재의 미/중 간의 패권경쟁이 한(조선)반도 의 분단체제를 매개로 하여 작동하고 있으며 분단을 계기로 하여 동북 아시아에서의 냉전을 지속시키고 있다는 점을 드러냄으로써 분단이 동 북아시아지역의 평화를 위협하는 가장 핵심적인 문제라는 것을 역으로 보여주고 있다.

이것은 '통일의 걸림돌'로 '북'을 지목하는 코리언들과 그렇지 않은 코 리언들이 보여주는 답변 경향에서 보다 명료하게 드러나고 있다. 통일 의 걸림돌로 '중국'을 첫 번째로 지목한 한국인과 탈북자, 재미 한인은 모두 '북'을 두 번째로 지목한 반면, '미국'을 첫 번째로 지목한 재중 조선 족은 단지 18.2%만 '북'을 지목함으로써 다른 코리언의 그룹 중에서 가 장 낮은 비율로 선택하고 있기 때문이다. 특히, 재중 조선족은 최근 한 국과의 교류가 활발함에도 불구하고 '북'을 가장 적게 지목하고 있다. 따 라서 이것은 재중 조선족이 6·25 전쟁에서 항미원조의 기치를 들고 직접 참전하기도 하였으며, 전쟁 이후에도 북으로부터 지속적인 지원을 받는 등 우호적인 관계를 유지해왔다는, 그들의 독특한 사회역사적 요인에서 찾아야 할 것이다.

두 번째 그룹인 재러 고려인과 재일 조선인은 바로 이런 사회역사적 요인들을 잘 보여주고 있다. '동북아시아지역의 평화에 위협이 되는 요소는 무엇이라고 생각하는가?'라는 질문에 대해 재미 한인이나 한국인, 탈북자와 유사한 답변 경향을 취했던 재일 조선인과 재러 고려인은 통일을 하는 데 가장 걸림돌이 되는 나라는 어디라고 생각하십니까?'라는 질문에서는 이들과 확연히 다른 태도를 취하고 있다. 이들은 '북한'을 첫 번째로 꼽고 두 번째로 '미국'을 꼽고 있다. 이것은 '중국', '북한'을 꼽는 첫째 그룹과 다른데, 이것은 이들이 '중국'을 매우 적게 선택할 뿐만 아니라 '북'을 그 어떤 국가보다 많이 선택하고 있다는 점에서 드러나고 있다. 이것은 동서냉전체제라는 역사성을 감안한다면 어느 정도 이해할 수 있는 측면을 가지고 있다.

그러나 이것은 재러 고려인에 한에서 적용될 뿐이다. 재러 고려인들은 이전의 국가였던 소비에트연방에서 모범적인 소비에트인으로서의 삶을 살아왔으며 그런 역사 속에서 '카레이스키'로서의 자부심 또한 키워왔다. 따라서 재러 고려인들이 역사적으로 동서냉전체제의 양대 맹주였던 소비에트연방국가의 국민으로서 분단에 관한 미국의 책임을 많이 선택한 것은 당연하다고 할 수 있다. 그러나 재일 조선인은 이런 식으로 설명될 수 없다. 왜냐하면 일본은 역사적으로 미국과 가장 가까운 동맹 관계를 형성하고 있는 국가였기 때문이다. 그렇다면 이것은 어떻게 보아야 하는가?

바로 이 지점에서 보아야 할 것은 재일 조선인의 인지적 정체성이 보여주듯이 그들이 '일본'이라는 국가에 대한 국민으로서의 정체성이 매우 약하며, 그들의 민족정체성이 일본이라는 국가에 저항하면서 의식적으로 형성된 정체성이라는 점이다. 재일 조선인은 역사적으로 일본 안에 거주하고 있지만 일본이라는 국가에 의해 끊임없이 탄압받으며 살아왔다. 특히, 일본에서 재일 조선인은 일본 제국주의 시절의 이등국민, 식민지국가의 국민들이었다. 따라서 이들은 일본이라는 국가가 거기에 살고 있는 주민들을 국민으로 포획하기 위해 수행하는 '국민-되기'의 국가적 상징체계와 일본인들의 사회적 차별과 탄압에 대해 의식적으로 저항할 수밖에 없었다.

또한, 이 이외에도 보아야 할 것은 재일 조선인이 국적 없는 미아로, 반(半)난민의 상태로 전락한 역사적인 책임의 일부가 미국에 있다는 점이다. 역사적으로 동서냉전체제 하에서 미국은 일본을 동북아지역 핵심 동맹국으로 만들기 위해 샌프란시스코 강화조약을 맺으면서 재일 조선인들로 하여금 '한국'과 '일본' 중 하나의 국적만을 선택하도록 했다. 그러나 재일 조선인은 자신들의 모국은 '남'도 '북'도 아닌, 분단 이전의 국가였던 '조선'이라고 생각했으며 이에 저항했다. 따라서 샌프란시스코 강화조약 이후 '한국'도 '일본'도 선택하지 않은 재일 조선인은 국적 없는 난민이 되어버렸다. 바로 이런 점에서 재일 조선인들은 일본 국가가 심어놓는 아비투스를 따라 '중국'이나 '러시아'를 선택하지 않고 오히려 그 반대로 '미국'을 선택했다고 볼 수 있다.

그러므로 코리언들의 분단-통일의식에는 가장 큰 추상 수준에서 국제적 정세(동북아시아에서의 국제관계 및 이를 둘러싼 남북관계)와 각 거주국의 이해를 따른 상징화 및 신체에 체화된 아비투스가 중요한 결정 요소로 영향을 미치고 있기는 하지만, 그런 요소들이 일방적으로 각 코리언들의 분단-통일의식을 규정하고 있는 것은 아니다. 거주국 내에서의 실존적 삶과 개별적인 집단의 체험이 형성한 역사인식 혹은 정서 등의 개별적인 변수도 이에 결정적인 영향을 미치기도 한다. 따라서 코리언들은 각자의 거주국에서 신체에 아로새겨 내면화되고 한편으로 사회화되는 아비투스에 따라 국제적 정세 변화를 인식하는 방식이 달라지며, 그것은 거꾸로 현재의 아비투스를 재구성해가고 있다고 할 수 있다.

그러나 그렇기 때문에 코리언의 분단-통일의식은 주어진 답변에 대한 현상적 분석에 머물러서는 그 진실을 찾을 수 없다. 오히려 코리언의 분단-통일의식은 그들의 의식적 흐름이 보여주는 간극과 어긋남을 통해서 그들의 민족적 리비도가 균열을 일으키면서 착종되는 것들을 파악하는 심층적 분석으로 나아가야 한다. 마찬가지로 통일이 가지고 있는 국제적 중요성, 특히 동아시아의 평화와 상생을 위한 국제적 질서를 구축하는 데 한(조선)반도의 분단 극복과 통일이 가지고 있는 국제정치적 의미는, 코리언들에게 있는 그대로 투명하게 드러나는 것이 아니기 때문에 다양한 방식으로 착종-변용되지만, 그들은 남북의 분단이 동아시아의 냉전과 직접적으로 관련되어 있다는 점을 인식하고 있다고 할 수 있다.

3. 분단-통일의식의 심층과 한국인의 통일 욕망

일반적으로 사람들은, 해외 거주 코리언들보다 분단을 일상적으로 체감하고 있는 한국인들이 더 높은 비율로 분단의 상처를 가지고 있으며 통일에 대한 의지를 가지고 있을 것이라고 생각할 것이다. 그러나 '일제 식민지 지배가 우리 민족에게 남긴 가장 큰 문제는 무엇인가?'라는 질문에 대해 '남북 분단'이라고 답한 비율은 해외 거주 코리언들이 한국인이나 탈북자보다 더 높았으며, '일제 식민지 지배를 청산하기 위해서 해야 할 가장 중요한 과제는 무엇인가?'라는 물음에 대해서도 '분단 극복과 통일'을 선택한 한국인의 비율은 그 외 코리언들의 집단보다 현저하게 적었다.

특히, 한국인들은 탈북자와 함께 분단의 일상적 체험자라는 점을 보여주기라도 하듯이 '한(조선)반도의 분단과 6·25전쟁으로 우리 민족은 피해를 입었다'고 생각하는가라는 물음에 대해 다른 코리언들보다 '매우 많은 피해를 입었다'는 압도적으로 높은 비율(93.4%)로 선택하고 있음에도 불구하고, '남과 북의 통일이 나(해외동포)의 삶을 보다 윤택하게 만들 것이라고 생각하는가?'라는 질문에 대한 답변에서는 그와 반대로 다른 코리언 집단들에 비해 현저히 낮은 비율인 31.7%만이 '그렇다'고 답했다. 게다가 한국인들 중에 통일이 나의 삶을 보다 윤택하게 만드는 것은 '아니라'고 생각하는 비율 또한 61.5%에 이르렀다.

그렇다면 이런 기묘하면서도 모순적인 한국인들의 답변이 보여주는 것은 무엇일까? 그것은 바로 한국인들 자신이 분단체제의 희생자이면서도 역으로 분단국가의 적대적 상징체계를 내면화하고 있으며, 그렇게 내면화된 분단의 아비투스를 통해서 분단체제를 재생산하고 있다는 점이다. 한국인과 탈북자들이 일제 식민 지배의 폐해를 '분단'이 아니라 '전통문화의 훼손'과 연결시키고, 일제 식민 지배의 청산을 '분단'이 아니라 다른 요소들과 더 관련시키는 것은 한(조선)민족의 정통성을 둘러싼 두 분단국가 간의 대립이 내면화된 '분단된 사회적 신체'를 반영하고 있다. 왜냐하면 남과 북은 분단을 일제 식민 지배의 폐해로, 식민 지배 청산과 연결시키는 것이 아니라 한(조선)반도의 반쪽을 지배하고 있는 상대국가의 책임으로 상징화하고 있기 때문이다.

마찬가지로 한국인들은 분단과 6·25전쟁에 대한, 다른 어떤 코리언 집단보다도 더 깊은 상처를 가지고 있으면서도 그것을 '분단 극복과 통일의 열망'으로 연결시키길 주저하고 있는 것은, 과거 호전적인 북의 이미지가 못 살고 가난한 북의 이미지로 이전되면서 같은 동포임에도 불구하고 북이라는 타자에 대한 기괴함과 불안, 공포를 부추기는 분단국가의 코드가 작동하고 있기 때문이다. 분단국가에 의해 만들어지는 '북'이라는 타자의 적대적 상징화는 같은 동포라는 동일화의 욕망을 억압하며 금지시킨다. 게다가 이런 적대적 상징화는 최근 동북아시아지역을 중심으로 급속하게 형성되어 가고 있는 국제적인 신냉전 질서에 의해 더욱더 고조되어 왔다. 따라서 코리언들 또한 95% 이상이 남북통일이 동북아시아 지역의 평화와 공존에 매우 중요한 역할을 할 것이라고 보고 있다.

그럼에도 불구하고 '동북아시아지역의 평화에 위협이 되는 요소는 무엇이라고 생각하는가?'라는 질문에 대해 재중 조선족을 제외한 코리언들은 전부 '한(조선)반도가 분단 상태로 대립하고 있는 것', '북한이 핵과 미사일을 개발하고 있는 것'이라고 답변을 가장 많이 선택하고 있다. 물론 이것은 분단의 책임을 한(조선)반도 '내부'에서 찾는다는 점에서 긍정성을 가지고 있다고 할 수 있다. 그러나 여기에는 전도된 인식이 있다. 그것은 한(조선)반도의 적대적 분단 상황이 동북아시아의 평화를 깨뜨리고 있는 것이 아니라, 오히려 동북아시아에 최근 형성되어 가고 있는 미/중 간의 패권경쟁이 한(조선)반도의 적대적 분단을 이용하여 신냉전적 질서를 만들고 있음에도 불구하고 그 역으로 인식하고 있다는 것이다.

바로 이런 인식의 전도된 상태를 보여주는 것이 바로 '통일을 하는 데 가장 걸림돌이 되는 나라는 어디라고 생각하십니까'라는 질문에 대한 코리언들의 답변이 '북'에 집중되어 있다는 점에서도 드러나고 있다. 이 질문에 대해 '중국'을 가장 많이 지목하고 있는 한국인, 탈북자, 재미 한인뿐만 아니라 '미국을 가장 많이 지목하고 있는 재중 조선족조차 두 번째로 '북한'을 지목하고 있다. 게다가 재일 조선인과 재러 고려인은 '북한'을 첫 번째로 지목하고 있다. 물론 최근에 북이 보이는 행태들, 핵과 미사일 개발은 동북아시아의 평화를 뒤흔드는 국제적인 문제가 되고 있다는 점에서 이는 완전히 전도된 것이라고 단정할 수 없는 요인도 가지고 있다.

그러나 재일 조선인의 답변 경향은 반드시 그걸로 환원될 수 없는 인식 상의 모순이 있음을 보여주고 있다. 재러 고려인과 재일 조선인은 첫 번째로 '북'을 지목하면서도 두 번째로 '미국'을 지목하고 있다. 재러 고려인의 답변은 구 소비에트연방의 국민으로 과거 '동서냉전체제'를 반영하고 있다고 할 수 있다. 하지만 재일 조선인은 과거 동서냉전체제에서뿐만 아니라 현재 구축되고 있는 미/중 간의 패권경쟁이라는 신냉전 질서 하에서도 미국이 일본의 재무장화를 지원하면서 대중 봉쇄의 핵심 거점을 담당하고 있는 국가에 살고 있다는 점에서, 현재의 신냉전 질서 하에서의 국제적인 전선과는 완전히 배치되는 흐름이라고 할 수 있다.

물론 이것은 앞에서 본 바와 같이 일본 국가에 대한 저항적 의식의 표현이라고 할 수 있다. 그러나 '북'에 대해서 그들이 가지고 있는 인식은 단순히 일본이라는 국가에 대한 저항 의식으로 환원되지 않는다. 그렇다면 그들은 왜 '미국'과 함께 '북'을 통일의 걸림돌로 지목하고 있는 것일까? 바로 이런 점에서 주목해야 할 것은 최근 일본에서 진행되고 있는 여론과 그 속에서 살아가는 재일 조선인의 삶이다. 재일 조선인은 역사적으로 식민지 국가에 살고 있는 피식민지인이라는 점에서 오랫동안 일본의 국가폭력과 사회폭력에 노출된 삶을 살아왔다. 그런데 문제는 이런 폭력이 '조선'(북)과 일본의 국제적 관계와 결부되어 이루어져 왔다는 점이다.

그 대표적인 사례가 2002년 고이즈미 방북 이후 발생한 극우보수들에 의한 사회적 폭력이며 북이 핵이나 미사일을 발사했을 때마다 일본 사회 내부에서 반복적으로 진행되는 재일 조선인들에 대한 사회적 폭력의 증가와 극단화이다. 여기서 재일 조선인들에게 북의 냉전적 행동은 그들의 고난을 만들어내는 직접적이고 현실적인 계기이다. 따라서 재일 조선인의 입장에서 보았을 때, 북의 냉전적 행동은 일본 국가와 사회가 그들에게 가하는 폭력을 정당화하는 계기이자 직접적 원인인 것처럼 보일 수밖에 없다. 그러나 이런 일본의 국가 폭력과 사회적 폭력의 원인은 '북'이 아니라 일본의 군국주의 및 제국주의적 정서와 태도이다. 따라서 재일 조선인의 답변 태도는 동북아시아의 신냉전 질서를 분단으로 전치시키는 미-일 동맹의 국제 질서하에서 그 스스로 그들의 고난을 '북'으로 전도시키고 있음을 보여준다고 할 수 있다.

　이것은 탈북자나 한국인에게도 마찬가지이다. 탈북자는 구체적인 탈북 이유가 어찌되었던 간에 고향을 떠날 수밖에 없었던 이유를 북의 체제에 대한 문제로 전치시켜 정당화할 필요가 있다. 또한 한국에서의 적응과 국민되기 과정에서 작동하는 자기검열은 북에 대한 비판적 의식의 함양으로 이어질 가능성이 매우 높다. 더구나 남-북 관계의 악화는 남한 사회에서 이방인으로 분류되면서도 때로는 북과 동일시되는 자신들의 삶을 더욱 어렵게 만든다는 점에서 '북'은 재일 조선인처럼 직접적인 원인으로 보일 수밖에 없다. 따라서 탈북자가 북을 많이 선택하는 이유는 남-북 관계와 남한이라는 '공간'에서 생산되는 적대성과 그로 인한 동일화 욕망의 좌절 그리고 그에 대한 책임의 전치가 관여한다고 볼 수 있다.

　그러므로 문제는 동아시아의 신냉전과 한(조선)반도의 분단 책임을 남과 북 중 어느 나라가 더 큰 책임을 가지고 있는가 하는 것은 코리언의 분단-통일의식에서 직접적으로 나타나는 현상적 데이터일 뿐이며,

보다 중요한 것은 그 이면에서 작동하고 있는 민족적 리비도의 착종과 변형을 보는 것이다. 한국인만 하더라도 통일의 '당위적 차원'과 '현실적 차원'의 괴리를 가지고 있지만 '한(조선)반도의 분단과 6·25전쟁으로 우리 민족은 피해를 입었다'는 물음에 대해 무려 93.4%가 '매우 많은 피해를 입었다'고 답했다. 게다가 '다소 피해를 입었다'는 응답자까지를 포함했을 경우에는 탈북자를 포함한 코리언들 중에서 가장 높은 99.0%가 분단과 6·25전쟁이 끼친 민족적 피해를 인식하고 있다. 따라서 한국인들의 분단 아비투스와 분단국가주의적 상징화가 비록 개인적 차원에서의 통일의 욕망을 억제하고 있기는 하지만 그렇다고 통일의 욕망이 없다고 할 수 없다.

게다가 한국인 중 89.8%는 해외 코리언 디아스포라를 같은 민족으로 생각하고 있으며 이보다 다소 떨어지기는 하지만 87.4%는 탈북자들을 같은 민족이라고 느끼고 있다고 답변하고 있다. 마찬가지로 탈북자들 또한 '남한주민을 같은 민족이라고 느끼는가?'라는 물음에 대해 98.1%가 긍정적으로 답변을 하고 있으며 '해외동포(재중동포, 재일동포, 재미동포 등)를 같은 민족이라는 것을 느끼는가?'라는 물음에 대해서는 89.0%가 '그렇다'라고 답변하고 있다. 게다가 재일 조선인은 83.4%가, 재중 조선족은 84.5%, 이보다 상대적으로 적기는 하지만 재러 고려인 57.7%가 '거주국 내 기타민족과 다른 것을 느낀다'고 답변하고 있다. 따라서 민족적 동일화의 욕망을 만들어내는 민족적 리비도는 사라질 수 있는 것이 아니며 그것은 언제나 회귀할 수밖에 없는 것이다.

바로 이런 점에서 한(조선)반도에 살고 있는 사람들에게 필요한 것은 코리언들의 거주 공간의 차이와 역사적 시간 계열의 차이들 속에서 변형된 욕망의 심층적 흐름 위에서 한(조선)반도의 통일 정책과 방향을 만들어가려는 자세이다. 즉, 이들은 오늘날 미-중 중심의 신냉전체제 하에

212 민족과 탈민족의 경계를 넘는 코리언

서 형성되고 있는 국제적 정세에 영향을 받기 때문에 끊임없이 이런 욕
망들은 전도와 왜곡, 착종과 전치 등을 겪지만 다른 한편으로 식민지,
이산, 분단의 상처가 고통의 연대와 유대의 끈으로 연결되면서 중첩되
어 되살아나기 때문에 우리는 그들이 가지고 있는 민족적 리비도가 상
호 생성의 힘으로 작동할 수 있는 분단 극복과 통일의 방향 및 정책들을
만들어가야 한다는 것이다.

프로이트가 말했듯이 의식은 결코 자립적이지 않다. 그것은 현실적 관
계 속에서 상징 가능한 표상만을 받아들이는 한편 억압된 무의식의 표상
이 회귀하는 가운데 그것과 끊임없이 갈등한다.[16] 따라서 의식으로 드러
나는 생각의 경향성을 실제적인 여론인 것처럼 해석하는 것은 분단 극복
과 통일에 대한 욕망을 좌절시키고 나아가 그 동력을 약화시키는 것과
동일한 결과를 낳는다. 그렇다면 필요한 것은 의식으로 침범해 들어오지
만 현실적 관계 속에서 억압되는 그 '무엇'을 찾아 들어가는 것이다. 이것
이 중요한 이유는 그것이 바로 분단의 구조를 고착시키고 민족적 열망을
억압하는 장애물에 대한 저항 가능성을 제시해 줄 수 있기 때문이다.

---

16) 이창재, 『프로이트와의 대화』, 학지사, 2004, 93쪽.

제6장 욕망의 어긋남과
민족적 합력 창출로서의 통일

1. 코리언의 분단 인식과 냉전적 국제 질서

1) 국제 냉전 질서에 오버랩되는 분단-통일 인식

한(조선)반도에 남과 북이라는 두 개의 분단국가가 상호 적대적인 관계 속에 존재하고 있다는 것은 단지 남과 북에 살고 있는 코리언들만의 문제가 아니라 해외 거주 코리언들의 문제이기도 하다. 이것은 해외 거주 코리언들이 남과 북에 살고 있는 코리언들에 비해 결코 뒤지지 않을 정도로 통일을 원하기 때문만이 아니다. 해외 거주 코리언들이 '민족적 정체성'이 남과 북, 한(조선)반도로 분열되는 정체성이듯이 그들 또한 남과 북에 살고 있는 코리언들과 마찬가지로 분단체제의 적대적 관계 속에서 서로 분열하며 그로부터 고통을 받고 있기 때문이다.

그러나 고통을 당하는 사람들이 그 고통을 유발한 원인을 극복하기 위해 나아가지 않고 오히려 그것에 굴복하여 다른 곳으로 고통의 원인을 전가하는 것처럼, 코리언들이 분단 때문에 받는 고통 또한 반드시 통일을 향하는 것은 아니다. 분단체제 하에서 살고 있는 한국인들이 다른 집단에 비해 통일에 대한 당위성이 높음에도 불구하고 체험적 차원에서는 그 비율이 현저하게 떨어진다는 것은 이를 보여주고 있다. 반면 해외 거주 코리언들은 당위적 차원에서 한국인보다 낮지만 체험적 차원에서는 높았다. 이것은 해외 거주 코리언들이 한국인보다 분단체제의 적대성을 더 많이 체험하고 있기 때문일까? 그것은 아니다. 왜냐하면 분단과 6·25전쟁에 대한 피해의식에서는 한국인이 더 높았기 때문이다.

게다가 한국인은 일제 식민지 청산의 문제에서도 그것이 자신의 삶을 윤택하게 만들 것인가라는 질문에 대한 답변에서도 해외 거주 코리언보다 훨씬 낮았다. 이것은 그들이 '분단체제'의 한 축인 분단국가에서 직접적으로 분단의 아비투스를 체현하고 있으며 그 안에서 살고 있기 때문이다. 따라서 문제는 그들의 답변이 드러내고 있는 비율의 상대적 차이를 제시하면서 그것이 마치 진실인 것처럼 포장하는 것이 아니라 오히려 그 답변이 드러내고 있는, 그들 지역의 특성과 그들 안에서 작동하고 있는 아비투스를 분석하는 것이다. 이것은 해외 거주 코리언들과 한국에 거주하는 코리언들을 비교할 때에도 마찬가지이다.

실제 코리언들에게 '현재 분단이 지속되는 데 굳이 어느 한쪽에 책임을 묻는다면 남과 북 중 어디입니까?'라는 물음을 던졌을 때 그러한 점을 확인할 수 있다. 이 물음에 대해 재중 조선족을 제외하고 나머지 코리언들 대부분은 '북'을 훨씬 더 많이 지목하고 있다. 이 중에서도 한국에 거주하고 있는 한국인, 탈북자가 '북'을 지목하는 비율은 각각 88.6%, 89.9%로 압도적이었다. 반면 재일 조선인과 재미 한인은 각각 55.7%, 58.1%로, 한국에 거주하고 있는 코리언들보다는 다소 낮았다. 이것은 한국에 거주하는 코리언들과 해외에 거주하는 코리언들 사이에는 분단을

〈표 37〉 현재 분단이 지속되는 데 굳이 어느 한쪽에 책임을 묻는다면
남과 북 중 어디입니까?

	한국인	탈북자	재중 조선족	재러 고려인	재일 조선인	재미 한인
남한	9.6	9.2	51.5	8.6	22.0	2.2
북한	88.6	89.9	48.5	79.8	55.7	58.1

인식하는 '아비투스'가 다르다는 것을 보여준다.

특히, 재중 조선족은 비록 3% 차이지만 '북'이 아니라 '남'을 선택하고 있다는 점에서 이미 앞에서 본 것처럼 다른 집단과 다른 고유한 특징을 드러내고 있다. 재중 조선족은 '동북아시아지역의 평화에 위협이 되는 요소는 무엇이라고 생각하는가?'라는 물음에 대해서도, '통일을 하는 데 가장 걸림돌이 되는 나라는 어디라고 생각하십니까?'라는 물음에 대해서도 대체로 '북한이 핵과 미사일을 개발하고 있는 것', '북'이라고 선택하는 다른 지역 거주 코리언들과 달리, '미국이 남한, 일본과 손잡고 동북아의 패권을 유지하려는 것'과 '미국'을 많이 선택하고 있다. 따라서 분단 지속의 책임을 묻는 이번 질문에서도 '북'이 아니라 '남'을 근소한 차이나마 더 많이 선택하고 있는 것은 최근 형성되고 있는 미/중 간의 패권경쟁이라는 신냉전 질서를 반영하고 있는 것처럼 보인다.

그렇다면 문제가 제기될 수 있는 데, 그것은 바로 '재러 고려인'이다. 재러 고려인들 또한 과거 동/서 냉전체제에서는 '소련'에 거주했던 사람들이며 '소비에트인'으로서의 아비투스를 가지고 있는 사람들이기 때문이다. 그렇다면 재러 고려인들은 왜 재중 조선족처럼 '남'이 아니라 '북'을 압도적으로 많이 선택하고 있는 것일까? 재러 고려인들은 동북아시아의 평화를 위협하는 요인으로 '북한이 핵과 미사일을 개발하고 있는 것'을 많이 선택하고 있기는 하지만, 재중 조선족을 제외하고는 가장 적은 비율로 선택하고 있으며 통일의 걸림돌로 '북한'과 '미국'을 들고 있

다. 따라서 재러 고려인들은 과거 동/서 냉전체제의 아비투스를 가지고 있기는 하지만, 이것을 '북-중-러'라는 북방삼각 대 '한-미-일'라는 남방삼각이라는 대립적 틀로 보지 않는다는 것을 의미한다. 바로 여기에 차이가 존재한다.

구 소비에트 연방의 해체 이후 동/서 냉전체제는 사실상 해체되었다. 그러나 동북아시아에서는 미/중의 패권경쟁을 통해서 신냉전질서가 다시 구축되고 있다. 따라서 구 소비에트의 국민으로 살았던 재러 고려인들에게 과거 미국에 대항했던 소비에트 국가의 아비투스는 남아 있지만 그런 아비투스가 최근의 '신냉전'을 둘러싼 문제에 대한 인식으로까지는 연장되지 않고 있다. 게다가 이번에 조사 대상이 된 연해주의 재러 고려인들 대다수는 '중앙아시아 출신'들이다. 반면 재중 조선족에서 '냉전'은 이미 해체되어 버린 '과거의 것'이 아니라 미/중의 패권경쟁을 통해서 현재에도 지속되고 있는 것이다. 따라서 그들은 '미국'에 대한 적대성을 근거로 과거의 북방삼각 대 남방삼각의 대립을 오버랩시키고 있는 것이다.

반면 재일 조선인, 재미 한인은 '북'과 직접적 교류가 없으며 과거 동/서 냉전체제에서도 현재의 신냉전 질서 속에서 재중 조선족과 대립되는 '적대국가'에 거주하고 있는 코리언들이다. 특히, 재미 한인은 냉전의 한 축을 주도하는 미국에 거주하고 있을 뿐만 아니라, 대부분이 한국에서 출생하여 미국으로 건너간 사람들이거나 그들의 후손이다. 따라서 재일 조선인이나 재미 한인들이 '분단 지속의 책임'을 '남'보다 '북'에 대해서 더 묻는 것은 그들이 살아온 사회역사적 환경 속에서 볼 때, 당연한 결과라고 할 수 있다. 오히려 이상한 것은 왜 그들이 재러 고려인보다 더 적은 비율로 '북'을 지목하고 있는가이다.

2) 남 또는 북으로의 단일화를 거부하는 통일-분단 인식

재일 조선인은 일본 국가에 대한 배제와 탄압으로 인해 '국민적 정체성'이 다른 해외 거주 코리언들과 비교해 보았을 때 가장 낮을 뿐만 아니라 의식적으로 일본에 저항해 온 역사를 가지고 있다. 그리고 이 역사는 그들로 하여금 강한 '한(조선)반도로의 귀속의식'을 낳았다. 그러나 불행하게도 이런 '민족적 귀속성'은 한(조선)반도의 분단으로 남/북이라는 두 개의 분단국가를 향하게 되었다. 따라서 재일 조선인 사회 또한 분열되었으며 이것은 한국과 일본 국적자들의 경우 과반수가 넘는 사람들이 '북'을 선택하는 반면 조선국적자들은 이와 반대로 60.0%가 '남'을 선택하고 있다.

하지만 이보다 더 중요한 것은 위의 질문에 대한 답변에는 직접적으로 드러나 있지 않지만 은폐되어 있는 중요한 진실이 있다는 점이다. 예를 들어 재일 조선인이 '남'과 '북'을 선택한 답변의 총합이 77.7%에 불과하며 재러 고려인의 경우에는 88.4%에 불과하다는 것이다. 이런 '남'과 '북'에 대한 선택 비율은 재미 한인을 제외한 코리언들의 총합이 거의 100%에 가깝다는 점에서 매우 기이한 현상이라고 할 수 있다. 물론 여기서 코리언들에 물은 질문은 '현재 분단이 지속되는 데 굳이 어느 한쪽에 책임을 묻는다면 남과 북 중 어디입니까?'라는 점에서 '남'과 '북'을 제외한 답변은 애초의 질문을 무시한 것이라고 할 수 있다.

그럼에도 불구하고 여기서 우리가 생각해야 할 것은 왜 이들은 다른 질문들처럼 애초 질문지가 묻는 방향에 따라 '남'과 '북' 중 어느 하나를 선택하지 않고 무응답을 선택하거나 중복응답을 선택하고 있는가이다. 재일 조선인들은 4.1%가 무응답을 선택했고 18.2%는 남과 북 둘 다를 선택하는 중복 응답을 했으며 재러 고려인들은 7.4%가 무응답을, 4.3%

가 중복응답을 선택했다. 따라서 재러 고려인들도 이 질문에 따라 답변하는 것에 대해 거부했지만 재일 조선인이 보다 더 강하게 이와 같은 방식의 양자택일적 선택을 거부하고 있다. 바로 이런 점에서 재일 조선인이 재러 고려인보다 '북'에 책임을 묻는 비율이 낮았던 것은 재러 고려인보다 훨씬 더 '남'과 '북' 양자 중 어느 하나를 선택하는 이 질문을 그대로 받아들이기를 거부했기 때문이다.

그러나 그렇기 때문에 재러 고려인과 재일 조선인의 답변에는 이 질문 자체로 해소될 수 없는, 매우 중요한 지점을 드러내고 있다. 그것은 바로 분단 지속의 책임을 남과 북이라는 두 개의 선택지만 주었을 때, 그것은 또 다른 하나의 선택지인 '남과 북'이라는 답변을 매우 강력하게 억압하고 있다는 것이다. 왜냐하면 굳이 둘 중에 하나만 선택해야 한다고 했을 때, 남과 북 중 어느 쪽이냐고 물었음에도 불구하고 이를 의식적으로 거부하고 많은 사람들이 둘 다를 선택하고 있기 때문이다. 따라서 많은 코리언들이 '분단 지속의 책임'이 '남'과 '북' 어느 한쪽이 아니라 '남과 북' 모두에게 책임이 있다고 생각하고 있으며 이렇게 세 가지의 선택지를 주었을 때 그 답변의 경향은 매우 달라졌을 것이라는 점을 예상할 수 있다. 이런 결과를 반영하는 것이 재미 한인에 대한 설문조사였다.

통일인문학연구단은 재중 조선족, 재러 고려인, 재일 조선인, 한국인, 탈북자에 대한 공통설문지를 만들고 2011년에 조사를 실시했으며 2012년 그에 대한 연구 결과를 발표하게 되었는데, 이 와중에서 재미 한인에 대한 설문지를 간소화하고 현지 사정에 맞추어 재조정하였다. 그리고 이때 '둘 다 동일'이라는 제3의 선택지를 주었다. 그 결과 재미 한인은 '둘 다 동일'이라는 답변을 39.7%나 선택하면서 '북한'을 선택하는 비율 (58.1%)이 다소 낮게 나타났다. 따라서 이러한 결과는 대부분의 코리언이 분단지속 책임을 물었을 때, 한국에 거주하는 코리언들이 생각하듯이 압도적으로 '북한'을 선택할 것이라는 예상을 깨는 것일 뿐만 아니라 오히려 '남과 북' 양자 모두에게 책임을 묻는 경향이 있다는 것을 보여주고 있다.

그러므로 해외 거주 코리언들은 그들이 거주하는 지역의 국제적 정치질서와 거주국의 이데올로기로부터 자유롭지 못함에도 불구하고 그 상징 질서에 완전히 포획되는 것은 아니며, '민족'에 대한 갈망이 코리언의 분단-통일의식에 영향을 미친다고 볼 수 있다. 왜냐하면 '아비투스' 개념이 의식과 무의식을 모두 아우르는 것이라고 할지라도 그것의 형성 과정에서의 '억압'을 설명할 수 없는 것처럼, 코리언들에게도 억압되어져 배제된 요소가 있을 수 있기 때문이다.[1] 따라서 코리언의 분단-통일의식을 연구하는 데 있어 섣불리 재단하거나 민족정체성이 미치는 영향력을 결코 배제해서는 안 된다. '민족'은 오늘날 적대적 구조로 점철되어 있는 분단체제를 극복할 수 있는 '저항적 의미'를 지닌다.

그러므로 우리가 주목해야 할 것은 남북 분단과 통일의 문제에 대한 코리언들의 의식을 제대로 보기 위해서는, 그들의 답변 이면에 감추어진 '욕망'을 볼 필요가 있다. 사실, 이들의 인식 속에는 그들의 거주국에서 진행되는 국가의 상징체계 및 '상대에 대한 공포'를 환기시키는 구조를 따라 오버랩되는 것들이 있다. 이것은 해외 거주 코리언만이 아니라 한국인도 마찬가지이다. 한국인이 다른 어떤 코리언들보다 높은 수치로 분단 책임에 대해서 '북'을 지목하는 것은 이 때문이다. 따라서 그들이 분단과 통일에 대해 가지고 있는 인식은 진실을 반영하는 것도 아니며

---

1) 이것은 일제 식민지 지배와 해방 후의 분단이 낳은 '국가=민족'이라는 리비도의 좌절을 코리언들이 공유하고 있으며, 미-소 중심의 냉전체제와 최근 신냉전에 따른 남방삼각과 북방삼각의 대결적 구도가 한(조선)반도를 남-북이라는 두 개의 국가로 대립시키면서 '민족'을 억압하였다는 점을 전제로 한다.

〈표 38〉 분단된 지 50여 년이 지났음에도 불구하고
통일되지 않는 이유는 무엇이라고 생각하십니까?

	한국인	탈북자	재중 조선족	재러 고려인	재일 조선인	재미 한인
남과 북이 서로 적대시하기 때문에	19.8	28.4	39.7	**45.1**	24.5	18.1
외세 열강이 통일을 가로막기 때문에	25.0	**31.2**	19.5	6.1	20.7	17.5
북한이 개혁/개방을 하지 않고 있기 때문에	51.3	36.7	12.8	34.7	25.2	33.0
조선이 자기 정치체제를 유지하기 위해 계속 무력을 사용하기 때문에						28.6

더 나아가 자신의 욕망을 제대로 표현하고 있는 것도 아니다. 오히려 그
것은 다양한 방식으로 왜곡되거나 전치된다. 이것은 다음의 결과에서
드러나고 있다.

'분단된 지 50여 년이 지났음에도 불구하고 통일되지 않는 이유는 무
엇이라고 생각하십니까?'라고 물었을 때 가장 먼저 드러나는 특징은, 앞
에서 보인 바와 같이 재중 조선족을 제외한 나머지 코리언들은 대체적
으로 '북한이 개혁/개방을 하지 않고 있기 때문에'를 가장 많이 선택하였
다. 이것은 '통일이 되지 않은 이유'를 '북'에서 찾는 경향을 보여주는 것
이라고 할 수 있다. 특히, 재미 한인 조사에만 추가된 항목, '조선이 자기
정치체제를 유지하기 위해 계속 무력을 사용하기 때문에'에 대해서 재
미 한인들이 매우 높은 수치로 선택하고 있음을 볼 때, 그 비율은 더욱
올라갈 것이라고 예상해 볼 수 있다.

그럼에도 불구하고 이 물음은 앞에서 다룬 '현재 분단이 지속되는 데
굳이 어느 한쪽에 책임을 묻는다면 남과 북 중 어디입니까?'라고 묻는
물음에 대한 답변과는 일정한 차이를 보이고 있다는 것은 분명하다. 그
중에서도 가장 특징적인 답변 경향은 '분단 지속의 책임'을 남과 북 중에

서 '북'이라고 답변한 비율이 89.9%인 탈북자와 79.8%인 재러 고려인이 '통일이 되지 않는 이유'를 묻는 물음에서는 '북'의 책임 이외의 요소들을 많이 선택하고 있다는 점에서 드러나고 있다. 탈북자들은 '외세 열강이 통일을 가로막기 때문에'를 31.2%나 선택하고 있으며 재러 고려인은 앞의 답변과 달리 '남과 북이 서로 적대시하기 때문에'를 45.1% 비율로 가장 많이 선택하고 있다.

그러므로 코리언들이 총체적인 분단 지속의 원인을 남과 북 중 '북'에서 찾는다고 하더라도, 현재의 상황에서 통일이 되지 않는 이유에 대한 그들의 답변 경향은 이와 동일한 것이 아니라고 할 수 있다. 그렇다면 분단 지속의 책임과 통일이 되지 않는 이유가 동일한 논리적 선상에 있는 물음에도 불구하고 이처럼 다른 답변 경향이 나타나는 것일까? 그것은 바로 '남과 북' 중에서 분단 지속의 책임을 물었을 때와 '통일이 되지 않는 원인'을 물었을 때의 질문이 다르기 때문이다. 분단 지속의 책임 문제에서는 '남 또는 북'이라는 선택지만 있는 반면, '통일이 되지 않은 원인'을 묻는 물음에서는 여러 가지 국제적인 정세와 '남과 북 양자 모두'에게서 찾는 답변이 포함되어 있다. 따라서 앞의 물음과 달리, 이번 질문에 대한 답변은 보다 다양한 선택에 따른 풍부한 분단-통일의식이 드러난 것이라고 할 수 있다.

3) 분단-통일 인식의 심층과 분석의 방향

국제적 환경까지를 포함한 코리언들의 분단-통일에 대한 책임 문제에 대한 인식을 본다면 가장 특징적으로 드러나는 것은, 그 책임을 한(조선)반도에 거주하는 코리언들의 경우 상대적으로 '한(조선)반도 내부'에서 찾는 경향이 있는 반면 해외 거주 코리언들은 그 외부인 '외세'에서

찾는 경향이 있다는 점이다. '한국인과 탈북자'는 통일이 되지 않는 이유
로, '외세 열강이 통일을 가로막기 때문에'라는 답변을 많이 하고 있는
반면, 재미 한인을 제외한 해외 거주 코리언들은 상대적으로 '남과 북이
서로 적대시하기 때문에'라는 답변을 많이 선택하고 있다.[2] 이것은 분
단 지속의 원인이 어디에 있든 간에 현재 남과 북이 대립하고 있는 것이
문제이며 그러한 대립을 넘어 화해의 분위기를 조성해야 한다는 정서적
판단이 작용하고 있는 것으로 보인다.

물론 재일 조선인은 '북한이 개혁/개방을 하지 않고 있기 때문에'에서
보듯 북의 폐쇄성을 가장 많이 선택하고 있지만 남북의 적대성과 불과
0.7%(25.2% vs 24.5%)의 차이밖에 보이지 않고 있을 뿐만 아니라, '외세
열강이 통일을 가로막기 때문에' 20.7%, '남한이 미국편에서 북한을 봉쇄
하기 때문에' 12.7%로 답변이 분산되었기 때문이라고 할 수 있다. 이것
은 남과 북의 분단체제가 만들어내는 적대성이 재일 조선인 사회 내부
에서도 작동하면서 여론이 분열되어 있는 상황을 반영하는 것이라고 할
수 있다. 게다가 이들의 답변 추이에는 동북아를 중심으로 형성되어 있
는 냉전체제라는 국제 질서가 남/북의 분단체제와 중첩되어 있다. 이것
을 대표적으로 보여주는 것이 재미 한인과 재중 조선족의 답변이다.

재미 한인은 '북한이 개혁/개방을 하지 않고 있기 때문에'(33.0%)+'조
선이 자기 정치체제를 유지하기 위해 계속 무력을 사용하기 때문
에'(28.6%)를 61.6%가 선택한 반면 재중 조선족은 비록 '남과 북이 서로

---

2) 그러나 탈북자와 한국인 사이에는 차이가 있다. 탈북자는 '현재 분단이 지속
되는 데 굳이 어느 한쪽에 책임을 묻는다면 남과 북 중 어디입니까?'라는 질
문에 대해서 '북'을 선택하는 비율이 한국인과 거의 비슷했지만 여기서의 물
음에 대한 답변에서는 '북의 폐쇄성'을 한국인보다 15% 적게 선택하는 반면
'남북의 적대성'을 약 9% 정도 더 많이 선택하고 있다. 이것은 탈북자들이 '북'
의 책임만이 아니라 상호 적대적인 두 국가의 문제도 '한국인'보다 더 많이
인식하고 있음을 보여주는 것이라고 할 수 있다.

적대시하기 때문에'보다는 낮은 수치이기는 하지만 '남한이 미국편에서 북한을 봉쇄하기 때문에'을 27.0%나 선택함으로써 다른 코리언들과는 전혀 다른 방향에서 답변을 선택하고 있다. 이것은 재미 한인과 재중 조선족이 미/중 패권경쟁의 두 축을 형성하는 국가에 거주하고 있는 사정을 반영하고 있다. 따라서 코리언들의 분단-통일의식의 형성에는 각 거주별 국가의 국제 관계 및 정세적 변화, 그리고 그 속에서 형성된 아비투스가 개입되어 있다고 할 수 있다.

그렇다면 우리가 보아야 하는 것은 바로 이 왜곡과 전치를 보여주는 인식의 비일관성과 균열, 충돌 속에서 드러나는 '민족적 욕망'이다. 그리고 그렇게 되었을 때에만 코리언들 각자가 가지고 있는 아비투스로부터 '거리'를 유지하고 그 심연에 존재하는 자신의 욕망을 제대로 볼 수 있다. 즉, 분단과 통일에 대한 코리언들의 인식에는 국제적인 냉전에 따라 오버랩되는 인식들이 있다는 것을 알게 되면 그들의 답변 경향은 그 자체로 '참'이 되거나 그들이 진짜로 '바라는 것'이 아니라 왜곡되고 전치된 것들이 된다. 그리고 그렇게 되었을 때, 우리는 그들의 여론을 가지고 분단국가의 정당성을 강화하는 것이 아니라 오히려 분단극복의 문제를 동아시아의 평화구축, 탈냉전, 국제적인 평화구축문제와 함께 사고할 수 있게 될 것이다.

예를 들어 재미 한인은 '분단된 지 50여 년이 지났음에도 불구하고 통일되지 않는 이유는 무엇이라고 생각하십니까?'라는 물음에 대해 무려 28.6%가 '조선이 자기 정치체제를 유지하기 위해 계속 무력을 사용하기 때문에'를 선택하고 있다. 그러나 이것은 그 자체로 '참'이라고 할 수 없다. 왜냐하면 여기에는 미국이 9.11사건 이후 대테러정책을 수정하고 '북=악의 축'으로 지목하면서 압박해왔던 미국의 동아시아전략, 미/중 패권 경쟁과 이에 따른 국가적 상징화가 작동하고 있기 때문이다. 따라서 이런 식의 인식은 그들이 원하는 바와 반대로 동아시아의 신냉전을 강화하고 분단의 적대성을 심화시키는 결과를 낳을 뿐이다. 요컨대 이런 코리언들의 인식을, 그냥 주어진 그대로 볼 것이 아니라 그런 인식이 작동하는 중층적 구조를 비판적으로 분석하면서 그것을 뛰어넘는 대안적 방향을 찾아가는 태도가 필요하다.

일반적으로 대부분의 여론조사는 답변자들의 수치를 그대로 일반화하고 '그것이 그들이 생각하는 것'이라고 주장하는 데 그친다. 게다가 더 나아가 이 수치를 있는 그대로 보여주면서 이것이 그들의 여론이며 '원하는 것'이라고 말하는 것만이 '중립적'이고 '객관적인 것'라고 주장하는 경우가 많다. 그러나 이것은 중립적이거나 객관적이지 않다. 만일 우리가 그냥 주어진 수치만을 나열한다면 사람들은 한국 편을 들지 않는 재중 조선족을 이해할 수 없을 것이고, '중국인'과 같은 인식을 가진 집단이라고 재단할 가능성이 높기 때문이다. 따라서 아비투스에 대한 분석 없는 단순 수치의 나열과 비교가 실질적으로 남기는 사회적 효과는 우리가 가진 인식, 즉 분단의 아비투스를 통해서 그들의 인식을 판단하고 재단하는 것이다.

또한, 이런 판단과 재단에 의해서 해외 거주 코리언들의 각 집단은 우리와 가까운 집단과 그렇지 않은 집단으로 구별되고 서열화될 것이며 그렇게 되었을 때, 우리와 그들은 서로 민족애적 관계로서 만날 수 없게 될 것이다. 따라서 이와 같은 방식의 연구는 결과적으로 코리언들 사이의 관계 형성에도, 남과 북의 분단을 극복하는 데에서도 아무런 도움이 되지 않지 않을 뿐만 아니라, 오히려 그들의 분단-통일 인식을 '분단국가주의'로 환원하면서 한국인의 관점을 특권화한 것일 뿐이다. 바로 이런 점에서 중요한 것은 그들의 아비투스를 배우고 이해하면서 오히려 그것을 통해 나의 아비투스를 해체하면서 그들의 아비투스 또한 극복할 수 있는 길을 찾는 것이다.

코리언들은 각기 자신의 거주 지역에 따른 아비투스를 가지고 있으며 이것을 통해서 현재의 분단과 통일문제를 본다. 그런 상황에서 그냥 주어진 그대로의 데이터만을 보게 되면 분단극복을 위한 민족적 합력을 창출할 수 있는 길은 막히게 될 가능성이 높다. 따라서 표면적으로 드러나는 통계 수치보다 그 이면에 존재하는 것들을 분석할 필요가 있다. 재러 고려인들은 이를 잘 보여준다. 재러 고려인들은 남과 북의 분단 문제를 재중 조선족이나 재미 한인들처럼 한-미 대 북-중이라는 냉전에 오버랩시키지 않는다. 이것은 동서냉전체제의 양 축이었던 소비에트 연방의 해체와 더불어 냉전이 해체되었기 때문이다. 따라서 그들이 남북 분단과 통일문제를 우리 민족의 문제로, '민족'적 열망 안에서 보는 것은 그들의 적대성을 생산하는 냉전의 해체와 관련되어 있다.

2. 남과 북의 아비투스와 상호 극복의 방향

1) 코리언들이 보는 한국과 조선

독일과 한(조선)반도의 분단은 국제적으로 보았을 때 2차 세계대전 이후 형성된 동서냉전체제와 관련되어 있었다. 따라서 동서냉전체제의 해체와 더불어 독일이 통일되었다는 것은 어쩌면 당연한 결과인지도 모른다. 그러나 한(조선)반도의 분단은 아직까지도 '통일'은 고사하고 적대적 냉전 상태를 벗어나지 못하고 있다. 물론 이것은 유럽에서 동서냉전체제의 붕괴는 유럽공동체의 형성으로 향하는 반면 동북아시아에서는 미/중 간의 패권경쟁으로 전화했다는 점에서, 서로 다른 국제적 환경이 낳은 결과라고 할 수 있을지 모른다. 그러나 이런 판단은 독일통일이 국제적 요인으로만 환원될 수 없는, 빌리 브란트의 동방정책이라는 내부적 노력이 있었다는 점에서 일면적으로만 사태를 보는 것이라고 할 수 있다.

게다가 동북아시아에서의 동서냉전체제 붕괴가 곧바로 미/중 간의 패권경쟁으로 나아간 것도 아니다. 오히려 미국은 중국의 개혁개방정책을 지지하면서 한 동안 밀월관계를 유지했다. 그 당시 서구는 과잉자본을 해소하기 위해 중국이라는 광활한 시장을 활용하고자 했으며, 중국 또한 그것을 통해서 세계 시장으로 진출하고자 했다. 그런데 그 시기에도 한국과 조선은 적대적 관계를 지속했다. 심지어 1994년에는 미국이 북의 영변에 있는 핵처리시설을 폭격하고자 했으며 남과 북의 정책당국자들은 '서울 불바다'와 같은 발언을 쏟아낼 정도로, 매우 위험스런 '전쟁위기'를 그 스스로 만들어내고 있었다. 왜 이런 일이 벌어지고 있었던 것일까?

독일은 전쟁 없이 분단되었다. 그러나 한(조선)반도는 6·25전쟁이라는 동족상잔의 비극을 겪었다. 따라서 코리언들은 독일인과 달리 전쟁에 대한 깊은 공포와 내면적 상처를 가지고 있다. 그럼에도 불구하고 남에 살고 있는 코리언과 북에 살고 있는 코리언들은 '전쟁'을 피하기보다는 오히려 그것을 감수하고자 한다. 따라서 한(조선)반도의 분단체제에는 전쟁과 같은 죽음의 공포를 제압하면서 그것을 넘어 오히려 '전쟁'을 감행하도록 하는, 더 강력한 상호 적대적 감정이나 원한 감정에서 나오는 충동 또는 남과 북이라는 분단국가에 자신을 일체화함으로써 그 국가의 명령을 자신의 사명으로 받아들이는 국민들이 존재하고 있다고 할 수 있다. 한(조선)반도의 분단체제는 분단의 상처를 상대에 대한 원한감정으로 전치시킴으로써 분단국가에 일체화된 국민을 생산하며 그것을

〈표 39〉 통일을 위해 북쪽이 가장 먼저 고쳐야 할 점은 무엇인가?

	한국인	탈북자	재중 조선족	재러 고려인	재일 조선인
경제 개방과 발전	27.9	49.5	48.5	24.8	26.8
남북교류 활성화	38.5	38.5	24.6	18.7	28.7
국제 규범질서 준수와 대외신뢰도 향상	32.5	11.9	26.9	47.2	35.7

통해서 자기를 재생산한다.

　바로 이런 점에서 분단체제를 극복하고자 한다면 한국과 조선이라는 두 분단국가에 자신을 일체화하는 것으로부터 벗어나 오히려 '민족'이라는 관점에서 분단극복을 사유해야 한다. 이와 관련하여 송두율은 이미 '남이냐 북이냐'가 아니라 '남과 북'이라는 논리 속에서 한반도를 전체적으로 사유하는 '인식의 전환', 즉, "'북한 살리기'나 '남한 살리기'의 양자택일 아니라 '남북한 다 살리기'라는 인식의 전환'[3]을 제시한 바가 있다. 그러나 그렇게 하기 위해서는 무엇보다도 먼저 자신의 내부에서 작동하는 분단의 아비투스가 무엇인지를 찾아내고 이를 벗어나려는 성찰적 태도가 필요하다. '통일을 위해 북쪽이 가장 먼저 고쳐야 할 점'과 '남쪽이 가장 먼저 고쳐야 할 점'은 바로 이런 성찰적 인식을 위해 필요한 지점이다.

　〈표 39〉에서 보듯이 '통일을 위해 북쪽이 가장 먼저 고쳐야 할 점은 무엇인가?'라는 질문에 대해서 재러 고려인(47.2%), 재일 조선인(35.7%)은 '국제 규범 질서 준수와 대외신뢰도 향상'을, 탈북자(49.5%)와 재중 조선족(48.5%)은 '경제 개방과 발전'을, 한국인은 '남북교류 활성화'(38.5%)를 가장 많이 선택하고 있다. 그러나 재일 조선인과 한국인의 경우에는 다른 집단들과 달리 어느 하나의 답변을 압도적으로 선택하고 있지 않

---

3) 송두율, 『통일의 논리를 찾아서』, 한겨레신문사, 1995, 235쪽.

을 뿐만 아니라 다른 집단의 경우에도 대체로 두 번째로 많이 선택하는 답변 비율이 20% 중반을 넘나들기 때문에 이를 고려하여 전체적인 답변 경향을 볼 필요가 있다. 이렇게 보았을 때, 다음과 같은 특징이 드러나고 있다.

첫째, 한(조선)반도에 거주하는 코리언들인 한국인과 탈북자들의 경우, '남북교류 활성화'를 선택하는 비율(38.5%로 동일)이 높은 반면, 해외 거주 코리언들은 이에 비해 상대적으로 낮다는 점이다. 이것은 해외 거주 코리언들이 '경제 개방과 발전'(재중 조선족), '국제 규범질서 준수와 대외 신뢰도 향상'(재러 고려인, 재일 조선인)과 같은 문제들을 가장 많이 선택하고 있기 때문이다. 둘째, 그럼에도 불구하고 한국인은 두 번째 높은 비율로 '국제 규범질서 준수와 대외 신뢰도 향상'을 선택함으로써 재러 고려인, 재일 조선인과 비슷한 양상을 보이는 반면, 탈북자는 '경제 개방과 발전'을 첫 번째 높은 비율로 선택함으로써 재중 조선족과 비슷한 답변 경향을 보이고 있다.

한(조선)반도에 거주하는 코리언들이 해외 거주 코리언들에 비해 상대적으로 '남북교류 활성화'에 대해서 많은 비중을 두고 있는 것은 남북 관계가 자신들에게는 직접적이고 현실적인 문제이기 때문이다. 반면 해외 거주 코리언들에게 보다 중요한 것은 자신의 거주국을 중심으로 전개되고 있는 국제 정세이다. 따라서 이들이 '남북교류 활성화'보다 '국제 규범질서 준수와 대외 신뢰도 향상'에 높은 비중을 두고 있는 것은 당연한 결과라고 할 수 있다. 하지만 그럼에도 불구하고 이런 식으로 단순화하는 데에는 무리가 있다. 왜냐하면 '국제 규범질서 준수와 대외 신뢰도 향상'에 대한 비중에서 한국인과 탈북자의 선택이 완전히 달라지기 때문이다. 이것은 탈북자가 한국인에 비해 '경제 개발과 발전'에 큰 비중을 두고 있기 때문이다.

그런데 이 측면에서 보면 해외 거주 코리언 중 재중 조선족만이 유일하게 탈북자와 같이 '경제 개발과 발전'에 가장 높은 비중을 두고 있음에 주목할 필요가 있다. 재중 조선족은 지리적으로 북과 인접한 지역에 살고 있을 뿐만 아니라 역사적으로 긴밀한 관계를 맺고 살아왔다. 또한, 그들은 중국의 개혁개방정책을 몸소 실천하고 있는 국가의 국민으로 살고 있으며 북·중 간의 경제적 교류도 확대되고 있기 때문에 이에 대한 기대치를 가지고 있다고 할 수 있다. 탈북자들 또한 마찬가지이다. 1994년 이후 북은 '고난의 행군'으로 불리는 시기에 심각한 식량난을 겪었다. 이 시기에 탈북자의 수는 급증하였으며, 본 조사 대상자 중에서도 27.5%가 탈북동기로 '생존(혹은 굶주림)'을 선택하고 있다. 따라서 이들은 현재 북의 가장 큰 문제는 '경제난'이라고 보고 있으며 그렇기에 '경제 개방과 발전'에 가장 큰 비중을 두고 있다.

반면 한국인과 재일 조선인은 북의 경제난을 직접 체험한 집단이 아니라 오히려 남/북 분단체제의 적대성과 오버랩되는 국제적인 국가관계로부터 더 많은 영향을 받고 있는 집단이라고 할 수 있다. 특히, 재일 조선인은 미/중 간의 신냉전질서하에서 핵심 축인 미-일동맹의 한 축인 '일본'에 거주하고 있으며 역사적으로 남/북의 적대적 대립이 재일 조선인 사회의 적대성으로 전화되는 지역에 살고 있다. 따라서 이들은 '북'의 '경제 개발과 발전'보다는 '국제 규범질서 준수와 대외 신뢰도 향상'과 같은 국제적 관계 형성 문제에 더 집중하고 있다고 할 수 있다. 물론 이와 다른 예외성을 보이는 것은 '재러 고려인'이다. 하지만 이 경우에는 이번 조사대상자들인 재러 고려인이 대부분은 중앙아시아 출신이라는 점을 감안할 필요가 있다.

마찬가지로, 코리언들에게 '통일을 위해 남쪽이 가장 먼저 고쳐야 할 점은 무엇인가?'라고 물었을 때에도 앞의 답변 경향과 비슷하게 각 집단

〈표 40〉 통일을 위해 남쪽이 가장 먼저 고쳐야 할 점은 무엇인가?

	한국인	탈북자	재중 조선족	재러 고려인	재일 조선인
잘 산다고 다른 사람들을 멸시하는 태도	15.8	26.6	39.4	28.2	10.5
약자를 보호하지 않는 극단적인 시장경제체제	27.1	13.8	16.8	17.5	14.6
외세 의존적 태도	21.4	22.9	36.4	17.8	21.0
대북 퍼주기 사업	15.4	22.0	2.7	20.6	17.8
대북봉쇄정책	16.8	12.8	4.7	8.9	23.2

별로 답변이 분산되고 있다. 각 집단별로 가장 많이 선택한 답변만 보더라도 북쪽의 문제를 물었을 때의 답변 경향과 동일하게 '잘 산다고 다른 사람들을 멸시하는 태도'(탈북자, 재중 조선족, 재러 고려인)와 '약자를 보호하지 않는 극단적인 시장경제체제'(한국인, 고려인), '대북봉쇄정책' (재일 조선인) 등 3가지로 나누어졌다. 이것은 북에 대해 물었을 때와 마찬가지로 각 집단이 거주하는 지역적이고 역사적인 특성과 그들의 이해관계 및 국제적인 국가관계가 다르기 때문으로 보인다.

하지만 그럼에도 불구하고 '남쪽의 문제'를 물었을 때, 코리언들이 보이는 답변 경향은 '북쪽의 문제'와 달리 두 가지 지점으로 모아지는 경향을 보이고 있다. 이 중에서도 가장 많은 코리언들이 꼽고 있는 남쪽의 문제는 '잘 산다고 다른 사람들을 멸시하는 태도'(탈북자 26.6%, 재중 조선족 39.4%, 재러 고려인 28.2%)였으며 두 번째는 '외세 의존적 태도'였다. 재중 조선족 36.4%를 필두로 탈북자 22.9%, 한국인 21.4%, 재일 조선인 21.0%가 '외세 의존적 태도'를 선택했다. 따라서 코리언들이 보는 남쪽의 문제는 '잘 산다고 다른 사람을 멸시하는 태도'와 '외세 의존적 태도'라고 할 수 있다.

그런데 이 중에서도 '잘 산다고 다른 사람들을 멸시하는 태도'를 가장 많이 선택하고 있는 집단은 탈북자, 재중 조선족, 재러 고려인이라는 점에 먼저 주목할 필요가 있다. 이들 집단은 상대적으로 한국에 비해 못 사는 지역에 거주하는 사람들이다. 따라서 이들이 한국의 문제로 '잘 산다고 다른 사람들을 멸시하는 태도'는 그들의 자격지심에서 나온 것이라고 단정해 버릴 수도 있다. 이는 앞에서 이미 다룬 바 있는 '남쪽으로부터 차별, 소외, 무관심을 경험한 적이 있는 경우 그 내용은 무엇인가?'라는 질문에 대해 재중 조선족(34.4%), 재러 고려인(31.8%), 탈북자(35.4%)가 모두다 '우월감을 가지고 무시하는 태도'를 꼽고 있다는 점에서 근거 없는 것이라고 할 수는 없다. 바로 이런 점에서 남쪽의 문제로 '잘 산다고 다른 사람들을 멸시하는 태도'는 한국인들의 '경제주의적 가치관'을 문제 삼는 것이라고 할 수 있다.

그럼에도 불구하고 문제는 '재일 조선인'들의 경우, 단지 10.5%만이 '잘 산다고 다른 사람들을 멸시하는 태도'를 꼽고 있다는 점이다. 물론 재일 조선인은 한국보다 잘 사는 일본에 거주하기 때문이라고 할 수도 있다. 그러나 재일 조선인의 경우, '남쪽으로부터 차별, 소외, 무관심을 경험한 적이 있는 경우 그 내용은 무엇인가?'라는 질문에 대해서 재중 조선족이나 재러 고려인, 탈북자와 달리 '같은 민족으로 취급하지 않는 태도'를 37.4%나 선택하고 있다는 점에 주목할 필요가 있다. '같은 민족으로 취급하지 않는 태도'를 남쪽으로부터 받은 차별, 소외, 무관심의 내용으로 선택한 비율이 높은 집단은 재일 조선인만이 아니다. 이것은 재중 조선족(31.8%), 재러 고려인(30.7%), 탈북자(24.6%)도 '우월감을 가지고 무시하는 태도' 다음으로 꼽고 있다. 따라서 '잘 산다고 다른 사람들을 멸시하는 태도'를 남쪽의 문제로 선택한 배경에는 같은 민족으로서의 동일화의 욕망이 좌절되는 경험과 밀접한 관련을 맺고 있다고 할 수 있다.

2) 가르치고 배우는 관계로서 남과 북

코리언들은 통일을 위해서 먼저 고쳐야 할 점으로 남쪽의 경우, '우월 감을 가지고 무시하는 태도'와 '외세 의존적 태도'를 들고 있는 반면, 북 쪽은 '경제 개방과 발전'과 '남북교류 활성화', '국제 규범질서 준수와 대 외 신뢰도 향상'을 들고 있다. 물론 이것은 남쪽의 경우 답변 선택 항목 이 5개뿐이었던 반면 북쪽은 3개뿐이었다는 점에서 북쪽의 경우 3가지 모두 에서 상대적으로 높은 답변 비율이 나왔다고 볼 수도 있다. 따라서 코리 언들이 전반적으로 북쪽에 대해 요구하는 것이 무엇인지를 정확히 보기 위해서 남과 북이 서로에게서 배울 수 있는 점이 무엇인지를 물었다.

먼저 북이 통일을 위해 먼저 고쳐야 할 것이 무엇인가라는 물음에 대 해 탈북자와 재중 조선족은 40% 이상의 높은 수치로 '경제 개방과 발전' 을, 한국인과 탈북자는 거의 40%에 육박하는 비율로 '남북교류활성화' 를, 재러 고려인과 재일 조선인은 35% 이상의 비율로 '국제 규범질서 준 수와 대회 신뢰도 향상'을 선택했었다. 그런데 '북쪽이 남쪽에 배워야 할 것은 무엇입니까?'라는 질문에 대해서 코리언들은 거주 지역별로 답변 경향이 달라지는 앞의 질문과 다르게 '개방적인 사회'라는 답변을 가장

〈표 41〉 북쪽이 남쪽에 배워야 할 것은 무엇입니까?

	한국인	탈북자	재중 조선족	재러 고려인	재일 조선인
실용적이고 현실적인 외교	17.2	13.8	21.2	26.7	18.2
개방적인 사회	44.7	39.4	49.5	48.8	40.4
자유경쟁	20.6	27.5	10.4	10.7	8.3
개인주의	2.2	2.8	2.4	4.3	1.6
세계화	11.6	14.7	16.5	3.4	13.4

〈표 42〉 남쪽이 북쪽에 배워야 할 것은 무엇입니까?

	한국인	탈북자	재중 조선족	재러 고려인	재일 조선인
독립국가의 자주적이고 주체적인 태도	34.5	14.7	50.2	18.4	25.8
민족적 동포애	13.4	23.9	18.2	22.4	15.6
평등 사회 건설 의지	8.0	9.2	10.1	8.0	7.6
집단주의	5.0	23.9	10.4	14.7	2.2
전통문화에 대한 자부심	25.3	22.9	11.1	26.4	22.9

많이 선택하고 있다. 한국인, 탈북자, 재중 조선족, 재러 고려인, 재일 조선인은 모두 40%에 가깝거나 50%에 육박하는 수치로 '개방적인 사회'를 선택하고 있다.

특히, 앞의 질문에 대해서 '경제 개혁과 발전'을 40% 이상 선택한 재중 조선족과 '국제 규범질서 준수와 대외 신뢰도 향상'을 선택한 재러 고려인들은 모두 다 49.5%와 48.8%라는 높은 수치로 '개방적인 사회'를 선택하고 있다. 한국인도 '남북교류활성화'를 가장 많이 선택했지만 이번 질문에 대해서는 44.7%의 비율로 '개방적인 사회'를 선택하고 있다. 따라서 앞의 질문과 이번 질문을 서로 연결해서 본다면 코리언들은 북이 통일을 위해서 가장 먼저 고쳐야 할 점을 무엇이라고 생각하든 간에 북이 남쪽으로부터 배워야 할 것은 '개방적인 사회'라고 생각하고 있다고 할 수 있다.

반면 '남쪽이 북쪽에 배워야 할 것은 무엇입니까?'라는 질문에 대해서는 북쪽과 달리 각 집단별로 우선적으로 꼽고 있는 게 다르다. 한국인, 재중 조선족, 재일 조선인은 '독립국가의 자주적이고 주체적인 태도'를 꼽은 반면 탈북자는 '민족적 동포애', '집단주의', '전통문화에 대한 자부심'으로 답변이 분산되었으며, 재러 고려인은 '민족적 동포애'와 '전통문화에 대한 자부심'으로 답변으로 나뉘었다. 이것은 '통일을 위해 남쪽이 가장 먼저 고쳐야 할 점은 무엇인가?'라는 물음에 대해서 '우월감을 가지고 무시하는 태도'와 '외세 의존적 태도'를 주로 꼽았던 답변 경향과는 확연히 다르다고 할 수 있다.

그럼에도 불구하고 일정한 경향성을 가지고 있는데, 그것은 바로 탈북자와 재러 고려인을 제외하고는 '독립국가의 자주적이고 주체적인 태도'를 가장 많이 선택하고 있으며, 그 다음으로 재중 조선족을 제외하고는 '전통문화에 대한 자부심'을 가장 많이 선택하고 있다는 점이다. 그 외에 독특하게 '민족적 동포애'를 선택한 집단도 있는데, 이것은 탈북자와 재러 고려인이었다. 따라서 이것을 앞의 물음, '통일을 위해 남쪽이 가장 먼저 고쳐야 할 점은 무엇인가?'라는 물음과 연결시켜 본다면 '독립국가의 자주적이고 주체적인 태도'는 '외세 의존적 태도'를 주로 꼽았던 답변과 일관적이며, 둘째 '민족적 동포애'는 '우월감을 가지고 무시하는 태도'를 꼽았던 답변 경향과 연결되어 있다고 할 수 있다.

그렇다면 왜 코리언들은 남과 북에 대해서 이와 같은 답변 태도를 보이는 것일까? 일단, 이를 위해서는 '통일을 위해 남쪽이 가장 먼저 고쳐야 할 점은 무엇인가?'라는 물음과 '남쪽이 북쪽에 배워야 할 것은 무엇입니까?'라는 질문의 차이에 주목할 필요가 있다. 전자는 비교 대상이 없는 반면 후자는 남과 북이라는 비교 대상이 있다. 따라서 '남쪽이 북쪽에 배워야 할 것은 무엇입니까?' 또는 '북쪽이 남쪽에 배워야 할 것은 무엇입니까?'라는 질문에는, 남과 북의 상호 비교라는, 역으로 보면 적어도 그 점에 있어서는 남에 비해 북이 또는 북에 비해 남이 더 낫다는 의미를 함축하고 있다고 할 수 있다. 이런 점에서 '남과 북에 대해서 그들이 가지고 있는 이미지'를 검토할 필요가 있다.

'북한을 생각하면 가장 먼저 떠오르는 인상은 무엇인가?'라는 질문에

<표 43> 북한 또는 남한을 생각하면 가장 먼저 떠오르는 인상은 무엇인가?

		한국인	탈북자	재중 조선족	재러 고려인	재일 조선인
조선	민족적 자긍심이 강한 나라다	6.4	7.3	30.0	11.3	15.6
	폐쇄적인 나라다	59.3	56.9	34.0	42.0	38.5
	경제적으로 낙후한 나라다	15.6	19.3	29.3	28.5	25.8
	평등한 나라다	0.6	2.8	2.4	0.3	0.6
	인정미가 넘치는 사회다	0.4	2.8	1.7	2.8	0.3
	너무 집단주의적인 나라다	15.4	10.1	2.7	5.5	6.1
한국	자유로운 나라다	53.7	68.8	18.9	27.0	33.1
	도덕적으로 부패한 사회다	16.0	2.8	5.4	0.9	5.7
	잘 사는 나라다	5.4	14.7	17.5	58.3	17.2
	인간 차별이 심한 나라다	6.4	4.6	33.0	3.1	8.0
	인정미가 없는 사회다	3.6	0.0	8.1	1.2	0.6
	너무 개인주의적인 나라다	12.8	8.3	17.2	3.1	11.5

대해서 코리언들이 압도적으로 선택하고 있는 답변은 '폐쇄적인 나라'이며 그 뒤를 잇고 있는 것이 '경제적으로 낙후한 나라'라는 이미지이다. 반면 '남한을 생각하면 가장 먼저 떠오르는 인상은 무엇인가?'라는 질문에 대한 코리언들의 답변은 집단별로 다른데, 한국인, 탈북자, 재일 조선인은 '자유로운 나라'를, 재중 조선족은 '인간 차별이 심한 나라'를, 재러 고려인은 '잘 사는 나라'를 가장 많이 선택하고 있다. 따라서 코리언들이 '북이 남으로부터 배워야 할 것'에 대해서는 '개방적인 사회'를 선택한 반면, '남이 북으로부터 배워야 할 것'으로는 '독립국가의 자주적이고 주체적인 태도'와 '민족적 동포애'를 선택한 것이라고 할 수 있다.

그럼에도 불구하고 각 집단이 가지고 있는 남과 북에 대한 이미지의 차이는 '남 또는 북이 북 또는 남에 대해 배워야 할 것'에 대한 답변 선택에 일정한 영향을 미치고 있다. 예를 들어 코리언 중 재중 조선족을 제외한 코리언들은 모두 북은 '폐쇄적인 나라'이며 '경제적으로 낙후한 나라'라는 이미지를 가지고 있다. 따라서 이들은 북이 남으로부터 '개방적인 사회'와 '자유경쟁', '현실적이고 실용적인 외교' 등을 배워야 한다고 생각한다. 그러나 재중 조선족은 '북'이 '폐쇄적인 나라'(34.0%)임에도 불구하고 '민족적 자긍심이 강한 나라'(30.0%)라고 생각하고 있다. 따라서 이들은 북이 배워야 할 점으로 코리언 중에 가장 높은 비율로 '개방적인 사회'(49.5%)를 요구하지만, 남에 대해서도 가장 높은 비율로 '독립국가의 자주적이고 주체적인 태도'(50.2%)를 요구하고 있다.

그러나 재중 조선족만 그런 것은 아니다. 재일 조선인과 재러 고려인의 경우에도 한국인이나 탈북자에 비해 '민족적 자긍심이 강한 나라'라는 답변 비율이 상대적으로 높다. 또한, 북이 남으로부터 배워야 할 것에 대해서도 한(조선)반도에 거주하는 코리언과 해외 거주 코리언들 간에는 차이가 있다. 대체적으로 해외 거주 코리언들은 '개방적인 사회' 다음으로 북이 '현실적이고 실용적인 외교'를 배워야 한다고 답변하고 있는 반면, 한(조선)반도 거주 코리언들은 '자유경쟁'을 선택하고 있기 때문이다. 이것은 한(조선)반도 거주 코리언들이 '북'의 낙후된 삶을 '북' 내부에서 찾는 반면, 해외 거주 코리언들은 자신들의 거주 환경 상의 특징으로 인해 북의 국제 관계 및 정세적 변수들을 고려하기 때문이라고 할 수 있다. 그렇다고 한국인과 탈북자 간에 차이가 없는 것은 아니다.

특히, 가장 중요한 차이를 보이는 것은 '집단주의'에 대한 태도이다. 탈북자들은 '남쪽이 북쪽에 배워야 할 것은 무엇입니까?'라는 질문에 대해 '민족적 동포애'와 더불어 공동 1위로 '집단주의'(23.9%)를 들고 있다. 반면 한국인은 '독립국가의 자주적이고 주체적인 태도'(34.5%)를 1위로 꼽고 '집단주의'는 단지 5.0%만이 선택하고 있을 뿐만 아니라 더 나아가

'북한에 대한 이미지 선택'에서는 15.4%가 '너무 집단주의적인 나라'라는 답변을 선택하고 있다. 물론 '북한에 대한 이미지 선택'에서 탈북자도 10.1%가 '너무 집단주의적인 나라'라는 답변을 선택하고 있기 때문에 큰 차이가 아니라고 할지도 모른다. 그러나 탈북자들이 북에서 남으로 온 사람들이라는 점에서 '집단주의'에 대한 이들의 선호도는, 그들이 북에 살면서 체화해온 '집단주의 문화'가 남아 있다는 것을 보여주는 것이라고 할 수 있다. 바로 이런 점에서 이처럼 가르치고 배우는 관계로서의 남과 북의 소통에는 분단체제를 작동시키고 있는 '분단의 아비투스'가 개입되어 있다는 점에 주목할 필요가 있다.

3) 분단의 아비투스의 해체와 통일한(조선)반도 건설의 방향

분단의 아비투스는 '남쪽이 북쪽에 배워야 할 것은 무엇입니까?'라는 질문에 대해서 한국인 중 13.8%가, 재일 조선인 중 무려 21.7%가 '무응답'을 하고 있다는 점에서도 드러난다. '북쪽이 남쪽에 배워야 할 것은 무엇입니까'라는 질문에 대한 무응답자는 한국인 2.0%, 탈북자 0.0%, 재일 조선인 8.3%에 불과했다. 따라서 이 둘을 비교해 본다면 이들 중 많은 사람들이 의식적으로 '남쪽이 북쪽으로부터 배워야 할 것은 없다'고 생각하고 있거나 주어진 선택문항이 마음에 안 들었다고 할 수 있다. 게다가 재일 조선인의 경우, 양자의 답변 모두에서 다른 집단들보다 '무응답'이 많았다. 이것은 재일 조선인 사회 내부에서 조선 국적자 대 한국-일본 국적자 간의 분단체제를 둘러싼 갈등이 강하다는 점을 보여주는 것이라고 할 수 있다. 따라서 분단체제의 적대성은 한(조선)반도 거주 코리언만이 아니라 해외 거주 코리언들에게서도 작동하고 있다.

앞의 질문, '통일을 위해 남쪽이 가장 먼저 고쳐야 할 점은 무엇인가?'

에서 다루지 않았지만 거기에서 드러나는 매우 중요한 특징이 있다. 그것은 바로 코리언들의 대북정책에 대한 견해에서 입장이 완전히 충돌하는 경우가 있다는 점이다. '통일을 위해 남쪽이 가장 먼저 고쳐야 할 점은 무엇인가?'라는 질문에 대해 탈북자와 재러 고려인들은 20% 이상의 수치로 '대북 퍼주기 사업'을 선택한 반면, 재일 조선인은 이와 정반대로 '대북봉쇄정책'(23.2%)을 첫 번째 순위로 꼽고 있다. 이것은 서로 완전히 충돌하는 견해라고 할 수 있다. 그렇다면 왜 코리언들은 민족의 통일을 염원하고 남과 북 양자 모두에 대해 거리를 두고 있음에도 불구하고 서로 정면으로 충돌하는 견해를 가지고 있는 것일까? 이것은 남과의 관계에서 코리언들이 가지고 있는 욕망과 관계성이 북의 경우와 다르기 때문이다.

조선 국적의 재일 조선인을 제외한 해외 거주 코리언들, 재중 조선족, 재러 고려인, 재일 조선인들은 현재 상황에서 '북'과 관계를 맺기 보다는 '남'과 주로 관계를 맺어오고 있다. 따라서 그들은 그들이 받는 상처로 '북'에 대해서는 '무관심'과 같은 것들을 들고 있지만, 남쪽에 대해서는 보다 구체적으로 '우월감을 가지고 무시하는 태도'와 같은 것들을 들고 있다. 게다가 남에 대해 '무관심'을 선택한 비율은 재중 조선족 10.4%, 재러 고려인 5.7%, 재일 조선인 9.8%, 탈북자 9.2%인 반면, 북에 대해서 '무관심'을 선택한 비율은 재중 조선족 27.0%, 재러 고려인 34.8%, 재일 조선인 13.3%였다. 이러한 선택 비율은 한국의 국제적 지위 상승과 경제 발전이 북을 압도하면서 상호 관계가 밀접해지고 있으며, 해외 거주 코리언들이 북보다는 남에 대해서 가지고 있는 기대치가 높다는 것을 보여주고 있다.

실제로, 그들이 받는 차별, 소외, 무관심과 같은 상처에 대해서 남과 북 모두에 대해 대체적으로 높은 비율을 차지하고 있는 것은 '같은 민족

으로 취급하지 않는 태도'이다. 이것을 '차별, 소외, 무관심'으로 든 비율
은 남의 경우 재중 조선족 31.8%, 재러 고려인 30.7%, 재중 조선족
37.4%, 탈북자 24.6%였으며, 북의 경우 재중 조선족 29.7%, 재러 고려인
17.4%, 재일 조선인 33.3%였다. 이는 그들이 남쪽이든 북쪽이든 양자 모
두에 대해 민족적 동질성, 또는 민족적 동포애를 원하고 있음에도 불구
하고 어떤 이유로 인해 그와 같은 욕망이 좌절되고 있음을 보여주는 것
이라고 할 수 있다. 그러나 여기에도 '무관심'에 대한 답변 비율의 차이
처럼 남과 북의 답변 비율에는 차이가 있다. 이와 같은 남과 북에 대한
코리언들의 기대치의 차이는 '남과 북 중 어디에 더 호감이 가는가?'라는
질문에 대한 답변에서도 드러나고 있다.

〈표 44〉에서 보듯이 '남과 북 중 어디에 더 호감이 가는가?'에 대해서
동북아에 거주하는 3개의 집단 모두 다 남쪽에 더 호감이 간다고 답변
하고 있다. 재중 조선족은 매우 근소한 차로 남쪽을 더 선호한다면 재러
고려인과 재일 조선인은 압도적인 차이로 '한국'을 선택하고 있다. 그러
나 이런 결과를 마치 북에 대한 남의 우월성을 입증하는 수치로, 또는
조선에 대한 한국이라는 국가의 정통성을 입증하는 것처럼 해석하는 것
은 '분단극복의 방향'을 찾아가는 데 오히려 장애가 될 뿐이다. 왜냐하면
이런 남과 북의 양자택일적 선택만을 보는 것은 우리 내부에서 분단극
복을 위해 성찰해야 할 점들을 은폐할 뿐만 아니라 더 나아가 분단체제

〈표 44〉 남과 북 중 어디에 더 호감이 가는가?

	한국인	탈북자	재중 조선족	재러 고려인	재일 조선인
한국(남한)	84.2	59.6	28.3	63.5	65.9
조선(북조선)	1.4	6.4	21.5	3.7	4.5
둘 다 똑같다	14.0	33.9	50.2	32.5	28.7

의 적대적 코드를 재생산하기 때문이다.

게다가 그것은 한국-한국인들과 해외 거주 코리언들의 관계 맺음에도 결코 좋은 결과를 낳을 수 없을 뿐만 아니라 한국사회와 한국인의 발전을 위해서도 도움이 되지 않는다. '통일을 위해 남쪽이 가장 먼저 고쳐야 할 점은 무엇인가?'에 대해서 한국인들은 '약자를 보호하지 않는 극단적인 시장경제체제'(27.1%)를 1위로 꼽고 있다. 이것은 한국사회에서 경제적 약자에 대한 보호가 없으며, 가난한 사람들은 그가 누구인가와 상관없이 생존의 위험에 노출된다는 것을 의미한다. 따라서 재중 조선족이나 재러 고려인, 탈북자들이 '잘 산다고 다른 사람들을 멸시하는 태도'를 꼽은 것은 한국인들 스스로 문제라고 본 '약자를 보호하지 않는 극단적인 시장경제체제'와 관련성이 높다고 할 수 있다.

한국인들은 '약자를 보호하지 않는 극단적인 시장경제체제'에 살고 있기에 '부'를 중심으로 하여 타인을 가치 서열화하는 경향을 체화하고 있다. 이것은 곧 한국보다 못 사는 나라에서 온 코리언들이 느끼는 '우월감을 가지고 무시하는 태도'나 '잘 산다고 다른 사람들을 멸시하는 태도'가 특별히 그들에 대해서만 나타나는 것이 아니라, '극단적인 시장경제체제'에 살고 있는 한국인들의 몸에 체화되어 있는 경제주의적 가치관이 그대로 드러난 것이라고 할 수 있다. 그러나 해외 거주 코리언들은 같은 민족으로서의 동포애나 민족적 동일화의 욕망을 가지고 있다. 따라서 한국인의 경제주의적 아비투스 그 자체를 해체하면서 해외 거주 코리언들이 원하는 민족적 동포애나 민족적 동일화의 환상체계를 고려한 관계를 맺고, 그런 민족적 리비도의 결합을 통해서 통일한(조선)반도를 창출하려는 자세가 필요하다.

그러나 그렇게 하기 위해서는 해외 거주 코리언들이 북보다 남을 더 선호하고 있다는 사실 자체에 환호할 것이 아니라, 오히려 한국/조선이라는 양자택일적 선택을 거부하고 있는 코리언들이 많다는 점에 주목할 필요가 있다. '둘 다 똑같다'고 답한 사람은 재중 조선족 50.2%, 재러 고려인 32.5%, 재일 조선인 28.7%였다. 그런데 이런 결과는 매우 기이한 것처럼 보인다. 왜냐하면 재중 조선족의 선택 비율이 가장 높고 재일 조선인이 가장 낮기 때문이다. 사실, 재중 조선족은 한국과의 접촉 빈도가 높은 반면, 재일 조선인들은 현재도 북과 긴밀한 관계를 유지하고 있다. 특히 '조선국적' 재일 조선인은 '북'과 동일한 집단으로 간주되고 있다. 그러나 재일 조선인은 이들 세 집단 중에 가장 높은 비율로 '한국'을 선택하고 있다. 이것은 재일 조선인들 중 한국과 일본 국적자가 압도적으로 한국을 선택했기 때문이다.

실제로, 이번 조사 대상자 중 국적별로 '한국', '조선', '둘 다 똑같다'를 선택하는 경향을 보면 한국과 일본 국적자는 71%가 '한국'(한국 국적자 71.1%, 일본 국적자 71.4%)을 선택한 반면, 조선 국적자들은 32.0%만이 북을 선택하고 8.0%는 남을, 그리고 60.0%는 '둘 다 똑같다'를 선택했다. 따라서 이들이 조선 국적을 가지고 있다고 해서 그것이 조선에 대한 일방적인 지지를 의미하거나 조선의 국가 정통성만을 주장하는 것이라고 할 수 없다. 오히려 조선 국적자 중 많은 사람들은 '샌프란시스코 강화조약' 이후 남과 북의 두 국가 중 어느 하나의 국적을 선택해야 하는 것을 거부하고, 분단되기 이전 한(조선)반도의 국가명이었던 '조선'이라는 국적을 유지하고자 한 사람들이라고 할 수 있다.

바로 이런 점에서 우리는 '남'과 '북' 중 어느 한쪽을 선택한 사람들보다 '둘 다 똑같다'는 선택을 한 사람들에 주목할 필요가 있다. 왜냐하면 이들의 양자택일적 선택의 거부가 바로 남과 북의 분단체제가 작동시키고 있는 분단의 아비투스를 해체하고 통일을 만들어내는 민족적 힘이 될 수 있기 때문이다. 그런데 한국인들의 경우, '둘 다 똑같다'를 선택하

고 있는 비율이 코리언들 중에서 가장 적은 14.0%에 불과하며, 적게는
15%에서 많게는 36%정도 차이가 난다는 점에 주목할 필요가 있다. 물론
어떤 사람들은 그것이 너무나 당연한 것이 아니냐고 반문할 수도 있다.
한국인이 북이 아니라 남을 압도적으로 선호한다는 것은 너무나 당연한
것이다.

그러나 이런 반문 속에서 간과하고 있는 것이 있다. 그것은 바로 분단
국가의 국민으로 살고 있는 한국인들이 해외 코리언들의 '둘 다 똑같다'
는 선택이 내포하고 있는 '민족적 동일화의 욕망' 또는 '민족애', 또는 분
열을 직시하고자 하는 의지이다. 여기서 '둘 다 똑같다'고 답변하고 있는
코리언들은 한국이라는 국가와 조선이라는 국가가 동일하다고 말하고
있는 것이라기보다는 두 분단국가 중 하나의 선택을 거부한 것으로, 같
은 민족이라는 차원에서 둘 다 똑같다고 말하는 것이다. 이것은 북의 국
가에서 살기 싫어서 남쪽으로 온 탈북자들 중 무려 33.9%가 '둘 다 똑같
다'를 선택하고 있다는 점에서도 드러나고 있다.

그러므로 이런 관점에서 그들이 '남쪽보다 북쪽을 선호하는 이유'와
'북쪽보다 남쪽을 선호하는 이유'가 무엇인지를 고려하면서, 그 속에서
남과 북 양자를 지양할 수 있는 방향을 찾아 가려는 자세가 필요하다.
앞에서 본 바와 같이 대부분의 코리언들은 남쪽이 북쪽에 비해 훨씬
발전된 나라라고 생각하고 있지만, 그렇다고 해서 북쪽이 남쪽에 비해
가지고 있는 장점이 없다고 생각하는 것은 아니다. 따라서 이를 중심
으로 하여 남쪽의 국가와 북쪽의 국가를 모두 지양하고 한(조선)민족
이 모두 함께 할 수 있는 국가의 건설이라는 측면에서 통일을 사유할
필요가 있다.

이런 점에서 본다면 북쪽을 선호하는 사람들이 선택 이유로 밝힌 것
중에 가장 높은 비율을 차지하고 있는 것은 '외세에 의존하지 않는 주

체적인 민족적 자부심을 가지고 있기 때문에'(재중 조선족 54.7%, 재일
조선인 64.3%)와 '민족 문화와 가치가 더 살아있기 때문에'(재러 고려인
25.0%)였다. 이것은 북쪽이 남쪽에 비해 '주체적인 민족적 자부심'이나
'민족 문화와 가치'라는 측면에서 낮다고 본 것이다. 반면 남쪽을 선호
하는 이유로 가장 높은 비율을 차지하고 있는 것은 '세계적으로 발전된
나라이기 때문에'(재중 조선족 59.5%, 재러 고려인 43.5%)와 '내 조상의
고향이 남쪽이기 때문에'(재일 조선인 55.6%)였다. 따라서 통일한(조선)
반도의 건설은 남쪽의 세계적 발전과 더불어 북쪽의 '주체적인 민족적
자부심'이나 '민족 문화와 가치'를 받아들여 만들어가는 것이라고 할 수
있다.

3. 분단극복을 위한 상호 소통적 가치: 새로운 통일론의 가능성으로서 '민족의 화해와 공생'

1) 통일한(조선)반도의 가치와 나아갈 방향

분단극복과 통일로 나아가기 위해서는 '서로 배우고 가르치는 관계'의
형성이 필요하다. 남과 북은 분단 이후 60여 년 동안 서로 다른 정치체
계와 문화 속에서 살아왔다. 일상적인 '대화'가 가능한 한국(조선)어를
사용한다고 하더라도 상이한 가치관과 세계관은 각자의 언어로는 이해
할 수 없는 부분이 너무나 많을 수밖에 없다. 그것은 남과 북이 서로 다
른 문법체계를 가지고 있는 타자라는 말과 같다. 따라서 소통이 이루어
지기 위해서는 자기중심성을 벗어나 서로 간의 대화 규칙을 함께 형성
해 나가는 '과정'이 필요하다. 바로 이런 점에서 코리언들이 생각하는

〈표 45〉통일된 한(조선)반도가 추구해야 할 가장 중요한 가치는 무엇입니까?[4]

	한국인	탈북자	재중 조선족	재러 고려인	재일 조선인
생태 친화적 삶	3.6	5.5	12.5		20.7
우애의 회복				55.8	
정치적 자유	14.0	**36.7**	17.5	8.0	20.1
민족주체성	**31.3**	12.8	**45.8**	4.0	12.1
경제적 평등	24.4	**30.3**	11.1	10.1	**26.8**
보편적 인권	25.7	13.8	13.1	11.0	4.8

'통일된 한반도가 추구해야 할 가장 중요한 가치와 통일한반도가 나아
갈 방향이 무엇인지'를 볼 필요가 있다.

〈표 45〉에서 보듯이 '통일된 한(조선)반도가 추구해야 할 가치'에 대
한 코리언들의 생각은 거주 지역별로 다른 양상을 보이고 있다. 물론 이
것은 물음 자체가 하나의 선택지만을 요구했기 때문에 다른 가치들이
중요하지 않다고 보고 있는 것은 아니라고 할 수 있다. 그럼에도 불구하
고 각 거주 지역에 따라 집중적으로 선택된 가치가 다르다는 것은, 거주
지역별로 그들이 생각하는 가장 중요한 가치가 다르다는 점을 보여준다
고 할 수 있다. 따라서 코리언들이 남북의 분단극복과 통일한(조선)반도
의 건설에 동의함에도 불구하고 그것이 추구해야 할 최상의 가치에 대
한 입장은 다르다고 할 수 있으며, 이것이 바로 '소통을 통해서 새로운
규칙을 만들어가는 통일'이라는 관점이 필요한 이유를 보여준다고 할

---

4) 다른 코리언들은 아무도 답변한 사람이 없는데, 재러 고려인들만이 매우 높
　은 수치로 '우애의 회복'이라는 항목에 대한 답변을 하고 있는 이유는 '러시아
　어'로 번역하는 과정에서 현지 조사 파트너가 '생태 친화적 삶'이라는 말을 잘
　못 이해하여 남과 북 상호 간의 우애를 회복하는 의미로 이해했기 때문이다.
　따라서 이 항목은 재러 고려인 조사에만 있으며 다른 코리언들의 설문조사에
　는 없는 항목이라는 점을 밝혀둔다.

수 있다.

각 지역별로 코리언들이 선택하고 있는 가치에 대한 답변 경향을 보면 한국인의 경우, '민족 주체성'을 필두로 하여 '보편적 인권'과 '경제적 평등'에 답변이 집중됨으로써 다양하게 분산되는 특성을 가지고 있다. 또한, 재일 조선인도 '경제적 평등'을 중심으로 하여 '생태 친화적 삶'과 '정치적 자유'로 분산되고 있다. 탈북자는 '정치적 자유'를 필두로 하여 '경제적 평등'이라는 가치로 양분되고 있다. 그러나 재중 조선족과 재러 고려인은 '민족 주체성'과 '우애의 회복'이라는 가치에 집중되고 있다. 바로 이런 점에서 코리언들이 생각하는 통일한(조선)반도가 추구해야 할 가치에 대한 생각들은 비트겐슈타인이 말하는 가족유사성이 보여주는 특징들을 그대로 따르고 있다.

예를 들어 코리언들 모두가 공통분모로 공유하는 특정한 가치는 없다. 그럼에도 불구하고 한국인과 재중 조선족은 '민족주체성'이라는 가치에서 닮음을 공유하고 있으며 탈북자와 재일 조선인은 '정치적 자유'를 공유하고 있다. 물론 탈북자와 재일 조선인, 한국인은 '정치적 자유'를 서로 공유하고 있다는 점에서 어떤 사람들은 '정치적 자유'가 코리언들 사이에서 가장 높은 합의점을 만들어낼 수 있는 가치라고 주장할지도 모른다. 그러나 이것은 한국인들이 '경제적 평등'보다 '보편적 인권'이라는 가치를 탈북자와 재일 조선인과는 다르게 더 많이 선택하고 있다는 점에서 '다름'의 측면을 놓치고 있는 것이다. 이것은 재일 조선인 또한 마찬가지이다. 재일 조선인의 선택도 분산되고 있기 때문에 다른 집단과 공유하는 지점이 많은 것처럼 보이지만 그들이 '생태 친화적 삶'을 다른 어떤 집단보다도 높은 비중으로 중시하고 있다는 점을 간과하고 있는 것이다.

그러므로 통일한(조선)반도가 추구해야 할 가치에 대한 코리언들 내부의 공통분모는 없다. 오히려 그것은 각각 그 집단이 추구하는 가치들에 대한 소통을 통해서 새롭게 만들어져야 한다. 만일 '경제적 평등'이라는 가치가 가장 많은 공유점을 가지고 있다는 현상에만 주목해서 이를 중심으로 통일한(조선)반도의 가치를 세운다면, 재러 고려인과 재중 조선족은 배제될 수밖에 없다. 또한, '경제적 평등'이라는 가치에 동의하는 재일 조선인이 그에 버금가게 추구하는 '생태 친화적 삶'이라는 가치와 한국인이 추구하는 '민족주체성', 그리고 탈북자들이 추구하는 '정치적 자유'라는 가치는 정작 배제되고 말 것이다.

바로 이런 점에서 각 집단이 추구하는 가치들의 공통분모를 통해서 '통일한(조선)반도의 가치'를 결정할 것이 아니라 오히려 그것을 미결정인 상태로 남겨둔 채, 소통을 통해서 통일한(조선)반도의 가치와 공통의 규칙을 만들어가는 '생성으로서의 소통'이라는 자세가 필요하다. 물론 그렇다고 이것이 코리언 사이에 서로를 연결해주는 특정한 가치적 흐름이나 정서적인 공감이 없다는 것을 의미하는 것은 아니다. 만일 그렇다면 소통은 어떤 것도 생성해 낼 수 없을 것이다. 그러나 앞에서 보았듯이 코리언들은 모두가 공유하는 공통분모에 해당하는 특정한 가치를 가지고 있는 것은 아니지만, 서로를 향한 끌림 또는 동일화의 욕망을 가지고 있으며 '역사적 국가'라는 오랜 전통이 남긴 '흔적'과 '끈'들을 가지고 있다.

위의 표에서 보듯이 '우리 민족의 전통적 가치 가운데 추구해야 할 가치가 있다면 하나만 고르시오'라는 물음에 대해 각 지역별로 1순위로 꼽는 '가치'는 다르지만 전반적으로 두 가지의 가치를 중요시하고 있는 것으로 나타나고 있다. 첫 번째는 '한글 등 우리 고유의 문화적 가치'이며 두 번째는 '상부상조의 공동체적 가치'였다. 한국인, 탈북자, 재중 조선족, 재러 고려인은 '한글 등 우리 고유의 문화적 가치'를, 재일 조선인은 '상부상조의 공동체적 가치'를 가장 높은 비율로 꼽고 있다. 반면 두 번

〈표 46〉 우리 민족의 전통적 가치 가운데 추구해야 할 가치가 있다면 하나만 고르시오

	한국인	탈북자	재중 조선족	재러 고려인	재일 조선인
상부상조의 공동체적 가치	37.7	17.4	26.6	4.6	43.3
충효와 같은 유교적인 가치	11.8	6.4	10.8	20.2	5.7
한글 등 우리 고유의 문화적 가치	38.5	47.7	39.1	42.6	28.0
혈연적인 순수성(민족적 동질성)	4.6	19.3	17.2	21.2	2.5
자연과 함께 살아가는 생태적인 가치	6.8	9.2	6.4	2.5	7.6

째로 높은 비율로 선택한 것은, 한국인, 재중 조선족의 경우, '상부상조의 공동체적 가치'였으며 재일 조선인은 '한글 등 우리 고유의 문화적 가치'를 들고 있다. 따라서 이 두 가지가 코리언들이 가장 많이 선호하는 '전통적 가치'라고 할 수 있다.

특히, '한글 등 우리 고유의 문화적 가치'에 대한 코리언들의 선호는 이미 2장에서 본 '한민족이라는 사실이 자랑스러운 이유'에 대해 물었을 때, 코리언들이 가장 많이 선택한 답변이 '찬란한 문화(한글, 옷, 음식)를 가지고 있기 때문에'라는 점에서도 드러나고 있다. 이것을 가장 많이 선택한 코리언들은 한국인(48.5%), 탈북자(52.1%), 재중 조선족(63.9%), 재일 조선인(55.1%), 재미 한인(30.2%)이었다. 코리언 중에서 이것이 아닌, 다른 것을 가장 많이 선택한 집단은 재러 고려인으로, 66.9%가 '성실하고 근면하기 때문에'를 선택하고 있지만 이들 또한 두 번째로, 23.8%가 '찬란한 문화(한글, 옷, 음식)를 가지고 있기 때문에'를 선택하고 있다. 따라서 '한글 등 우리 고유의 문화적 가치'에 대한 선호는 코리언들의 차이에도 불구하고 그들을 연결해주는 끈이라고 할 수 있다.

또한, '상부상조의 공동체적 가치'는 탈북자와 재러 고려인을 제외한 나머지 코리언들이 2순위로 선택하고 있는 가치라는 점에서 '한글 등 우

리 고유의 문화적 가치'만큼은 아니지만 서로를 연결해 주는 일정한 유대의 끈 또는 흔적들이 될 수 있다. 물론 재러 고려인은, 이 항목에 대해 불과 4.6%의 지지만을 보냈다는 점에서 한계를 가지고 있는 것도 사실이다. 그러나 앞에서 논의한 '통일된 한(조선)반도가 추구해야 할 가치'로, 가장 많은 코리언들이 선택하고 있는 '경제적 평등'의 가치와 연결되어 있다는 점에 주목할 필요가 있다. 즉, 이들이 말하는 '경제적 평등'이란 경제적으로 잘 살면서도 그 풍요를 서로 나누고 사는 '호혜적인 삶'이라고 할 수 있다는 것이다.

그러나 그렇다고 이런 민족적 유대의 끈이나 전통적 가치의 흔적들이 있는 그대로 드러나는 것은 아니다. 특히, 분단과 통일에 관한 문제는 국제적인 냉전질서를 포함하고 있으면서도 남과 북이라는 두 분단국가의 적대성을 생산하는 국가의 상징적이고 이데올로기적 작동과 결부되어 있다. 따라서 코리언들이 생각하는 '통일의 가치'나 '방향'도 이런 국제적인 냉전질서와 분단의 아비투스를 벗어나 있는 것은 아니며, 때로는 이것이 자기 모순적인 여론을 생산하기도 한다. 이러한 점은 '통일한(조선)반도가 나아가야 할 방향'을 물었을 때, 그들이 취하는 태도에서도 그대로 나타나고 있다.

'통일한(조선)반도가 나아가야 할 방향은 어떤 것이라고 생각하는가?'라는 물음에 대한 코리언들의 여론은 대략 두 가지로 모아지고 있다. 첫째는 '경제 강국의 건설'이다. 한국인, 탈북자, 재중 조선족이 가장 많이 선택하고 있다. 둘째는 '주변국과의 협력-공존'으로, 재러 고려인과 재일 조선인이 가장 많이 선택하고 있다. 따라서 통일한(조선)반도가 나아가야 할 방향을 선택하는 집단은 크게 둘로 나뉘지만, 대체적인 답변 경향은 두 개의 방향으로 모아진다. 왜냐하면 한국인, 탈북자, 재중 조선족이 첫 번째로는 '경제 강국의 건설'을 선택했지만 두 번째 높은 비율로는

〈표 47〉 통일한(조선)반도가 나아가야 할 방향은 어떤 것이라고 생각하는가?

	한국인	탈북자	재중 조선족	재러 고려인	재일 조선인
경제 강국의 건설	38.1	52.3	41.8	31.9	15.6
정치-군사적 대국의 건설	6.6	14.7	11.8	8.3	0.3
문화 선진국의 건설	21.4	10.1	19.9	2.8	16.9
주변국과의 협력-공존	29.3	19.3	21.9	40.2	41.1
해외 동포들과의 연대 강화	2.6	2.8	4.7	7.1	10.8

'주변국과의 협력-공존'을 선택하고 있으며, 재러 고려인, 재일 조선인은 이와 반대로 첫 번째로 '주변국과의 협력-공존'을 선택했지만 두 번째로 는 '경제 강국의 건설'을 선택하고 있기 때문이다.

나아가 세 번째 높은 비율로 답변하고 있는 것까지를 고려하면 재러 고려인과 탈북자를 제외하고는 대체적으로 높은 비율의 답변 순위는 '경제 강국의 건설', '주변국과의 협력-공존', '문화 선진국의 건설'이라고 할 수 있다. 또한, 이 경우까지를 고려하여 본다면 '통일한(조선)반도가 추구해야 할 가치'와 '나아가야 할 방향', '전통적 가치'에서 보이는 답변 경향은 대략 두 가지의 집단으로 분류되는 데, 한편으로 한국인-재중 조 선족-재일 조선인이 있으며 다른 한편에는 '탈북자-재러 고려인'이 있다. 이 경우, 전자는 상대적으로 인류 보편적인 삶의 가치와 방향을 중시한 다면, 후자는 상대적으로 전통적 혈연과 쇼비니즘(chauvinism)적 경향을 보이고 있다. 이것은 그들이 살아온 지역적 환경이 다르기 때문으로 보 인다.

어쨌든 이런 문제를 차치하고 본다면 통일한(조선)반도가 나아가야 할 방향으로 코리언들이 꼽고 있는 것은 '경제 강국의 건설'과 '주변국과 의 협력-공존'이라고 할 수 있다. 그리고 이렇게 보았을 때, 우리는 앞에

서 그들이 내세운 통일한(조선)반도가 추구해야 하는 가치와 건설하고
자 하는 국가의 방향 사이에는 일정한 괴리와 충돌이 있음을 알 수 있
다. 즉, '추구해야 하는 가치'와 '전통 가치'에서는 '경제적 평등'과 '민족
주체성', 그리고 '한글 등 우리 고유의 문화적 가치'와 '상부상조의 공동
체적 가치'가 다소간 우위를 점하고 있음에도 불구하고, 건설하고 싶어
하는 국가는 '경제 강국의 건설'과 '주변국과의 협력-공존'이기 때문이다.

이 중에서도 '주변국과의 협력-공존'은 한(조선)반도의 분단체제 및 세
계체제와 일정한 관계를 가지고 있으며 통일이 국제적인 열강의 협력
없이 가능하지 않다는 점에서 현실적이고 정치적인 정세 판단에 따른
결과라고 할 수 있다. 게다가 거주 지역과 상관없이 90% 이상의 코리언
들이 '남북통일이 동북아시아 지역의 평화와 공존에 매우 중요한 역할
을 할 것'이라고 생각한다는 점에서 '주변국과의 협력-공존'은 논리적으
로 자연스러운 귀결이라고 할 수 있다. 그러나 '경제 강국의 건설'은 이
런 답변 경향과는 근본적으로 다른 것이다. 왜냐하면 '경제 강국의 건설'
은 '국가 내부의 경제적 평등'보다는 '국가 전체 차원에서의 경쟁력'이라
는 관점에서 접근되는 것이며 동아시아의 평화와 상생보다는 국익을 우
선시하는 것이기 때문이다. 게다가 그것은 '한글 등의 고유한 문화적 가
치'나 '상부상조의 공동체적 가치'와도 충돌한다.

그렇다면 왜 이런 모순적인 답변이 나오는 것일까? 사실, 어떤 측면에
서 보면 이와 같은 여론의 형성은 오늘날 신자유주의 지구화가 지배하
는 세계에서 사람들이 가지고 있는 일반적인 욕망, 국가주의 욕망의 표
현이라고 할 수도 있다. 이런 욕망의 차원에서 보자면 '정신적이고 문화
적인 가치'는 항상 '물질적이고 경제적인 가치'들의 뒤로 밀려나며 억압
된다. 코리언들이 생각하는 통일한(조선)반도의 국가상도 마찬가지이
다. 그러나 이것은 현상적으로 드러나는 표면일 뿐이다. 그들에게 억압

된 욕망까지 포함한다면 '경제 강국의 건설'이라는 것은 '경제적 평등', '상부상조의 공동체적 가치'와 함께 사유되어야 한다. 왜냐하면 코리언들만이 아니라 일반적으로 사람들이 '경제 강국의 건설'을 희망하는 것은 그들의 삶이 보다 안정적이고 풍요로우며 그 위에서 문화적인 것을 향유하는 인간다운 삶을 살아가기를 원하기 때문이다.

그러나 역사적으로도 그러했듯이 특권계층을 제외하고는 대부분의 사람들이 '문화'를 향유하는 것은 고사하고 '하루하루 벌어먹고 살기'에도 힘들다. 그래서 맹자는 '항산(恒産)'이 있어야 '항심(恒心)'이 있다고 했는지도 모른다. 바로 이런 점에서 코리언들이 꿈꾸는 통일한(조선)반도의 국가상을 '경제 강국의 건설'과 일치시키는 것은 이들의 답변을 제대로 해석한 것이라고 할 수 없다. 오히려 이것은 이 답변의 외양 속에 감추어지거나 억압되면서 떨어져나간 것들, 예를 '경제적 평등'이나 '상부상조의 공동체적 가치'들에 대한 이들의 욕망과 결부시켜 해석되어야 한다. 그리고 그렇게 되었을 때, 통일한(조선)반도의 국가 건설은 코리언들의 민족적 리비도의 흐름을 연결-접속시키면서 그것이 서로의 생명을 활성화함과 동시에 민족적 합력을 만들어내는 방향으로 나아갈 수 있을 것이다.

2) 분단극복을 위한 정책적 방향: '남북교류의 확대'와 '신뢰성 회복'의 상호 교차적 기능

순전히 논리적으로 본다면 '분단극복을 위한 정책적 방향'은 앞에서 논의한 바 있는 '통일한(조선)반도가 추구해야 할 가치나 방향'과 논리적으로 일관적이어야 한다. 그러나 통일한(조선)반도가 추구해야 할 가치와 나아가야 할 방향에 대한 코리언들의 답변이 상호 모순적이면서 충돌적인 지점을 가지고 있는 것처럼 '분단극복을 위한 정책적 방향'은 더욱더 혼란스런 자기모순과 논리적 균열을 가지고 있을 수밖에 없다. 그것은 코리언들이 살아온 환경과 국제관계상의 지정학적 위치, 그리고 분단체제의 작동 방식이 서로 복잡하게 뒤엉켜 있기 때문이다. 따라서 '분단극복을 위한 정책적 방향'에 대한 분석은 코리언들의 답변 경향을 그대로 현재의 여론으로 지표화할 것이 아니라, 오히려 그 답변 경향의 균열과 모순이 보여주는 문제들을 통해서 '분단의 아비투스'를 해체하고 '통일의 사회적 신체'를 형성하는 방향의 정책을 생산하는 데로 나아가야 한다.

〈표 48〉에서 보듯이 '남북 분단을 극복하기 위해서 남북은 지금 무엇부터 해야 합니까?'에 대한 코리언들의 답변은 지역별로 큰 차이를 보이고 있다. 게다가 한국인과 재일 조선인 이외에도 재중 조선족과 탈북자, 재미 한인의 답변은 3-4가지로 분산되는 경향을 보이고 있다. 따라서 남북 분단 극복을 위한 현재적 과제에 대한 코리언들의 여론을 특정하는 것은 쉽지 않다. 그럼에도 불구하고 답변의 큰 경향적 흐름을 본다면 가장 넓은 범위에서 지지를 받고 있는 과제는 '남북 간 군사적 긴장 완화'와 '남북 간 민간교류'라고 할 수 있다. 따라서 우선 이것은 미래적 구상으로서 군사적 충돌 없는 평화의 유지와 적대성을 넘어 상호 간 왕래를 활성화한다는 의미로 해석될 수 있다.

물론 이 두 가지 항목에 대해서도 코리언들의 의견이 일치하고 있는 것은 아니다. 특히, 재러 고려인은 '남북 간 민간교류'에 별다른 의미를 부여하지 않고 있으며 탈북자는 '남북 간 군사적 긴장완화'에 별다른 의미를 부여하지 않고 있다. 하지만 '현재적인 극복 과제'는 '미래에 대한 바람'과 동떨어져 사고할 수 없다는 점에서 코리언들이 선택하고 있는 분단극복을 위한 현재적 과제는 미래에 대한 희망이 내포되어 있는 '미

〈표 48〉 남북 분단극복을 위한 현재적 과제와 필수적 과제

분류		한국인	탈북자	재중 조선족	재러 고려인	재일 조선인	재미 한인
현재 과제	남북 간 민간교류	20.8	32.1	25.9	6.4	24.5	22.2
	경제 협력	14.4	32.1	21.9	18.1	7.6	20.0
	남북정상회담	14.8	20.2	24.6	12.6	11.8	12.1
	남북 간 군사적 긴장완화	30.3	6.4	23.6	45.7	27.1	25.1
	남북 간 문화교류	17.8	8.3	4.0	3.1	6.7	15.6
필수 과제	상호 신뢰성 회복	46.7	31.2	33.0	36.2	29.9	42.5
	남북 공동번영 방안 마련	12.4	32.1	20.2	17.2	9.2	13.7
	정기적인 남북 대화의 정착	12.0	18.3	14.5	9.5	9.6	10.2
	군비축소와 같은 평화정착 노력	9.4	7.3	6.4	11.0	16.9	17.1
	외세 의존으로부터 벗어난 주체적인 자세	18.6	10.1	25.9	13.8	14.3	15.2

래 구상적 표현'이라고 할 수 있다. 그런데 문제는 '현재'라는 것 역시 과거-현재를 연결하는 시간적 연속성과 분리될 수 없다는 점이다. 게다가 이 '현재'는 그들이 가진 희망이 무엇인가와 상관없이 현재라는 시간이 부여하는 긴박성에 사로잡힐 수밖에 없다.

예를 들어 앞선 분석에서 밝혔듯이 남북 간의 군사적 충돌이 지리적으로 멀리 떨어져 있는 해외 디아스포라에게까지 현재적 공포가 되는 것은 과거의 경험 속에서 겪은 고통, 상처가 과거로서 남아 있는 것이 아니라 시간의 흐름 속에서 여전히 기억으로 남아 현재와 만나며, 그렇게 되었을 때 그들이 가진 의식은 일정한 착종과 왜곡을 겪을 수밖에 없다.[5] 이렇게 본다면 지금의 미래는 다시 현재가 되고 미래까지의 시간

---

5) 하지만 단지 역사적 트라우마가 직접적으로 겪은 과거의 사건으로부터 기인하는 것은 아니다. 예를 들어 6·25를 겪지 않은 세대들 또한 연평도 포격사건 등에서 트라우마적 증상을 보인다.

적 연속성은 과거 혹은 과거의 연속성이 되기 때문에 그 '과정'을 어떻게 구성해내느냐에 따라 미래의 한(조선)반도 혹은 코리언의 삶이 달라질 수 있다는 결론을 내릴 수 있다.

바로 이런 점에서 과정이 어떠한 내용으로 구성되느냐에 따라 미래가 달라진다는 것은 미래에 대한 책임이 현재를 살아가고 있는 바로 우리에게 있다는 의미가 되며, 이는 분단극복과 통일의 문제에 대처하는 어떤 비전에 대한 가치를 제공한다고 할 수 있다. 그렇다면 문제는 그들이 현재 어떤 의식을 가지고 있는가가 아니라 오히려 '그들의 현재 여론을 만들어내는 기저에 깔려 있는 욕망과 가능성, 그리고 이를 통해서 어떤 비전을 만들어가야 하는가?'일 수밖에 없다. 따라서 이 점에서 반드시 참조되어야 하는 것은 '분단을 극복하고 통일을 이룩하는 데 남북이 반드시 해야 할 것은 무엇입니까?'라는 질문 속에 함축되어 있는 '분단극복을 위한 필수적 과제'에 대한 그들의 인식이다.

그런데 이 질문에 대한 코리언들의 답변 경향을 보면, 대체로 그 답변이 하나의 방향으로 모아지고 있다는 것을 발견할 수 있다. '분단을 극복하고 통일을 이룩하는데 남북이 반드시 해야 할 것은 무엇입니까?'라는 물음에 대해서 코리언들은 거주 지역과 상관없이 '상호 신뢰성 회복'을 가장 많이 선택하고 있다. 물론 탈북자는 이보다 '남북 공동번영 방안 마련'을 가장 많이 선택하고 있지만 이 수치의 차이는 불과 0.9%에 불과하다. 따라서 코리언들이 남과 북의 분단을 극복하기 위해서 반드시 필요한 필수 과제라고 생각하는 것은 '상호 신뢰성 회복'이라고 할 수 있다.

그렇다면 코리언들이 남북의 분단극복을 위한 현재적 과제라고 답변한 '남북 간 군사적 긴장 완화'와 '남북 간 민간교류'는 남과 북의 분단극복을 위해서 반드시 필요한 '상호 신뢰성 회복'을 위한 현재적 과제라고 이해할 수 있다. 물론 이렇게 해석하는 데 반론이 제기될 수 있다. 그것은 '분단을 극복하고 통일을 이룩하는 데 남북이 반드시 해야 할 것은 무엇입니까?'라는 물음에 대한 답변 항목 중에서 '군비축소와 같은 평화정착 노력'도 있기 때문이다. 그리고 이 측면에서 본다면 현재적 과제로 '남북 간 군사적 긴장 완화'라는 답변을 선택한 코리언, 특히 상대적으로 이 항목에 압도적인 지지를 보낸 한국인과 재러 고려인들이 '군비축소와 같은 평화정착 노력'이 아니라, 오히려 '상호 신뢰성 회복'을 압도적으로 많이 선택하는 것은 모순적이라고 할 수 있다.

그러나 이것은 문제를 너무 단순화해서 보는 것이라고 할 수 있다. 왜냐하면 '상호 신뢰성 회복'이라는 답변은 상대적으로 매우 추상적이며 포괄적인 의미를 가지고 있기 때문이다. 따라서 '남북 간 군사적 긴장 완화'나 '남북 간 민간교류'가 이에 배치된다고 할 수 없다. 사람들은 남과 북의 상호 신뢰성 회복이 반드시 필요하다고 보면서도 이를 위해 지금 당장 시작해야 하는 것이 '남북 간 군사적 긴장 완화'라고 생각할 수도 있고 '남북 간 민간교류'라고 생각할 수도 있다. 게다가 어떤 사람들은 지금 당장 '남북 간 군사적 긴장 완화'나 '군비 축소와 같은 평화정착 노력'으로부터 시작해야 하지만 남과 북이 분단을 극복하기 위해서는 이것만으로 부족하며 더 나아가 남과 북이 '상호 신뢰성 회복'을 해야 한다고 생각할 수도 있다.

그러므로 '남북 분단극복을 위한 현재적 과제와 필수적 과제'에 대한 코리언의 답변은 모순적이라고 할 수 없다. 그럼에도 불구하고 코리언들이 거주하는 지정학적 특징을 고려할 때, 이들의 답변 경향 중에서 가장 특이한 집단은 탈북자라고 할 수 있다. 한(조선)반도는 남과 북의 정치-군사적 적대성이 가장 일상적이면서도 직접적으로 드러나는 곳이다. 따라서 한국인들이 현재적 과제로 '남북 간 군사적 긴장 완화'를 가장 많이 선택하는 것은 당연하다. 그러나 한국인과 마찬가지로 한(조선)반도에 거주하는 탈북자들은 이와 반대로 '남북 간 군사적 긴장 완화'를 가장 낮은 비율로 선택하고 있다. 이것은 매우 기묘하다고 할 수 있다. 게다가 탈북자들은 필수적 과제에서도 극소의 차이이기는 하지만 다른 코리언들과 달리 '상호 신뢰성 회복'보다 '남북 공동번영 방안 마련'을 더 많이 선택하고 있다.

사실, '남북 공동번영 방안 마련'은 '상호 신뢰성 회복'보다 한 발 더 나아간 것이라고 할 수 있다. 왜냐하면 남과 북이 서로 공동번영을 위한 방안을 마련한다는 것은 상호 간의 믿음을 전제하지 않고서는 불가능하며, 남과 북이 서로를 신뢰한다고 하더라도 '남북 공동번영 방안'은 이보다 더 나아간 어떤 것을 요구하기 때문이다. 그렇다면 탈북자들은 왜 이런 답변을 선택하고 있는 것일까? 그것은 그들이 현재 남과 북이 수행해야 하는 과제로 '남북 간 군사적 긴장 완화'로는 만족할 수 없기 때문이다.

탈북자들이 동일한 비중으로 '남북 간 민간교류'와 더불어 '경제협력'을 선택한 것 또한 이 때문이라고 할 수 있다. 즉, 그들은 '남북 간 민간교류'을 넘어서 '경제협력'을 만들어내고 이를 통해서 남과 북이 공동으로 번영할 수 있는 방향으로 나아가길 원하고 있는 것이라고 할 수 있다. 물론 그렇다고 하더라도 한국인에 비해 턱없이 적은 수의 탈북자들만이 '남북 간 군사적 긴장 완화'를 선택한 것에 대한 해석의 여지는 여러 가지가 있을 수 있다. 예를 들어 그것은 탈북자들이 보기에 단순한 남북 간의 문제가 아니라 신냉전과 관계되어 있는 것이기에 단순한 남북 간의 군사적 긴장 완화로 해결될 수 있는 문제가 아니라고 생각할 수도 있으며, 북의 체제 특성상 군사적 긴장 완화는 불가능하다고 생각했을 수도 있다.

그러나 이런 다양한 해석의 가능성에도 불구하고 탈북자들이 '공동번 영 방안 마련'을 '상호 신뢰성 회복'보다 더 많이 선택하고 있다는 점에 서, 그리고 '남북 간 민간교류'와 더불어 동수로 '경제협력'을 요구하고 있다는 것은 단순한 평화체제의 구축이나 남북이 사이좋게 지내는 것을 넘어서 실질적으로 남과 북이 함께 민족의 삶을 돌보는 것을 요구하고 있다는 것은 명백하다. 또한, 이런 점에서 탈북자들은 다른 어떤 코리언 들보다 통일에 대한 욕망이 크다고 할 수 있다. 다른 코리언들은 '상호 신뢰성 회복'에 멈춘다면 그들은 '공동번영 방안 마련'을 요구하고 있으 며 다른 집단이 '군사적 긴장완화'와 '민간교류 확대'를 요구한다면 그들 은 그보다 더 나아가 '경제협력'을 요구하고 있다. 이것은 그들이 다른 어떤 코리언들보다 남과 북의 관계가 실질적으로 빠르게 진전되기를 원 하고 있으며, 분단극복이 이루어지길 간절히 원하고 있음을 보여주는 것이라고 할 수 있다.

물론 이것이 현재 남북관계로 볼 때 현실적인 방안일 수 있는가의 문 제는 있다. 사실, 현재 남과 북의 관계는 '상호 신뢰성'은 고사하고 서로 간의 극한적인 정치-군사적 대결이라는 냉전을 반복하고 있는 상황이기 때문이다. 그러나 다른 한편에서 보면 이런 탈북자들의 다소간 비현실 적이고 성급한 듯이 보이는 선택 자체가 그들의 욕망이 그만큼 강렬하 다는 것을 보여주는 것이기도 하다. 이것은 '남과 북의 통일이 나(해외 동포)의 삶을 보다 윤택하게 만들 것이라고 생각하는가?'라는 질문에 대 해서 탈북자가 다른 어떤 코리언보다 높은, 무려 94.5%가 '그렇다'고 답 변하고 있는 데에서도 드러나고 있다. 즉, 그들은 당위적 차원이 아니라 체험적이고 개인적인 차원에서 통일에 대한 열망을 가장 강하게 표출하 고 있는 것이다.

그러나 이런 통일에 대한 강한 열망이 남과 북의 분단체제를 해체하고 통일한(조선)반도를 건설하는 데 반드시 좋은 결과를 낳는 것은 아니다. 오히려 '사랑'이 깊을수록 '병'도 깊은 것처럼 욕망이 강할수록 그것은 현실을 왜곡하고 오히려 그 욕망 자체가 자신을 옥죄는 족쇄가 되면서 현실에서는 그의 욕망과 달리 정반대로 전화되는 토양이 될 수도 있다. 특히, 남과 북의 체제경쟁 및 국제적인 냉전질서는 체계하에서 코리언들이 가지고 있는 욕망은 그들이 거주하는 국가의 상징체계로부터 자유로울 수 없으며 그 속에서 현실적으로 표현될 수밖에 없다. 이것은 다음과 같은 질문에 대한 전혀 상반된 두 가지의 대북정책에 대한 답변 경향에서도 드러나고 있다.

〈표 49〉에서 보듯이 대부분의 코리언들은 '대북경제지원'에 대해서 찬성(매우 그렇다 +그렇다)하는 비율이 반대하는 비율보다 훨씬 높다. 하지만 그 비율은 거주 지역에 따른 집단에 따라 매우 큰 차이를 보이고 있다. 각 집단별로 찬성 비중을 보면 '재중 조선족(90.9%) → 재일 조선인(76.7%) → 한국인(73.1%) → 재미 한인(67.6%) → 탈북자(66.9%) → 재러 고려인(56.1%)' 순이라고 할 수 있다. 또한, '대북봉쇄정책'에 대해서도 대체적으로 반대(그렇지 않다 +매우 그렇지 않다)하는 비율이 찬성

〈표 49〉 분단극복을 위한 한국의 대북경제지원 및 대북봉쇄정책이 필요성

분류		한국인	탈북자	재중 조선족	재러 고려인	재일 조선인	재미 한인
대북경제지원의 필요성	매우 그렇다	18.8	22.9	36.0	13.2	24.8	15.2
	그렇다	54.3	44.0	54.9	42.9	51.9	52.4
	그렇지 않다	26.7	32.1	9.1	43.6	22.0	22.5
	매우 그렇다 않다	3.8	18.3	7.1	3.1	2.9	2.2
대북봉쇄정책의 필요성	그렇다	20.6	31.2	17.2	14.1	13.4	15.6
	그렇지 않다	57.9	41.3	54.2	61.3	51.6	46.3
	매우 그렇지 않다	16.2	9.2	21.5	19.9	28.0	14.6

하는 비율보다 훨씬 높게 나타나고 있다. 그러나 이 또한 마찬가지로 집단
별로 큰 차이가 있으며 반대 비율로 보면, '재러 고려인(81.2%) → 재일 조
선인(79.6%) → 재중 조선족(75.7%) → 한국인(74.1%) → 재미 한인(60.9%)
→ 탈북자(50.5%)'순으로 나타나고 있다.

　바로 이런 점에서 '대북경제지원'과 '대북봉쇄정책'에 대한 코리언들의
여론은 집단별 강도의 차이는 있지만 전체적으로는 대북봉쇄정책 철회
와 대북경제지원정책 찬성이라고 할 수 있다. 그러나 각 집단의 답변 경
향을 보면 코리언들이 가지고 있는 '대북경제지원정책'과 '대북봉쇄정책'
에 대한 여론은 그렇게 일관적이지 못하다. '대북경제지원정책'과 '대북
봉쇄정책'은 서로 양립할 수 없는, 대립적인 정책이다. 왜냐하면 대북봉
쇄정책은 북과의 모든 교류를 끊고 북을 고립시키는 것이며, 대북경제
지원정책은 북에 경제적인 지원을 하자는 것으로 북을 고립시키는 것이
아니라 오히려 북과의 교류를 활성화하는 것이기 때문이다. 따라서 논
리적으로 일관되려면 대북경제지원 찬성과 대북봉쇄정책 반대 비율이
엇비슷하게 나와야 한다.

　그런데 이 측면에서 보면 일관적인 답변 태도를 취하는 집단은 재일
조선인, 재미 한인, 한국인이라고 할 수 있다. 이들은 대북봉쇄정책에
반대하면서 대북경제지원을 해야 한다고 주장하기 때문이다. 그러나 재
러 고려인, 재중 조선족, 탈북자는 그렇지 못하다. 재러 고려인 중 많은
사람들이 대북 관계를 풀어야 한다고 하면서도 대북 경제 지원에 반대
하고 있다. 그 비율은 무려 34.5%(81.2%-46.7%)정도나 되었다. 반면 재중
조선족과 탈북자는, 재러 고려인과 완전히 반대로 대북 경제 지원을 해
야 한다고 주장하면서도 대북봉쇄정책에 대해 찬성하고 있다. 이 비율
은 재중 조선족의 경우 15.2%(90.9%-75.7%)였으며 탈북자의 경우 에는
16.4%(66.9%-50.5%)였다.

그렇다면 왜 이들은 이렇게 모순적인 태도를 취하는 것일까? 우선, 재러 고려인의 경우, 과거 동서냉전체제의 한 진영을 대표하는 중심 국가였던 러시아에 거주하고 있으며, 탈냉전 이후 러시아가 극동지역을 중심으로 하여 경제권을 확대하고자 하는 동방정책을 전개하고 있다는 점에 주목할 필요가 있다. 과거 소비에트연방에서 살면서 동서냉전체제를 경험한 이들의 입장에서 보자면, 최근 동북아의 미중 간의 패권경쟁이 유발하는 신냉전체제는 미국의 헤게모니적 지배의 재현이다. 그런데 미국과 한국의 대북봉쇄정책은 이런 신냉전체제에서 미국의 동북아 헤게모니를 강화하는 것처럼 이들은 느낄 수 있다. 따라서 이들에게 대북봉쇄정책은 동북아에서의 과거 냉전의 복원이기에 반대하고 있는 것이라고 할 수 있다.

그러나 다른 한편으로 러시아는 극동지역을 중심으로 하여 중국-한국-일본과의 경제교류를 확대하고자 한다. 특히, 러시아는 사할린에 매장되어 있는 '천연가스' 등의 자원과 연해주의 광활한 토지, 그리고 시베리아횡단철도와 관련된 동북아 물류 인프라를 활성화하고자 노력하고 있다. 이것은 극동 러시아에 거주하는 재러 고려인들에게는 기회이기도 하다. 게다가 이번 조사 대상자들은 중앙아시아 출신으로 재이주해 온 사람들이라는 점도 고려할 필요가 있다. 따라서 이들은 남북의 분단체제가 유발하는 긴장을 다른 어떤 코리언들보다 덜 체험해왔으며 '남-북 경제협력'보다는 '한-러 경제협력'에 더 관심을 쏟고 있다고 할 수 있다.

반면 재중 조선족과 탈북자는 이와 다르다. 재중 조선족와 탈북자는 '고난의 행군' 이후 북의 경제 사정을 너무나 잘 알고 있는 집단이다. 이번 조사대상자가 된 재중 조선족이 거주하는 연변지역은 '조선족 자치주'이면서도 북쪽 사람들이 먹고 살기 위해 월경해서 돈을 벌거나 남쪽으로 입국해 온 핵심 거점이다. 또한, 탈북자들은 현재에도 자신의 부

모, 형제 및 친척들이 북에 살고 있으며 이들에게 돈을 송금하는 사람들
이다. 따라서 그들은 북에서 굶주리는 인민들의 삶을 다른 누구보다 잘
알고 있으며 이런 인식이 북쪽 인민들의 삶을 경제적으로 향상시킬 수
있는 조건을 마련하는 '대북경제지원정책'에 대한 찬성으로 나타났다고
할 수 있다.

그러나 다른 한편으로 보면 재중 조선족이나 탈북자들은 북쪽 인민들
의 삶이 피폐해졌음에도 불구하고 북이 핵이나 미사일을 개발하면서 동
북아의 냉전을 강화하는 현재의 상태에 대해 불만을 가지고 있다. 게다
가 그들은 북의 인민들이 겪고 있는 생활고를 직접 보거나 경험한 사람
들이다. 따라서 이들은 북의 인민들을 위해서 경제 지원은 하되, 북의
정권과 서로 관계를 트고 사는 것은 어렵다고 생각하고 있으며 체제를
무너뜨리기 위해서는 대북봉쇄정책을 펴야 한다고 생각하고 있는 것으
로 보인다. 특히, 탈북자들은 북에서 남쪽으로 이탈해 온 사람들이기 때
문에 이런 경향이 훨씬 더 강한 것으로 보인다. 이것은 위의 표에서 보
듯이 재중 조선족에 비해 탈북자들의 '대북봉쇄정책'에 대한 찬성이 압
도적으로 높다는 점에서도 드러나고 있다.

물론 이것은 탈북자들이 이유야 무엇이든 간에 '북'을 버리고 '남'으로
온 사람들이라는 점에서 이해 가능할 수 있다. 그러나 이것만 보고 탈
북자들의 입장은 '반북'이며 그들은 한국인과 동일한 집단이고, 이제 한
국은 북과의 체제경쟁에서 이겼다고 생각한다면 그것은 오산이다. 왜
냐하면 그들이 가지는 '반북'의 이면에는 민족≠국가라는 어긋남이 빚
어내는 민족적 동일화, 또는 통일에 대한 욕망이 있기 때문이다. 탈북
자들은 한국인을 포함하여 다른 코리언들의 집단과 다르다. 앞에서 본
것처럼 그들은 '상호 신뢰성 회복'만을 주장하는 다른 코리언들과 달리
더 나아가 '남북 공동번영 방안 마련'까지 요구할 정도로 통일에 대한

열망이 강하다.

그런데도 그들은 코리언들 중에서 가장 강경한 대북봉쇄정책을 주장하고 있으며 심지어 그들의 가족과 친지들이 살고 있는 북에 대한 경제지원조차 거부하는 사람들의 비율이 다른 코리언 집단에 비해 상대적으로 많다. 그렇다면 그들은 한국=민족이라고 생각하는 '대한민국 중심주의'를 가지고 있는 것일까? 그렇지는 않다. 그들은 대다수의 한국인처럼 남쪽의 국가를 민족과 일치시키고 있다. 이것은 '남과 북 중에서 어디에 더 호감이 가는가?'라는 질문에 대해서 한국인 중 불과 14.0%만 '둘 다 똑같다'를 선택한 반면 탈북자들은 무려 33.9%가 이를 선택하고 있다는 점에서도 드러나고 있다.

그렇다면 왜 그들은 코리언들 중에서 가장 강한 통일의 열망을 가지고 있으면서 '대북강경책'이라는 정책을 가장 높은 비율로 받아들이고 있는 것일까? 그것은 바로 그들의 통일 열망이 '국가와 민족의 어긋남' 속에서 분열되고 있기 때문이다. '대북봉쇄정책'을 찬성하면서 '대북경제지원'을 주장하는 이들은 바로 이런 분열을 그대로 보여주고 있다. 여기서 '대북경제지원'은 북에 살고 있는 인민들, 즉 같은 동포에 대한 지원이라는 의미를 가지고 있다면, '대북봉쇄정책'은 북의 정권에 대한 비판과 극복이라는 의미를 가지고 있기 때문이다. 따라서 통일 정책은 그들의 욕망이 현실적 관계 속에서 왜곡될 수밖에 없는, 표면적으로 드러내는 여론이 아니라 오히려 그 이면에 감추어진 '민족적 통일의 열망'을 따라서 수립되어야 한다.

3) '동일성의 공간'을 넘어 '차이와 접속의 공간'으로

코리언들의 분단-통일의식에 대한 연구는 남북관계, 남·북·거주국·

주변국, 거주국-주변국에 따른 국제적 정세와 코리언들 각각이 처한 특수한 역사적 경험-인식과 거주국에서 형성된 상징질서 등 중첩적 요인들에 의해 형성된다는 점에서 고려할 필요가 있다. 또한, 그런 의미에서 코리언들의 분단-통일의식은 정세적 요인과 역사적 요인이라는 이중적 요인에 의해 중층결정(overdetermination) 된다고 할 수 있다. 즉, 시간의 연속성 위에서 발생하는 사건들은 국내외적인 사회적 네트워크의 질적 변화를 야기하면서, 특정한 구조(structure)를 생산하고 있는 것이다.

하지만 그렇다고 이런 특정한 구조가 결정론적인 것은 아니다. 오히려 이러한 공간적 구조는 시간 속에서 다시 구조화하는 힘으로 작동하는 데, 이것은 구조화가 필연적으로 수반하는 '누락되고 억압된 것들'이 있기 때문이다. '민족'은 국가 체제 간의 적대성을 생산하는 상징질서에 완전히 포섭되지 않는다. 그것은 사라지지 않으며 끈질기게 살아남아 구조의 힘으로도 완전히 봉합되지 않는 균열의 틈을 만들고 그 틈 사이로 자신을 드러낸다. 따라서 '민족'은 오늘날 고착화되어 있는 분단체제를 극복하고 저항할 수 있는 가능성의 바탕이라고 할 수 있다. 탈북자들이 보여주는 기묘한 분열과 모순이 바로 이와 같은 구조의 균열을 보여준다.

그러나 코리언들이 가지고 있는 '식민', 그리고 '분단'과 '이산'이라는 역사적 트라우마는, 그런 '민족적 욕망'이 가진 힘을 끊임없이 전치-왜곡시킨다. 특히, 상징자본의 독점체로서의 국가는 이런 트라우마를 환기시킴으로써 같은 민족임에도 다른 차이를 가지고 있는 타자를 '적'으로 바꾸어 놓는다.

그러나 남북의 적대성 속에서 생산되는 '타자가 지닌 공포성'은 타자 자체가 가지고 있는 것이 아니다. 그것은 타자와의 차이를 비정상성으로 규정하고 배제하면서 자신의 상징적 질서 내로 들어올 수 없는 것을

외부에 남겨두는 과정에서 떨어져나간 '기괴함'이 만들어 낸다는 점에서
바로 우리가 하나라고 생각하는 '자아' 그 자체에 의해 생산되는 것이다.
그런데도 이런 자아가 생산한 서로에 대한 '공포'는 오히려 자기 자신에
대한 파괴적 힘이 되어 돌아오며 '타자'만이 아니라 '자아' 그 자체를 파
괴하는 힘이 된다. 이는 남북 간 정치·군사적 마찰이 한(조선)반도를
전쟁에 대한 공포상태와 삶에 대한 불안으로 몰아간다는 점을 잘 드러
낸다.

'외상 후 스트레스 장애'를 앓고 있는 환자는 이중의 얼굴을 가지고
있다. 그것은 끊임없이 '말하기'를 욕망한다. 그러나 그것은 '말해져서는
안 된다.' 따라서 '공포로 인한 자기 파괴성(self-sabotaging)'은 은폐되면
서, '반복'적으로 그 공포의 생산을 가능하게 한다. 하지만 코리언들의
답변 속에서 발견할 수 있는 것은 '자기 파괴성'이 은폐되었다 할지라도
그것은 사라지는 것이 아니라, 균열을 만들어 내고 '이중의 부정'으로 살
아남아 출현한다는 점이다. 즉, 남과 북이 서로를 비정상성으로 규정하
고 적대적 관계를 강화한다고 할지라도 그것이 지속적으로 자기 자신의
삶에 대한 불안을 형성한다는 점에서, 비록 그것이 그 사회의 주류 언어
로 상징화되지 못한다고 할지라도 생명은 '죽음의 힘'을 부정하면서 '화
해와 상생'을 요구하는 것이다.

그러므로 민족≠국가라는 어긋남을 드러내는 코리언들의 욕망을 민
족적 리비도의 결합과 흐름으로 바꾸어 놓는 통일 운동과 통일 정책의
생산이 중요하다. 그것은 코리언들이 가지고 있는 역사적 트라우마에
자신의 동화시키는 것이 아니라 오히려 그것에 거리를 두고 '분단의 트
라우마'를 '분단의 아비투스'로 바꾸어 놓는 상징체계를 해체하는 가운
데, 민족적 리비도의 생성적 힘이 흐르게 함으로써 트라우마를 치유하
고 '통일의 사회적 신체'를 만들어가면서 코리언들의 합력을 창출하는

것이다. 바로 이런 점에서 탈북자에 대한 우리 사회의 정책은 통일의 새로운 정책적 방향을 보여주는 '바로미터'라고 할 수 있다.

오늘날 한국에서 탈북자들의 통일 열망은 적대적 증오의 정치로 변질되고 있다. 여기서 그들은 '통일의 주체'로 호명되며 그렇게 호명된 '통일의 주체'는 끊임없이 '한국'이라는 국가와의 동일화 속에서 상징화된다. 그러나 그렇기 때문에 그들에게 부여된 '통일 주체'라는 상징은 '대북 적대의 주체'로 전화하면서 '외상 후 스트레스 장애'를 앓고 있는 환자들처럼 '가해자의 증오와 복수의 주체'가 됨으로써 자기 스스로를 배반하고 자기 자아를 파괴하고 있다. 탈북자가 한국인보다 더 강력한 통일 열망을 가지고 있으며 통일의 주체라는 것은 명백하다. 그러나 이 주체는 두 개의 분단국가를 극복하는 주체여야 한다.

앞에서 본 것처럼 통일은 두 개의 국가로 분열되어 민족이 하나의 정치공동체로 통일되는 것이다. 그런데 '한국이거나 조선이거나'라는 양자택일적 선택은 필연적으로 '민족=국가'라는 등식을 '국가=민족'으로 전치시키면서 오히려 분단국가의 적대성과 그에 기반하고 있는 분단체제를 강화할 수밖에 없다. 따라서 현재 탈북자들이 생각하고 있는 '대북경제지원정책'과 '대북봉쇄정책'에 대한 생각을 있는 그대로의 자신의 욕망을 표현하고 있는 것으로 여론화하면서 대북정책을 수립하는 것은 '통일정책'이 아니라 오히려 '분단정책'이라고 해야 할 것이다.

반면에 진정한 '통일의 주체'는 '한국이거나 조선이거나'가 아니라 '한국과 조선'이어야 하며 '한국=민족', '조선=민족'이 아니라 '한(조선)반도=민족'에 자신을 놓고 두 개의 분단국가를 극복하는 짐을 진 자이어야 한다. 이런 점에서 탈북자들의 통일 주체화는 '북'에 대한 애향심과 귀속성, 그리고 향수에 대한 그들의 욕망이 자연스럽게 흐를 수 있으며, 그런 리비도의 흐름 속에서 '조선'이라는 분단국가를 극복하고자 하는 노력이 이루어지는 것이 되어야 한다. 마찬가지로, 한국인도 이런 관점에서 '대한민국 중심주의'를 벗어나 미래기획적으로 통일한(조선)반도를 사유하고 그 속에서 '한국'이라는 분단국가를 극복하고자 하는 통일정책과 운동을 만들어가야 한다.

그러나 그렇게 하기 위해서 '민족≠국가'의 균열에서 출발하는 통일이 '동질성'이나 '동일성'의 통일이 아니라는 점을 인정하고 오히려 '동일성의 공간'을 '차이와 접속의 공간'으로 바꾸어가는 자세가 필요하다. 남과 북은 해방 이후 각각 국가를 세우면서 '국가≠민족'이 낳은 결핍된 국가라는 점을 은폐할 필요가 있었다. 그렇기에 남과 북은 각자가 민족의 정통성을 가지고 있음을 자임하면서 상대를 민족의 순결성을 훼손하는 절멸되어야 하는 대상으로 만들었던 것이다. 이처럼 동일성의 공간은 자기 체제 중심, 선험적인 종족 본질주의와 같이 '다름'을 부정하고 서로를 폭력적으로 재단하면서 그 경계를 설정한다.

그러나 차이의 공간은 동일성의 공간이 권력중심의 관계성을 만들어내는 것과 달리 그것을 해체하고 새로운 관계성을 생산한다. 따라서 대화와 소통의 관계성 회복은 권력이 아니라 차이의 공간에서 생성된 새로운 주체에게로 이동한다는 것을 의미한다. 그것은 역사적 트라우마를 치유하는 토대를 제공할 수 있다. 역사적 트라우마는 동일성의 공간 속에서 권력에 의해 생산되는 현재적 공포를 경험할 때 발생하는 것이다. 한국의 역사만 놓고 보더라도 국가는 권력의 유지, 재생산을 위해 전쟁에 대한 공포를 확산시키면서 한국인이 가진 트라우마를 악용해 왔다.

하지만 차이의 공간에서는 그러한 권력중심의 관계성이 해체된다는 점에서 트라우마적 증상을 유발하는 환경적 요인들을 제거할 수 있게 한다. 나아가 서로 간의 차이를 인정하는 가운데 이루어지는 대화와 소통은 서로가 가진 상처에 대한 공감을 가능케 한다는 점에서 치유의 토대가 될 수 있다. 그렇다면 차이의 공간은 어떻게 생산될 수 있는가? 그것은 동일성의 공간이 가진 모순 속에서 생산된다. 그렇기에 남북은 사랑과 증오의 변증법적 관계라는 특수성에 놓여있다는 점을 인정할 필요가 있다. 즉, 남과 북은 분단 이후 서로 대립하는 증오의 관계이지만 또한 지속적으로 합치고자 하는 욕망에 의해 작동하는 사랑의 관계이기도 하다.

그렇다면 문제는 같은 민족이라는 '동일화의 욕망'이 만들어내는 사랑이 '증오'가 아니라 '사랑'이 되어 흐를 수 있는 방향을 찾는 것이다. 그리고 과거의 상처를 누구의 책임이 아니라 우리 민족 모두가 짊어져야 했던 고통과 수난으로 받아들이고 서로의 상처를 보듬어 안는 '공감'을 통해서 분단극복을 위한 소통을 시작해야 한다. 여기서 남과 북은 '둘이면서 둘이 아닌 어떤 것'이다. 통일정책과 운동은 바로 이것에 복무할 수 있는 것이어야 한다. 그리고 그렇게 되었을 때에만 통일은 '사랑이라는 이름으로 행해지는 폭력'이 아니라 진정으로 둘의 결합을 통해서 생성을 만들어내는 사랑의 과정이 될 수 있을 것이다.

참고문헌

건국대 통일인문학연구단 편, 『코리언의 민족정체성』, 선인, 2012.

　　　　　　　　　　　　　　, 『코리언의 역사적 트라우마』, 선인, 2012.

　　　　　　　　　　　　　　, 『코리언의 생활문화』, 선인, 2012.

　　　　　　　　　　　　　　, 『코리언의 분단-통일의식』, 선인, 2012.

권혁태, 「'재일조선인'과 한국사회-한국사회는 재일조선인을 어떻게 '표상'해왔
　　　는가」, 『역사비평』 78호, 역사비평사, 2007.

권희영 · Valery Han · 반병률, 『우즈베키스탄 한인의 정체성 연구』, 한국정신
　　　문화연구원, 2001.

김성민 · 박영균, 「분단의 트라우마에 관한 시론적 성찰」, 『시대와 철학』 제21
　　　권 2호, 2010.

　　　　　　　, 「인문학적 통일담론과 통일인문학」, 『철학연구』 제92집, 2011.

김호웅, 「중국조선족과 디아스포라」, 『한중인문학 연구』 29집, 2010.

남근우, 「한민족의 준종족화와 문화분절화」, 『국제정치연구』 제15집 1호, 2012.

노먼 블래키(Norman Blaikie), 이기홍 · 최대용 옮김, 『사회이론과 방법론에
　　　다가서기』, 한울, 2010.

도미니크 라카프라(Dominick LaCapra), 육영수 엮음, 『치유의 역사학으로: 라
　　　카프라의 정신분석학적 역사학』, 푸른역사, 2008.

박명규, 「분단체제, 세계화 그리고 평화민족주의」, 『시민과 세계』 제8호, 2006.

박순성, 「한반도 분단과 대한민국」, 『시민과 세계』 제8호, 2006.

박영균, 「분단의 아비투스에 관한 철학적 성찰」, 『시대와 철학』 제21권 3호,
　　　2010.

　　　, 「코리언 디아스포라의 민족공통성 연구방법론」, 『시대와 철학』 제22
　　　집 제2호, 2011.

박정군, 「중국조선족 정체성이 한국과 중국에 대한 태도에 미치는 영향」, 경희
　　　대학교 대학원 박사학위 논문, 2011.

박정군 · 황승연 · 김중백, 「중국 조선족 정체성의 결정요인: 사회인구학적 특

성을 중심으로」,『동북아연구』 26-1, 조선대학교 동북아연구소, 2011.

백낙청,『한반도식 통일, 현재진행형』, 창비, 2006.

서경식 지음, 임성모 · 이규수 옮김,『난민과 국민 사이』, 돌베개, 2006.

서중석,『배반당한 민족주의』, 성균관대학교출판부, 2004.

송두율,『통일의 논리를 찾아서』, 한겨레신문사, 1995.

에릭 홉스봄(Eric Hobsbawm), 강명세 옮김,『1780년 이후의 민족과 민족주의』,
    창작과 비평사, 2008.

윤건차,「재일동포의 민족체험과 민족주의」,『시민과 세계』 제5호, 2004.

윤인진 외,「한국인의 국민정체성에 대한 인식과 다문화수용성」,『통일문제연
    구』 통권 제55호, 2011.

이병수,「민족공통성 개념에 대한 고찰」,『시대와 철학』 제22집 제3호, 2011.

이종석,『분단시대의 통일학』, 한울아카데미, 1998.

이창재,『프로이트와의 대화』, 학지사, 2004.

임지현,『이념의 속살』, 삼인, 2001.

지그문트 프로이트(Sigmund Freud), 윤희기 · 박찬부 옮김,「억압에 대하여」,
    『정신분석학의 근본 개념』, 열린책들, 2012.

최장집,「'해방' 60년에 대한 하나의 해석: 민주주의자의 퍼스펙티브에서」,『시
    민과 세계』 제8호, 2006.

팀 에덴서(Tim Edensor), 박성일 옮김,『대중문화와 일상, 그리고 민족 정체성』,
    이후, 2008.

피에르 부르디외(Pierre Bourdieu), 현택수 옮김,『강의에 대한 강의』, 동문선,
    1991.

_____, 김웅권 옮김,『파스칼적 명상』, 동문선,
    2001.

_____,『실천이성』, 동문선, 2005.

황정미,「다문화 담론의 확산과 '국민'의 경계에 대한 인식변화 : 의식조사 결
    과 분석을 중심으로」,『재외한인연구』 제24호, 2011.

Ludwig Wittgenstein, *Philosophical Investigations*, Basil Blackwell Oxford, London, 1978.

Valeriy, S. Khan, 「Korean Meta-Nation and Problem of Unification」, 『민족 공통성 연구 방법론의 모색』(건대 통일인문학 제7회 국제학술심포지엄 자료집(2011.5.20)).

찾아보기

ㄱ

가족유사성 36, 37, 70, 145, 146, 245
가치중립성 21, 24
강제이주 135, 143
개인적 선택 66, 106
개인적 선호도 65
객관성의 신화 20
결핍 162, 163
경제(중심)주의 123
경제성의 원리 79
경제주의적 가치관 119, 124, 231
경제중심주의 121
경제협력 256, 257, 260
공간적 거리감 185, 186
공감 74, 266, 267
공동체주의자 39
공명 36
공통성 35, 38, 147
공포 184, 193, 219, 226, 264
관찰의 이론 의존성 테제 22
국가 폭력 210

국가≠민족 187
국가우선주의적 시각 163
국가의 결핍 87
국가정체성 27, 28, 111
국가주의 68, 174
국가주의적 의미사슬 162
국가폭력 209
국민정체성 29, 47, 56, 77, 80, 82, 86,
    91, 95, 109~112, 133, 135, 136, 138
귀속성 91, 265
균열의 지점 159, 187
균열의 틈 263
균열의 흔적 86
근원적인 트라우마 164

ㄴ

남북 분단 164, 173~176, 178, 180
남북관계의 이중성 109
남북교류 활성화 228
낭만적 민족주의 102

내적 맥락에 기초한 비교연구 74, 75
냉전의 해체 225
냉전체제의 아비투스 216
능동적 정서 54

ㄷ

다름의 정서 46, 52, 54, 55
닮음의 중첩적 구조 37, 38, 145
당위적 차원 97, 120, 128, 214
대북경제지원 258, 259, 261, 262
대북봉쇄 258, 259, 261, 262
대한민국 국가주의 121
대한민국 국민정체성 111
대한민국 중심주의 20, 124, 154, 170,
   195, 262, 266
데이터의 순수성 24, 32
동방정책 226
동서냉전체제 84, 196, 197, 201, 203,
   205, 209, 226, 260
동일성 26, 39, 155
동일성으로서 민족정체성 31
동일성의 공간 266
동일성의 폭력 40
동일성의 프레임 30
동일화의 욕망 98, 99, 101, 231, 267
동질성 30, 35, 129, 151, 154
동질성의 회복으로서 통일 144

ㅁ

무관심 125, 126, 129, 130
문화변동 108
문화변용 114, 122
문화적 대학살 136
문화적 이질감 99, 100, 123
문화적 자긍심 59
문화적 정체성 101
문화접변 108
문화충돌 177
미래의 고향 148, 166
미래지향적 현재성 192
민간교류 254
민족 교육 186
민족 문화의 순수성 174
민족 정체성 76, 113
민족 호칭 49, 88, 90
민족≠국가 90, 108, 152, 156, 163~167,
   169, 174, 261, 266
민족≠국가라는 어긋남 144
민족공통성 34~38, 43, 86, 114
민족문화의 원형 102
민족성 30, 31, 71, 165
민족우선주의적 시각 163
민족의 고통 165
민족의 대표성 86, 174
민족의 대표자 94, 100
민족의 순결성 266
민족의 순수성 100
민족적 동일성 131
민족적 동일화 240

민족적 동일화의 욕망 118, 120, 170, 172, 211, 242

민족적 동포애 234, 235, 239, 240

민족적 리비도 151, 211, 212, 240, 251, 264

민족적 생활양식 65

민족적 연대 113

민족적 욕망 223

민족적 유대 41, 72, 110, 148, 171

민족적 자긍심 59, 138, 236

민족적 차별 187

민족적 프레임 23, 30, 39

민족적 합력 145, 148, 152, 156, 166, 171, 251

민족정체성 23, 25~29, 38~40, 44, 47, 56, 68, 70, 71, 77, 80~82, 86, 91, 95, 107, 109, 111~113, 133, 135, 136, 138, 139, 149, 158, 162

민족주의 18, 21, 23, 128, 132, 158

민족주의적 의미사슬 162

민족호칭 48

ㅂ

반공 국가주의 121

보르메오의 매듭 158

복합국가 166

본질주의 145, 147, 266

봉합 162

부(-)의 관계 82, 111

부정적 정서 53

분단 지속의 책임 220

분단국가 87, 93, 100, 174, 187, 193

분단국가의 균열 87, 93

분단국가주의 127, 211, 224

분단의 사회적 신체 100, 101, 181

분단의 아비투스 163, 176, 181, 195, 207, 214, 224, 227, 237, 241, 252, 264

분단의 창 171

분단체제 127, 133, 193, 207, 214, 226

분단체제의 이중성 193

분단체제의 적대성 192, 193, 203, 214

분단체제의 적대적 상호의존성 167

불안 193

ㅅ

사랑과 증오의 변증법적 관계 267

사회문화적 분단 194

사회심리적인 요소 45

사회폭력 209

사회화된 신체 27, 33, 60, 100

삶의 독특성 73, 74, 79

삼중의 어긋남 77, 87

삼중의 창 171

상상적 공동체 157

상징체계 44, 75, 95, 100, 127, 219, 258

상처의 기억 178
상처의 흔적 156
상호 신뢰성 회복 254~257, 261
샌프란시스코 강화조약 84, 187, 196, 205
생성 147, 159
생성으로서의 소통 246
생활문화적 요소 45
서구중심주의 149
선입견 119, 124, 126
성찰의 거울 182
소비에트인 53, 59, 68, 85, 135, 215
소통 243, 244, 266, 267
순혈주의 85, 136, 187
시간적 격차 185
식민의 창 171
신냉전 208, 210, 216
신체적 정체성 43, 45, 60, 61, 63, 67, 69, 70, 103, 104, 107
실증주의적 신화 32

역사적 트라우마 18, 143, 156, 165, 166, 169, 179, 183, 188, 263, 266
연구방법론 33, 34
연대의 지점 36
외상 후 스트레스 장애 183, 264, 265
우월감 118~120, 125, 129
위치 선점의 오류 27, 31
유동성 40, 41
유동하는 민족정체성 139, 140, 142, 153, 188
응전의 전략 44
이산 164, 172, 176~178, 195
이산의 창 171
이중정체성 18~20, 47, 91, 108~110, 121, 132, 133, 135, 153
이질성 30, 35
인지적 정체성 43~46, 49, 67, 69, 70, 86, 91, 135, 204
일제 식민지 지배 164, 172, 178, 179, 181, 206

ㅇ

아비투스 27, 43, 76, 101, 116
양자택일적 선택 28, 32, 241
억압 212, 219
언어사용맥락 77
역사적 국가 134, 149, 246
역사적 기억 156
역사적 전승 179

ㅈ

자기 파괴성 264
자문화중심주의 27, 121~123
자의식적 선택 65~67, 106
장소 구속감 158
재러 고려인 46, 48, 50, 51, 56, 57, 59, 61, 63, 64, 66, 68, 69, 79, 82, 105, 106, 116, 118, 131, 135, 168, 173, 185, 187, 190, 191, 198~200,

217, 221, 227~232, 235, 241, 243, 248, 258

재미 한인 46, 48, 56, 57, 59, 61, 63, 67, 69, 116, 140, 200, 201, 214, 216~218, 220, 222, 258

재일 조선인 46, 48, 50, 51, 56, 57, 61, 63, 64, 66, 69, 80, 82, 83, 85, 105, 107, 116, 118, 130, 135, 173, 176, 177, 182, 185, 187, 190, 198~200, 205, 214, 216, 217, 222, 227, 228~231, 235, 241, 243, 245, 248, 258

재중 조선족 46, 48, 50, 51, 56, 57, 61, 63, 64, 66, 67, 69, 79, 82, 85, 105, 106, 116, 118, 131, 135, 173, 177, 185, 186, 187, 190, 191, 198, 201, 215, 222, 227, 229~232, 235, 241, 243, 245, 248, 258

저항적인 민족정체성 83

전승된 기억 143

전이 156

전치 156, 162, 210, 212, 223

전통문화 174, 175, 177, 178, 234

전통문화의 순수성 63

전통적 민족주의 24, 25

정(+)의 관계 35, 82, 91, 113

정서적 정체성 43, 45, 50, 53, 55, 57, 58, 67, 69, 70, 94, 96, 97

정서적인 소속감 52

정체성 26

정체성=동일성 20, 24, 26, 70, 147

정치 체제적 이질감 99

정치공동체 150, 151

정치적 이질감 100

정치적 정체성 95, 101

정통성 경쟁 100

제3의 정체성 18, 20, 32, 33, 34

조사방법론 24

조선족 자치주 52, 59, 67, 85, 135

종족공동체 151

준종족론 155

중층결정 263

증상 183

집단주의 236

ㅊ

차별의 경험 54

차이 35, 36, 41, 98, 147

차이들의 중첩 40

차이의 공간 266

참여적 객관화 75

체험적 차원 97, 101, 120, 214

체현 정도 65, 66, 106

ㅋ

코리언 vs 디아스포라 18

코리언 디아스포라 17, 18, 20, 32, 33, 112, 114, 132, 152, 180, 196

코리언의 민족정체성 46, 165
코리언&디아스포라 24, 32

ㅌ

타자의 적대적 상징화 208
타자의 타자성 74, 75
탈냉전 112, 115
탈민족 프레임 30
탈민족적 프레임 23, 40, 41
탈민족주의 18, 21, 23, 25, 26, 40,
  143
탈북 106
탈북자 88~91, 99, 104, 105, 116, 118,
  128, 131, 139, 168, 173, 176, 177,
  190, 191, 198~200, 202, 211, 214,
  221, 227~232, 235, 245, 248, 258
통일 패러다임 153
통일비용론 194
통일세 194
통일의 걸림돌 203
통일의 사회적 신체 252, 264
통일의 욕망 168, 211
통일의 주체 176, 265
통일한(조선)반도의 가치 246

ㅍ

패권경쟁 199, 201~203, 208, 209, 260
평화 194, 197, 199, 206, 250
프레임(frame) 21~23, 25, 34
피해의식 129, 130, 183~185, 187,
  188, 214

ㅎ

한국 106, 214
한국인 88~91, 94, 96, 99, 104, 105,
  112, 128, 138, 139, 173, 176, 177,
  180, 190, 198~200, 202, 203, 211,
  227~230, 232, 235, 240, 245, 248,
  258
한국인의 아비투스 119
한국인의 이중성 195
한국인중심주의 20, 27
한민족공동체론 154, 155
항일무장투쟁 142
해체-성찰적인 기획 76
혈연적 운명공동체 109
혼종성 23, 40, 41
흡수통일 194